早期教育與天才素質的培養

卡爾·威特的教育

·典藏有聲精裝版·

全文配樂朗讀MP3

劉恆新 | 編譯

笛藤出版

目錄

同一個靈魂支配著兩個軀體，
母親的願望對其腹中的胎兒不斷產生影響，
母親的意志、希望、恐懼以及精神上的痛苦對胎兒的嚴重影響，
大大超過對母親本身的影響！
所以，教育孩子，首先從改造孩子的母親開始。

義大利・達文西

如果所有孩子都受到一樣的教育，
那麼他們的命運就決定於其稟賦的多少。
可是今天的孩子大都受的是非常不完全的教育，
所以他們的稟賦連一半也沒發揮出來。
比如說稟賦為80的，可能只發揮出了40；
稟賦為60的，可能只發揮出了30。

——愛爾維修

使他能夠敏銳地觀察到社會上的壞事，
洞察出社會上的矛盾和缺陷。
我們人類的理想，決不應當像亞當和夏娃那樣，
僅僅滿足於在不知自己是裸露著身體的情況下過快樂的天堂生活。
為此，我決不能讓兒子成為精神上的盲目樂觀主義者。

孩子和成人一樣有能力去犯錯誤，
也同樣有能力去糾正和改正錯誤，
敢於犯錯誤和改正錯誤是同樣珍貴的。

孩子由於年幼無知，經常會犯各式各樣的錯誤，
父母應該對他們嚴格地管教。
但不能因為他們不懂事就不尊重他們。
我一直主張，

即使是小孩子也應把它們作為成年人一樣對待，
要像尊重成年人一樣尊重他們。

很多人都有這樣的觀點：
孩子如果沒有遊玩的小朋友就會變得自負或者任性。
這種觀點極端錯誤。
在我看來，真實情況恰恰相反；
不加選擇地讓孩子們在一起玩，
他們就互相逞能，有可能變成利己主義者，
結果沾染上狡滑、虛偽、説謊、任性、嫉妒、憎恨、傲慢、說壞話、爭吵、打架、誹謗、挑撥等壞品質。

我發現讓兒子適應偶爾得到獎勵的方式，
他會繼續表現他的良好行為。
因為已經形成習慣，
兒子知道怎樣做會使我高興，他也為此而高興。

對於自己的良好行為感到滿足和高興。
信心的源泉／226
孩子的天賦是全方面的／229
教兒子學會面對失敗／234
誇獎的祕密／236
第10章　在培養兒子的善行上下功夫——241
我認為，理想的人是品德、健康、才能都得到良好發展的人。
只重視他的身體，孩子將成為四肢發達的可悲的愚人；
只重視智力，
孩子會成為弱不禁風的病夫，或者成為社會上的惡棍。
然而，只重視品德教育，孩子會成為病夫、懦夫。
這種人對社會、對人類都是無用的，
因此，孩子的教育必須三方面並舉。
爲兒子做「行爲錄」／242

第11章　我如何培養孩子的各種良好習慣——275

有的孩子天生很聰明，
在他們很小的時候就聰明伶俐，靈氣逼人，
但由於沒有得到父母良好的教導，他們容易對什麼都感興趣，
對什麼都想學，聰明的孩子最容易如此。
有求知欲和多種興趣肯定是一件好事，
但這要看父母去怎樣教導他們。
如果沒有正確的指教，他們很有可能什麼都要學，
但什麼都學不好。

我教育兒子：

知識能博得人們的崇敬，善行只能得到上帝的讚譽。

世上沒有學問的人是很多的，由於他們自己沒有知識，所以一見到有知識的人就格外讚賞。

然而，人們的讚賞是反覆無常的，既容易得到也容易失去，而上帝的讚賞是由於你積累了善行才得到的，來之不易，因而是永恆的。

所以不要把人們的讚揚放在心上。

我告訴卡爾，喜歡聽人表揚的人必然得忍受別人的中傷。

僅僅因為別人的評價而或喜或憂的人是最蠢的。
被人中傷而悲觀的人固然愚蠢，
稍受表揚就忘乎所以的人更是愚蠢的。

第13章　我不讓孩子養成不良習慣——311

除了兒子之外我也接觸過不少和他年齡相仿的孩子。
我發現幾乎任何一種不良行為，
孩子都會憑著自己的理解去獲得某種自認為的「獎勵」。
我認為，父母的責任就是要去發現和取消這種「獎勵」。

替孩子做太多的事，會使孩子失去實踐和鍛鍊的機會。這是顯而易見的。不僅如此，更嚴重的是過分地為孩子做事，實際上等於告訴孩子他什麼也不會做，是個低能兒，他必須依靠父母，否則就不能生活。這種環境中長大的孩子，一旦走上社會便會無所適從，會到處尋找幫助，然而家庭之外是找不到父母式的照顧的，獨立意識更無從談起，這實際上是害了他們。

第15章　我教兒子與人相處

如果沒有人與人之間的相互理解，
那麼每個人都固執地從自己的角度出發，
認為自己永遠對而別人總是錯誤的。

第16章　我的教育理想

有人認為，我培養孩子繪畫、音樂、
文學方面的興趣是為了想在人前炫耀，
這是他們對我的極大誤解。
我從來不想把兒子培養成某一方面的天才，
也從來沒有把他的才能向別人過分地流露。

前言

◆ ◆ ◆

卡爾‧威特（Karl Witte）是十九世紀德國的著名天才。他八、九歲時就能自由運用德語、法語、義大利語、拉丁語、英語和希臘語這六國語言；並且通曉動物學、植物學、物理學、化學，尤其擅長數學；九歲時他進入哥廷根大學；年僅十四歲就被授與哲學博士學位；十六歲獲得法學博士學位，並被任命為柏林大學的法學教授；二十三歲他發表《但丁的誤解》一書，成為研究但丁的權威。與那些過早失去後勁的神童們不同，卡爾‧威特一生都在德國的著名大學裡授學，在有口皆碑的讚揚聲中一直教授至一八八三年逝世為止。

卡爾‧威特能取得這番驚人的成就，並不是由於天生天賦的高超－恰恰相反，他出生後被認為是個反應有些遲鈍的嬰兒－而是全賴父親教育有方。卡爾的父親把小卡爾成長到十四歲以前的教育寫成一本書。書中詳細地記載了卡爾‧威特的成長過程，以及自己教子的心得和獨闢蹊徑的教育方法。該德文原書寫於一八一八年，大概是世界上最早論述早期教育的文獻。但這本書問世後，並未引起人們重視。幾乎絕版，哈佛大學圖書館裡藏有一冊，據說是美國的唯一珍本。看過原書的人極少，老卡爾威特的教育理論只散見於受他啓發的一些教育論著諸如：《俗物與天才》、《早期教育和天才》等書中。

然而，正是由這些殘章斷片所發展出的教育方法，培養出近代像賽德茲、威那·巴爾及維尼夫雷特…等藉由早期教育成材的典範。更令人興奮的是，在兩百年後的中國，劉亦婷的母親正是在這些片段理論的啓迪與指點下，將女兒培養成出色人才。所以在《哈佛女孩劉亦婷》中，其母感慨道：「應該永遠感謝這些早期教育的倡導者和實踐者……我根本想不到，源自哈佛圖書館裡的孤本藏書所傳播的教育思想，最終會把劉奕婷引向哈佛。」

爲使更多父母了解早期教育的重要，因此本書特別重新彙整編譯關於卡爾·威特的教育歷程與理念，期盼能藉由本書啓發更多父母，在培養教育優秀人才的過程中有所幫助，那將是我們最大的心願。

天才兒子是我教育的結果

（原書說明）

◆　◆　◆

這是一本關於兒童教育的書。誠然，兒童教育方面的書在歐洲是非常多的，儘管有一些是大教育家寫作出來。而我——老卡爾．威特，哈勒附近一個名叫洛赫的小小村莊的牧師，作爲一名神職人員，充當上帝與凡人之間的信使才是我的天職——竟來寫作一本教育書籍，何況書內的一些議論可能會與教義格格不入，這無疑是不得體的且是不合時宜的。

但是我決定將我的教育思想和實踐在這裡誠實地寫出來，因爲我對現時流行於世的教育思想不僅不表同情，而且站在與之完全相反的立場上。我以爲這樣才能顯示我對上帝的忠誠。

爲了消除對我寫作此書資格的質疑，首先請允許我向諸位介紹我的兒子——小卡爾．威特的經歷。小卡爾出生於一八〇〇年七月，八、九歲時他已經能夠自由運用德語、法語、意大利語、拉丁語、英語和希臘語六國語言，也通曉化學、動物學、植物學和物理學，而他尤爲擅長的是數學；九歲時他考入萊比錫大學；十歲進入哥廷根大學，他於一八一二年冬天發表了關於螺旋線的論文，受到一些學者的好評；十三歲他出版了《三角術》一書；一八一四年四月，他由於提供的數學論文卓爾不群而被授予哲學博士學位。

小卡爾已經獲取了這樣非凡的成就，而我不得不說，他在今後還會獲取更爲非凡的成就。雖然人應該以謙遜爲美德，但我對用自己的方法教育出來的孩子具有堅定的信心。

人們都說我兒子是天生的天才，而不是我教育的結果。如果上帝眞給了我一個天才的兒子，這是上帝對我的仁慈，再沒有比這更幸福的了。可是，實際情況並非如此。

我和妻子一直盼望著得到自己的孩子，但是在這方面我們非常不幸，我們的第一個孩子出生沒有幾天就夭折了。這件不幸使我們想再次擁有孩子的願望變得愈加強烈。也許這個願望終於感動了上帝，在我五十二歲時，我們的第二個孩子出生了。我給兒子取名爲卡爾·威特，以表達我的喜悅之情。可是他並不是一個稱心的嬰兒。兒子一生下來就四肢抽搐，呼吸急促，雖然我不願意承認，但這孩子明顯先天不足。

嬰兒時期的卡爾反應相當遲鈍，顯得極爲痴呆。我跟本無法掩飾作爲父親的悲傷，曾經哀嘆：「這是遭的什麼樣的罪孽呀！上帝怎麼給了我這樣一個傻孩子呢？」我的鄰居們常常勸我不要爲此過分擔憂。他們是一些善良的人們，可是在心底裡的確認爲卡爾是個白痴，而且還在背地裡爲孩子的未來和我們的處境犯愁。

我對他們並無絲毫的抱怨之辭。當時就連卡爾的母親也不贊成我再去花功夫培養兒子了，她絕望地說：「這樣的傻孩子教育他也不會有什麼出息，只是白費力氣罷了。」我儘管很悲傷，可是沒有絕望。上帝怎樣去安排這孩子誰都無能爲力，但我卻要盡到作父親的責任，盡我的能力給他最好的機會。我在給堂弟的信中寫道：「我五十一歲才得到一個兒子，怎麼會不愛他呢？我要用我以爲正確的方法去愛他。我已制定出周密而嚴格的教育方案。現在兒子看起來雖然毫無出色之處，但我必將他培養成非凡的人。」

很多人、甚至我的許多親友都不相信我的話。而相信我的只有一個人，他就是生前在哈勒遠近聞名的格拉彼茨牧師。格拉彼茨牧師自幼就是我的好朋友，是最了解我的人。爲鼓勵我將自己的教育方法傳播於世，格拉彼茨牧師曾經對我說過：「正如所言，卡爾的非凡稟賦確實不是天生的。他之所以能成爲天才，完全是你教育的結果。人們只能了解你的教育方法，他們對於卡爾能成爲這樣一個天才就不足爲奇了。我堅信，卡爾今後一定會更加轟動世界的。我了解你的教育方法，所以我也深信，你的教育方法最終一定會得到最大的成功。」

另外，下面的事實將更能證實我的說法。

在孩子生下來之前，瑪得布魯特市的幾個青年教育家和該市周圍的幾個青年啓師曾共同發起組織一個探討教育問題的學會。格拉彼茨牧師也是該會的會員。爲了讓更多人了解我的教育方法，格拉彼茨牧師平時就已盡力地爲我創造各種宣講機會。現在經他介紹，我也成了該會會員之一了。

在一次聚會上，有一個名叫希拉德的牧師提出了這樣一個觀點：「對於孩子來說，最重要的是天賦而不是教育。教育家無論怎樣拼命施教，其作用也是有限的。」

由於我向來持有與這種觀點完全相反的意見，所以就立刻站起來反駁：「請恕我直言，我不贊成您的這種說法。我認爲，對於孩子的成長來說最重要的是教育而不是天賦。孩子最終成爲天才還是庸才，不取決於天賦的大小，關鍵決定於出生到五、六歲時的教育。誠然，孩子的天賦是有差異的，但這種差異畢竟有限。在我看來，別說那些生下來就具備非凡稟賦的孩子，即使僅具備一般稟賦的孩子，只要教育得法，也能成爲非凡的人。正如愛爾維修所言：『即使是普通的孩子，只要教育得法，也會成爲不平凡的人。』我堅信這一診斷。」

我在會上發表的這番言論，使我成了眾矢之的，他們一起向我發起圍攻，眞叫我無可奈何。最後我只得說：「你們有十三、四個人，而我只有一個人，我寡不敵眾，是辯不過你們的。所以，與其跟你們辯論，不如拿出事實。只要上帝賜給我一個孩子，而且你們認為他不是白痴，我就一定能把他培養成一個非凡之人。這是我由來已久的決心。」

這些會員氣勢很盛，紛紛回答說：「行，我們等著瞧！」

討論會結束以後，希拉德牧師仍言猶未盡，又邀請我去他家談談，我就與格拉彼茨牧師一起去了。在希拉德牧師家中，我們繼續討論會上爭論的問題，但是仍然毫無結果，我們只是不斷地重覆著各自在會上已經說過的話。

在討論會上一直沉默不語的格拉彼茨牧師現在卻旗幟鮮明地表示了對我的觀點的支持。

他說：「我確信，威特先生的誓言一定會實現，他的教育方法一定能取得相當的成功。」

可是希拉德牧師根本不相信這一點。他斷言，那是不可能的。

其後不久，我有了兒子。格拉彼茨牧師立即把這個消息通知了希拉德牧師，希拉德牧師又立即把這個消息告訴了其他會員，並讓他們來驗明正身，確信小卡爾剛出生時，確實不是一個天賦非凡的孩子。

於是自從卡爾出世後，他們就都注意著他的成長。周圍的人們也因此而多了一樁事，那就是議論卡爾的成長，那意思似乎是說：「好，這回就看你的本事了！」當然我知道，那些議論很少有對我表同情的，大家更像在等待著一個注定失敗的實驗結果。

每次見到我和格拉彼茨牧師他們就試探性地問：「怎麼樣，有希望嗎？」

對此，我和格拉彼茨牧師總是堅定地回答：「是的，一定會給你們一個驚喜的。」

儘管如此，他們依舊以一種懷疑的眼光注視著卡爾的成長過程。

感謝上帝，我的心血沒有白費。不久，當初的「傻」孩子就轟動了鄰里和方圓左右。當卡爾長到四、五歲時，他在各方面的能力已大大超過了同年齡的孩子。

看到自己的辛苦付出終於要結下碩果，也看到這場在自己兒子身上所做的「天才是天賦的還是後天培養的」試驗快要產生明顯的結果，我利用一個機會，先讓希拉德牧師來看看卡爾。

「哎呀，眞是個好孩子！」希拉德牧師一見到卡爾就非常高興，他一下子就喜歡上了卡爾。

其後，希拉德牧師也看出卡爾不是普通的孩子了。由於他親眼目睹卡爾的神速進步，因此也就逐漸相信我的教育學說了。

在前面拉拉雜雜說上這麼多，諸位一定覺得過於囉嗦。可是我的教育思想與時下流行的完全不同，在培養兒子的過程中，一直受到教育家們的懷疑，也許是因爲我的教育觀念冒犯了這些權威們業已成形的信條吧。

好在我從未動搖過自己的信念，我始終堅信，只要教育得法，大多數孩子都會成爲非凡的人材。事實也證明了這點，連兒子這種生下來就毫不出色的孩子，在經過精心培養以後，也能獲得成功。

可是人們似乎並不理解。在卡爾成名以後，人們只是一味譴責其他教育家的無能，甚至責怪他們不能把孩子教育成像卡爾那樣優秀的人。這樣其實毫無益處，甚至只會讓那些教育家們對我更加敵視。

我寫作此書的目的既是爲了減少反對派對我的敵視，也是爲了向人們闡明正確的天才觀。我要說的觀點只有一個：對於孩子來講，倘若家庭教育不好，就算是由那些最優秀的教育家進行最認眞的教育，也不會有好的效果。

當然我將自己的教育方法公開也是爲了答謝朋友們的關心。要知道，兒子的成名，使我在面對許多敵人的同時，也結識了很多朋友。

朋友們對我的教育方法很關注，常常用談話或通信的方式來鼓勵我，他們總是在我最需要的時候慷慨地給我支持和幫助。我非常感謝他們的好意，甚至感動流淚。

應該說，我的成功大半在於他們的同情和支持。因此，我終生難以忘卻他們對我的一片好心。

朋友們都希望我把教育方法編寫成書公之於眾。而我屢屢拒絕，但是到最後還是被他們說服了，他們的好意是無法抗拒的。我就是在他們的再三勸說下，才決定公開本書的。

不過，我不能斷言，運用此教育法的人就一定能像我一樣獲得成功。另外，也沒有必要讓所有的孩子都像我兒子一樣接受那種教育。但是我相信，不管誰使用我的教育法，肯定都會取得良好的效果。

現在我就開始介紹兒子——小卡爾．威特成長的整個過程了。一個孩子的成長過程雖然十分瑣碎，但我會盡力讓大家看得生動有趣，使諸位既獲教益又不嫌煩悶。

第1章

願上帝保佑我的孩子

早期教育與天才素質的培養

同一個靈魂支配著兩個軀體，
母親的願望對其腹中的胎兒不斷產生影響，
母親的意志、希望、恐懼以及精神上的痛苦對胎兒的嚴重影響，
大大超過對母親本身的影響！
所以，教育孩子，首先從改造孩子的母親開始。

——義大利．達文西

我選擇了一個合格的女人爲妻

◆ ◆ ◆

孩子順從上帝的意願來到這個世界。這個世界對於孩子是奇怪的、陌生的，孩子對於世界則是無力的、軟弱的。作爲上帝的子民，我的使命是竭盡全力使自己的孩子堅強有力，使他順順當當地成長，盡情地享受生活的樂趣。而要做到這一點，在孩子成人之前，我想應使他盡量具備人性的美德和健康的體魄。

多數父母都是在孩子長到兩、三歲時才注意到這一問題，但若要完成這一義務，則必

須從尚未爲人父母時就開始注意，也即是說，我們自己應合乎上帝的要求，必須健康、合格。

雖然人們流傳說「近親可以培養出最好的馬和最好的狗」，可是這個說法並不適用於人類。在我身邊的例子是：鄰村的木匠漢森跟他表姐結婚，他們一共生了十個孩子，其中三個夭折，其餘七個都患有不同的疾病。漢森和他的妻子兩個家庭在我們這地方世代人丁興旺，但漢森居然沒有後代來延續他的家族。年老的漢森常常因此傷心落淚，但爲時已晚。

我之所以要舉這個例子，是想說明近親結婚生下的孩子往往弄得人們焦頭爛額，這與動物又有何區別呢！

有些人在尋找自己的婚姻伙伴時，常常根據自己的情況，暗藏不同的動機，這種人讓我感到厭惡。有人說，你看我的家境不佳，難道還能挑三撿四嗎？爲了婚後的生活，我非得找一個有錢人家的女兒不可；也有人說，爲了今後飛黃騰達，取得令人頂禮膜拜的地位，所以必須娶一個出身名門的女子爲妻；還有人說，我是對妻子的舞蹈著了迷才向她求婚的；也有人說，由於妻子外貌漂亮，我才和她結婚的。

要知道，這些都是錯誤的。爲了自己和後代的幸福，最重要的是，我們一定要選擇身體健康、內秀、善良的女人做妻子。我認爲，只要對方沒有家族病症和眾所側目的缺陷，大可不必爲了某種目的去選擇配偶。

我的妻子不是那種非常漂亮的女人，但我們非常相愛。我之所以選她，是因爲她有一顆善良的心。她勤勞，知書達禮，並且在任何情況下都能理解和支持我。雖然我是一個清貧的牧師，沒有豐裕的物質生活，但我從未聽過她任何的抱怨。在有了卡爾之後，她把自己的母愛毫無保留地傾注在孩子身上。我時常這樣想：卡爾之所以有今天的輝煌，與他母親那一顆天生善良的愛心是分不開的。

小小的過失：妊娠期與寵物爲伴

◆　◆　◆

所有的父母們都渴望生下天才，希望他出人頭地，我和妻子也不例外。但是，我很清楚，世事往往難如人意。在兒子未出生前，我和妻子都沉醉在即將爲人父母的激動之中。雖然那種喜悅讓人難以控制，但我們常常詢問自己：「這孩子行嗎？」

爲了能有一個健康的孩子，在妻子還未懷孕前，我們就開始充分注意自己的精神和體質。

我認爲奢華往往使人易於沉溺於享樂的心情之中，不易做到神清氣爽。所以我和妻子在衣、食、住上都非常樸素、節儉。爲了呼吸到新鮮的空氣，所以我和妻子時常到戶外散步走動，在田野之中享受大自然的美麗，使我們的心胸開闊。我和妻子的性格良好，對身邊任何瑣事始終是心平氣和，很少有感情衝動的時候。在那段日子裡，我們的生活是安寧和稱心如意的。我想，在這種情況下生下來的孩子一定會身心健康。

雖然德國人都喜歡飲酒，但幸好我沒有這種愛好。我在此也奉勸那些好飲酒的父母，爲了孩子的健康著想，必須放棄飲酒的習慣。我們夫婦在決定懷孕時，我的一位醫生朋友就告誡過我，如果酒後受孕，胎兒往往發育緩慢，智力也較爲低下，特別是婦女飲酒，後果尤其嚴重。因此，夫妻雙方至少應在受孕前三個月開始戒酒。

我和妻子在懷孕之前都非常注意這一點。

在那段時間裡，我們經常運動，無論在哪裡都是步行而去，不到非常必要的時候絕對不坐馬車。那時我們都對尙未出生的兒子充滿信心，而妻子的性格也時常保持愉快狀態。我們時常到田野散步，或者去周圍的山坡上徒步爬山，甚至幫她摘採野花。我認爲，這樣不僅對將來的孩子有利，也增進了我和妻子之間的感情。

我和妻子的感情一直很好，幾乎沒有什麼爭吵。我認爲，就算不是爲了未出生的兒子，平日我們也應該和睦相處。

在兒子出生之前，我們一切都做得很好，唯有一點過失，使我遺憾至今。醫生曾告訴過我，有一種弓形的寄生蟲對胎兒的危害特別嚴重，這種寄生蟲就常常出現在貓狗的糞便及其生肉中。但當時我們都沒有重視這個問題。爲了讓妻子心情愉快，除了家中原有的貓，我還從鄰居家抱養了一隻小狗，供妻子解悶。兒子生下來不太健康，我想恐怕就是這個原因吧。

上帝是不會辜負我們的

◆ ◆ ◆

一旦妻子懷了孕，就更應當過有規律的生活。不僅是妻子，我也毫不例外。我們安排了嚴格的作息時間，儘量做到早睡早起。以前我有深夜祈禱的習慣，這種習慣是在年輕求學時養成的。因爲我是一個愛思考的人，夜深人靜之時更容易讓我有清晰的思路。每當人們熟睡之後，我總會獨自一人在燈光下看書，靜靜地品嘗書本的滋味。這對我來說，是人生的一大樂趣。自從妻子懷孕後，我不得不改掉這種習慣，因爲我知道懷孕時的女人特別需要丈夫的體貼。何況，我在深夜讀書，一定會影響妻子的休息。雖然失掉了深夜讀書和與上帝交流的樂趣，但爲了妻子和將來的孩子，我認爲是值得的。

義大利畫家達文西說過：「同一個靈魂支配著兩個軀體…母親的願望對其腹中的胎兒不斷產生影響…母親的意志、希望、恐懼以及精神上的痛苦對胎兒的嚴重影響，大於對母親的影響。」懷孕是很辛苦的，作爲丈夫，我盡力在每件事上給予妻子更多的關懷、理解和體貼。有時候妻子的情緒不好，我就耐心地引導她和我說話，在感情上進行交流，儘快讓她從不好的心境中擺脫出來。

有一天，妻子的情緒突然被籠罩在一種不安和恐懼之中。那天我從外面佈道回來，按平常的習慣去向妻子問好並親吻她，可當我一走進房間就發現妻子有些不對勁。

「親愛的，你怎麼啦？」我問妻子。

妻子只是哀怨無助地看著我，一句話也不說。

當時我感到奇怪，因爲妻子的性格一直很開朗，有什麼事讓她如此憂傷呢？她一直呆坐在那裡，兩眼無神，滿臉憂鬱。

我趕忙將她輕輕摟住，並柔聲地問她：「有什麼不舒服嗎？告訴我，我們不是一直都很幸福嗎?你不是什麼話都要對我說嗎?今天究竟怎麼啦?!」

「卡特琳娜的兒子死了。」妻子的語調無助至極。

卡特琳娜是我們鎮上的一位婦女，她的兒子剛滿一歲，身體一直不好。這個孩子一生下來就得了一種怪病，全鎮的人都知道。沒想到那個可憐的孩子這麼快就離開了人世。由於那天我去了另外一個教區，否則我一定不會讓妻子知道這個消息。因爲對於一個已經懷孕的婦女，這種消息是最難以接受的。

「今天，他們來找你，可是你不在。聽到這個消息後，你不知道我有多難過。我突然想到了我們的孩子。」妻子悲傷地說道。

「哦，親愛的，千萬不要那樣想。」我完全能理解妻子的苦惱，連忙勸慰她：「卡特琳娜的孩子生下來就有病，雖然我沒有想過這麼快就……但是，我們的孩子一定沒有問題的。」

「可是，我們第一個孩子不也夭折了嗎?」說到此處，妻子大哭起來。

當時眞讓我手忙腳亂，但我還是竭力地控制住自己，幫助妻子從悲傷之中掙脫出來。

「親愛的，不要想得太多。我們第一個孩子的夭折，那是上帝的安排，是沒有辦法的事。我們不能總是停留在過去，應該向前看。我每天向上帝祈禱給我們一個健康的孩子，我想上帝是不會辜負我們的。我聽說卡特琳娜在懷孕時就成天和丈夫吵架，每天都處在不愉快之中，所以她的孩子才不健康。爲了我們的孩子，我希望你快樂起來。」

「這個我知道，可我就是忍不住。」妻子哭著說。

「來，讓我來幫你。你應該儘快忘掉不愉快的事，想想我們即將出生的孩子的模樣，他一定是個很棒的小子。試試看，做一個深呼吸。」我一邊說，一邊給妻子做示範。

妻子也跟著我做起深呼吸來。一會，她的心情好多了。那天晚上，我特意把所有的時間都用來陪伴妻子，跟她談我的工作和我最近看的一本書。第二天，妻子已經完全從悲痛中走了出來，恢復了往常的開朗。

在關心妻子上，我自認爲是個合格的丈夫。爲了讓她保持愉快的心境，我可以說想盡了一切辦法。不管是在她的飲食或其它方面，我都力求盡善盡美。

妻子很喜歡泡熱水澡。她把一天勞累後洗一個熱水澡視為一種享受。但是在她懷孕期間，我堅決制止了她的這一奢好，因為過高的水溫對她雖然很舒服，但對胎兒卻有極大的害處。

雖然快要做母親了，但妻子畢竟還是個年輕的女人，有時也會任性。對於我這個做丈夫的人來說，哄哄她也是常有的事。

有一次，妻子趁我不在，又開始泡熱水澡。後來被我知道了，便開始責怪她。

「你怎麼又那樣做？我不是對你說過溫度過高的水對孩子有害嗎？」

「哼，你就知道孩子。自從懷了孕，我發現你所做的一切都是爲了孩子，你不像以前那樣關心我了。」妻子假裝生氣地說。

「怎麼能這樣說呢？孩子是我們共有的，關心他還不是關心你嗎？現在泡熱水確實對孩子不利，等孩子出生後，你想怎麼泡就怎麼泡，我才不干涉你呢。」

「可是，這幾天我沒有出門，渾身不舒服。彷彿身上的肌肉都變酸了，難受死了。」妻子調皮地解釋：「你平日總是說，不愉快的母親就不會生出健康的孩子，我不泡熱水澡就不愉快，你說該怎麼辦？」

雖然妻子是在與我開玩笑，但也有她的道理。於是，以後每天我都要女佣爲她準備熱水燙腳，並親自用熱毛巾給她擦身子。

那段日子是我至今難忘的。我不像很多人那樣在妻子懷孕後便對她有所冷落，相反那時我們之間的距離是那麼的近。那是一種特有的幸福，雖然孩子還沒有出生，但我們已經感覺到他了。

在妻子懷孕期間，我還每天從外面帶回好看的鮮花，並爲她推薦一些好看的書，這一切都是爲了讓她保持快樂的心情。

妻子天生有一副動聽的嗓子，婚前她在我們那裡相當有名，誰都知道她歌唱得很好。在懷孕期間，她時常輕輕地歌唱，並對我說孩子一定聽得到。

從改造兒子的母親開始

◆ ◆ ◆

有人對我說，偉人的孩子一定會是偉人，就算不是偉人，至少都會有很大的成就。但我並不這樣認爲，因爲偉人過於熱衷於事業而無暇關注孩子，而妻子也往往由於丈夫是偉人而無心於教育孩子，她們只關心成功的丈夫，而忽略了孩子。其實，母親的教育對孩子極爲重要，從我有限的知識來看，歷史上的偉人往往有一個善於教育孩子的母親。

在後面我會詳細介紹兒子的母親在他成長過程中發揮的作用。我認爲卡爾取得了這些成就，首先感謝的應該是他的母親。因爲她不僅心地善良，而且具有豐富的知識。無論在兒子的教育方面還是在生活常識方面，她都堪稱爲一名合格的母親。

事實上，她在兒子的培育上表現得更爲優秀。

卡爾的母親在懷孕期間非常講究飲食，用她的說法就是「我的一切都會影響到孩子」。**她在懷孕期間從來不吃辛辣的東西，像鹹菜、蝦這類的食物也一概不吃，甚至連她最愛吃的油炸鹹魚都戒掉了。她說我的寶貝一定不能吃這些東西，這些東西會破壞胎兒嬌嫩的皮膚。雖然這些食物是自己吃而不是直接餵給孩子，但那些東西到了肚子裡後肯定會被孩子吃掉**。

我妻子是個非常堅強的女人，她時常對我說為了讓孩子在未出生時就能成為一個勇敢的人，所以自己就要變得更加堅強。因此，在懷孕期間她幾乎沒有哭過，即使有難過和傷心的事，她也能從瞬間的痛苦中掙脫出來。我認為妻子的做法是完全正確的，**因為懷孕期間的母親如果心情不快樂，經常哭泣，那麼會直接導致未來的嬰兒發育不良，而發育不良是形成軟弱無能者的原因之一**。

作為母親，應該使孩子成為愛美、愛正義、愛真理的人。許多母親只顧關心孩子的健康而忽略孩子的品德的形成和智力的發展，這都是錯誤的、不負責任的行為。我妻子勇敢和快樂的精神在後來深深地影響了兒子，她用堅強去武裝孩子的精神，並給了他愛與智慧，使兒子在步入社會時，即使遇到困難，也無所畏懼、永不失望。

可以這樣說，卡爾是由他母親一手帶大的，她不僅精心地養育了他的身體，也對他的教育做出了不可磨滅的貢獻。

有很多母親僱人教育孩子，我認爲這種婦女不能稱爲母親，因爲這是在推脫做母親的責任。我認爲，**母親的工作不能由旁人代替，孩子的教育必須由母親承擔。把自己的孩子托給他人，恐怕只有人類才這樣作，這種作法有違天性**。

有這樣一對夫婦，他們年輕而充滿活力。由於家境極好，生下孩子後夫婦倆就去國外旅行。他們把孩子委託給一位親戚，而這位親戚也因爲有很多工作，根本無時間教育孩子，於是就把孩子交給管家餵養。

他們在英國住了一年，又去法國住了一年，後來還去了美國和非洲，他們幾乎走遍了全世界。他們臨走之前對別人說，現在有了孩子，趁他還小的時候應該去外面多玩一下，否則等孩子長大後要教育他就沒有時間了。

多麼愚蠢的父母，他們不知道孩子一出生教育就已經開始了。他們錯誤的觀念讓他們最終嘗到了苦果，以致於終生後悔不已。

當他們從國外回來後，發生的事令他們目瞪口呆。孩子根本不認識他們，把他們當陌生人看待。這能怨孩子嗎？因爲這時孩子已經快要五歲了。

晚上，當這對夫婦想讓孩子和自己一起睡時，遭到了孩子的拒絕。雖然他們的臥室美麗而舒適，可孩子卻偏偏要去管家那間簡陋的房裡。

他們都是受過良好教育的人。而如今，他們的孩子滿嘴粗話，成天在外面和一群搗蛋鬼玩。他在外面玩得太高興，以至於經常和別的孩子打架、幹壞事、欺負弱小的孩子。他們想讓他讀書識字，但孩子根本學不進去，也一點不服他們的管教。

每當他們教導孩子時，只會看到孩子陌生而冷漠的目光。

終於，不應該發生的、令人心痛的一幕發生了。

有一天，他們和孩子發生了激烈的爭吵。

「你要知道，我們是你的親生父母。」對於孩子的冷漠，年輕的父母終於發怒了。

看到他們凶神惡煞般的模樣，孩子轉頭跑出了房間，躲在女管家的身後。於是，他們把怒火全都發洩在管家身上。

「你是怎麼帶孩子的，他怎麼連親生父母都不認識了。」父親怒氣沖沖地對著管家吼叫。

「哦，先生。我想……是因爲你們很久不在一起的緣故吧……我想以後會好的。」可憐的女管家戰戰兢兢地爲自己辯解。

「不許你們這樣對瑪格麗特太太說話。」孩子肯定是站在帶他長大的女管家一邊的。

他一邊爲她說話，一邊怒視著自己的生身父母。

「我是你的父親，你不懂嗎？」

「可我從來沒有見過你。」

「不管怎樣，從今以後你要聽我們的話，要接受良好的教育。從今天起，不許你再和瑪格麗特太太一起睡，而要和我……。」

「不，」孩子打斷了父親的話，「我喜歡和瑪格麗特太太在一起。」

「那好，我今天就辭掉瑪格麗特太太，看你怎麼辦。」父親這時已經火冒三丈。瑪格麗特太太含著眼淚離開了孩子，因爲她和孩子相處了大約五年，已經有了深厚的感情。

在以後的日子裡，這個孩子變得鬱鬱寡歡，在睡夢中時常呼喚瑪格麗特太太的名字。在他十幾歲的時候，已經離家出走好幾次。

我認爲，這樣的結果是必然的。

在這裡，我並不是說一定不能僱用人來照料孩子，只是要採取正確的方式。生活比較富裕的家庭，可以把部分雜活交給女傭，對孩子的照料不一定樣樣都動手。但即使如此，母親一定要承擔起對孩子的教育和平時的管教的責任。

我們家也一直僱用女傭，但沒有發生上述的那種事情。主要是因爲卡爾母親承擔起了主要的工作，她時刻陪伴著兒子，哺育他、教育他。女佣只是在她忙不過來時幫助她。長久下來，我們家的女佣已經成爲我們家庭中的一員，她可是卡爾母親的好幫手。

有一位名人曾經說過：國民的命運掌握在母親的手中。我非常欣賞這句話，但眞正理解其中意義的人卻很少。很多不稱職的母親，在無意之中把孩子引向了歧途，這是人生中最大的憾事。左右國民命運的是母親的教育，我希望天下的慈母都勇敢地承擔起這一光榮的職責。

早期教育與天才素質的培養

第2章

生下來時都一樣 成功與否取決於環境

如果所有孩子都受到一樣的教育，
那麼他們的命運就決定於其稟賦的多少。
可是今天的孩子大都受的是非常不完全的教育，
所以他們的稟賦連一半也沒發揮出來。
比如說稟賦為80的，可能只發揮出了40；
稟賦為60的，可能只發揮出了30。

——愛爾維修

兒子的天生稟賦與後天教育

◆ ◆ ◆

愛爾維修曾經說過：**「人剛生下來時都一樣，僅僅由於環境，特別是幼小時期所處的環境不同，有的人可能成為天才或英才，有的人則變成了凡夫俗子甚至蠢才。即使是普通的孩子，只要教育得法，也會成為不平凡的人。」**

在兒子還沒生下來以前，我已經堅信這一說法，並且常常向別人宣傳。當然愛爾維修的言論也有其片面性，他在強調環境對孩子成長的作用時，忽視了他們在天賦上存在的差異。對這一點我有充分的認識，我決不像愛爾維修那樣不承認孩子的稟賦有所不同，有人攻擊我不承認孩子的稟賦不同，這是誣蔑。

其實在教育學領域一直存在著兩種天才觀之爭。我舉出兩個例子就能使這兩種觀點的不同一目了然。

哲學家盧梭在他的教育學著作《愛彌兒》一書中有如下一則比喻：這裡有兩隻狗，它們由一母所生，在同一個地點接受同一母親的教育，但是，其結果卻完全不同。其中一隻狗聰明伶俐，另一隻狗愚蠢痴呆。此差異完全是由於它們的先天性不同造成的。

與之相對的是著名教育家裴斯塔洛齊的一段寓言：

有兩匹長得一模一樣的小馬。小匹交由一位莊稼人去餵養。但那個莊稼人非常貪得無厭，在這匹小馬還沒有發育健全時就被使用來賺錢，最後，這匹小馬變成了無價值的馱馬。與上述這匹命運迥異的是，另一匹小馬托付給了一個聰明人，最後在他的精心餵養下，這匹小馬竟成了日行千里的駿馬。

以上兩則小故事代表了有關天才與成才的兩種截然相反的觀念。前者強調的是天賦，認爲人的命運是由其天賦的大小決定的，而環境的作用是次要的。與此相反，後者則幾乎視環境的作用爲萬能，天賦的作用則毫不重要。

自古以來，在關於孩子的成長問題上，很多人更傾向於盧梭派的學說，支持裴斯塔洛齊派學說的人寥寥無幾。愛爾維修無疑是裴斯塔洛齊派的先驅者。我雖然也傾向於這一派，但並不完全是站在這邊的，我還有我自己的看法。

我的看法是：孩子的天賦當然是千差萬別的，有的孩子多一點，有的孩子少一點。假設天資最好的孩子資質爲一百，資質駑鈍的孩子稟賦大約只有十以下，而一般孩子的稟賦大約爲五十左右。

如果所有的孩子都受到一樣的教育，那麼他們的命運就決定於其稟賦的多少。可是今天的孩子大都受到的是非常不完全的教育，所以他們的稟賦一半也沒發揮出來。比如說稟賦爲八十的，可能只發揮出了四十；稟賦爲六十的，可能只發揮出了三十。

因此，倘能乘此之虛，實施可以發揮孩子稟賦八到九成的有效教育，即使生下稟賦只有五十的普通孩子，他也會優於生下來稟賦爲八十的孩子。當然，如果對生下來就具備八十稟賦的孩子施予同樣的教育，那麼前者肯定是趕不上後者的。不過我們不要悲觀，因爲生下來就具備高超稟賦的孩子是不多的，大多數孩子，其稟賦約在五十左右。何況如果我們按照前文所述的方法進行生育，孩子的稟賦決不至於差，甚至得到高超稟賦的孩子的機會也是很大的。

天才的失敗來自於父母的極度催逼

◆ ◆ ◆

根據上述的理論，如果對生下來就具備高超稟賦的孩子施以高明的教育，那他的發展是不可估量的。但遺憾的是，人們對天才的教育往往是失敗的。父母總是只著眼於孩子的天賦，而不注重全能培養，對孩子過分挑剔，要求太高，最終會引起孩子的逆反、壓抑與怨恨。因父母施加的壓力過大而半途而廢的天才不在少數。

許多知名人物在成年後都說過，其年幼時曾受到父母的極度催逼，結果留下終生的創傷。英國哲學家約翰．斯圖爾特．穆勒的父親在他少兒時期就無情地催逼穆勒，不允許他有假日，惟恐打破他天天刻苦學習的習慣，也不給他絲毫的自由，事無巨細都對他嚴加管束，不允許他有「隨意的」愛好。穆勒在青年時期經常精神抑鬱，終生都感到有心理障礙。在自傳裡，他痛心疾首地回憶了受父親壓抑的情景：

一有錯誤就得立即糾正。開始討論時，父親往往採用輕鬆愉快的交談口吻，一旦出現錯誤，這種口吻便會突然停止。繼而和藹可親的慈父就一下子變成了血腥的復仇者。

卡爾．馮．路德維是一個著名而悲慘的例子。卡爾是一個學業天賦極高的孩子，但因為父親不停地催逼他，一心想使他過早地功成名就，他半途而廢了。他的父親親自教兒子高等數學，強迫他在醒著的每一分鐘都得學習。反對一切與學業無關的興趣，體育、遊戲、對大自然的探索對他來說無足輕重。卡爾八歲時父親就讓他上大學水平的數學課程，九歲時學習微積分並嘗試寫劇本了。他不斷跳級，僅用三年的時間就修完大學課程，十一歲大學畢業。他主修數學，大學的教授們預言卡爾會成為一名世界級數學家。

然而，開始的輝煌瞬間轉為黯淡。卡爾上研究所一年後，對數學全然失去興趣，隨即轉入法律學院，但很快也對法律失去了興趣。最後他從事辦事員工作，既不用思考，也不用擔責任。

我舉這兩個實例說明，正確的教育方法是極其重要的。如果實施了錯誤的教育法，不要說稟賦一般的孩子，就是擁有高超稟賦的孩子也會被扼殺掉。

人如同瓷器，幼兒時期好比製造瓷器的黏土

我曾告訴我的朋友們，縱觀有史以來的偉人和天才，他們多少有著缺點，倘若能給他們再高明一些的教育，那他們一定會更偉大，更健康、更和善、更寬大、更出色、更聰明、更正直、更博學、更謙虛和更堅強。一言以蔽之，就會成爲更加盡善盡美的人物。

而一個人的品質如何，絕大程度上是取決於幼年時期所受的教育如何。所以說國民的道德如何，取決於這個國家的人民對其子女的教育如何。在世界各地，人們崇尚不同的倫理，信奉不同的主張。但是，不論東方人的天命和宿命論也好，希臘人的知識主義、藝術主義、自由主義也好，羅馬人的保守主義、黷武主義也好，猶太人的宗教主義、熱情主義也好，這些都是他們在幼年時期所受教育的結果。

柏拉圖曾經在他的《理想國》中對他心目中的未來的理想國家有過全面的描繪。在他所勾勒的那個理想國中，「子女教育是社會的基礎」。這一見解實在高明。

人如同瓷器一樣，小時候就形成了他一生的雛形。幼兒時期就好比製造瓷器的黏土，給予什麼樣的教育就會形成什麼樣的雛形。**威廉就曾經教導我們：「幼兒是成人之母。」此言確實千真萬確，我們誰也無法否認，成人的基礎是在小時候形成的**。

所以，對孩子的教育必須儘早開始，開始得越早，取得的效果就越顯著，孩子越有可能成長爲接近完美的人。

我的教育理想就在於使兒童的潛能達到十成

◆　◆　◆

這就是我與人們衝突的地方所在了。**我的教育理論的核心是：對兒童的教育必須與兒童的智力曙光同時開始。而時下流行於世的主導思想是：兒童的教育應當開始於七、八歲。這種論調為人們所深信不疑。除了此一論調之外，還有一種讓許多父母感到十分恐懼的觀念，那就是早期教育有損於兒童的健康。**

面對這些錯誤觀念我常常感到軟弱無力。由於它們的盛行，我的教育理論，在世人的眼裡簡直是荒唐至極，更談不上指望父母們會運用我的理論將一個「凡夫俗子」訓練成「天才」了。即便小卡爾經過教育後當時就已表現出許多優於常規兒童的方面，但人們仍然普遍認爲，他的才能是天生的，並非教育的結果。對此，我感到實在無可奈何。兒子出生時的情形，我在前面已經描述過了，諸位可以看出他不僅不是什麼天才，反而像是個痴呆的孩子。

看著兒子的這種情形，我既傷心又著急，但並沒有放棄自己的主張。爲了兒子在成長中不至於落在同齡人後面，我決定仍然按計劃進行早期教育的試驗。我想，既然這孩子天生的稟賦不太好，那麼就一定要盡力使孩子的稟賦發揮出八、九成，甚至更多。要做到這一點，對兒子的教育必須與兒子的智力曙光同時開始。

那麼，爲什麼早期教育能夠造就天才呢？要明白這個道理，就要從兒童的潛在的能力談起。根據生物學、生理學、心理學等學科的研究，人生來就具備一種特殊的能力。不過，這種能力是隱密地潛藏在人體內，表面上是看不出來的，我們稱這種能力爲潛在能力。比如，這裡有一棵橡樹，如果按照理想狀態生長的話，可以長成三十米高，那麼我們就說這棵樹具有能夠長到三十米高的可能性。同樣的道理，一個兒童，如果按照理想狀態成長，能夠長成一個具有一百度能力的人，那麼我們就說這個兒童具備一百度的潛在能力。

這種潛在能力就是天才。因此，天才並不是我們平常所認爲的那種只有少數人才具有的稟賦，而是人人內心都潛藏著的。

可是，要達到理想狀態，並不容易。即使橡樹具備長成三十米高的可能性，要眞長成三十米高還是很困難的，一般可能是十二米或者是十五米左右。假若環境不好，則只能長到六～九米。不過，若能施肥細心照料，則可長到十八米或者二十一米，甚至能長到二十四米或二十七米。同樣道理，即使是生來具備一百度能力的兒童，若完全放任不管，充其量也只能變為具備二十度～三十度能力的成人。也就是說，只能達到其潛在能力的二～三成。但如果教育得好，那麼就可能達到具備六十度或者七十度，乃至八十度或者九十度能力的成人，可能實現其潛在能力的六成、七成，甚至八成、九成。

教育的理想就在於使兒童的潛在能力達到十成。只要充分發揮出這種潛在能力，我們便能做出不平凡的事業。遺憾的是，由於教育不得法，人們的這種潛在能力大都未能得到應有的發揮。這就是為何天才極少的原因所在。如何造就更多的天才呢？最重要的就是及早挖掘、誘導孩子自由地發揮出這種潛在的能力——天才。

兒童潛能的遞減法則

◆ ◆ ◆

需要特別注意的是，兒童雖然具備潛在能力，但這種潛在能力是有著遞減法則的。比如說生來具備一百度潛在能力的兒童，如果從一生下來就給他進行理想的教育，那麼就可能成爲一個具備一百度能力的成人。如果從五歲開始教育，即使是教育得非常出色，那也只能成爲具備八十度能力的成人。而如果從十歲開始教育的話，教育得再好，也只能達到具備六十度能力的成人。這就是說，**教育開始得越晚，兒童的能力實現就越少。這就是兒童潛在能力的遞減法則**。

產生這一法則的原因是這樣的，每個動物的潛在能力，都各自有著自己的發達期，而且這種發達期是固定不變的。當然，有的動物潛在能力的發達期是很長的，但也有的動物潛在能力的發達期是很短的。不管哪一種，如果不讓它在發達期發展的話，那麼就永遠也不能再發展了。例如小雞「追從母親的能力」的發達期大約是在出生後四天之內，如果在這期間不讓它發展，那麼這種能力就永遠不會得到發展了。所以如果讓初生小雞在最初四天裡離開母雞身邊，那麼它就永遠不會跟隨母親了。小雞「辨別母親聲音的能力」的發達期大致在出生後的八天之內，若在這段時間裡不讓小雞聽到母親的聲音，那麼這種能力也就永遠枯死。小狗「把吃剩下的食物埋在土中的能力」的發達期也是有一定期限的，如果在這段時間裡把它放到一個不能埋食物的房間裡，那麼它的這種能力也就永遠不會具備了。

我們人的能力也是這樣。最著名的例子是英國司各特伯爵的兒子。司各特伯爵夫婦攜帶他們的新生嬰兒出海旅行，行至非洲海岸時遇到大風暴，船被巨浪打翻，全船的人都遇難，只有司各特伯爵夫婦帶著兒子爬上了一個海島。那是個無人的荒島，島上長滿了熱帶叢林。司各特伯爵夫婦很快就被熱帶叢林裡的各種疾病奪去了生命，只留孤零零的小司各特。後來一群大猩猩收養了只有幾個月大的小司各特，他就跟著這班動物父母成長。二十多年後，一艘英國商船偶爾在那裡抛錨，人們在島上發現了小司各特，他已經長成一位強壯的青年，跟一群大猩猩在一起，身軀像大猩猩那樣靈巧地攀爬跳躍，在樹枝間蕩來蕩去，他不會用兩條腿走路，也不會一句人類的語言。人們將他帶回英國，引起了巨大的轟動，也引起了科學家們的極大興趣。科學家們像教嬰兒那樣教導小司各特，力求他學會人類的各種能力，以便他能夠重歸人類社會。他們花費了十年功夫，小司各特終於學會了穿衣服，用雙腿行走，雖然他還是更喜歡爬行。但是，他始終不能說出一個連貫的句子來，要表達心意的時候，他更習慣像大猩猩那樣吼叫。

之所以出現這種情況，就是因爲學習語言能力的發達期是在人類的幼兒時期。小司各特當時已經二十多歲了，他錯過了學習語言的最佳時期，他的這種能力永遠消失了。

以上的事例都說明，兒童的潛在能力是有著遞減法則的。即使生下來具有一百度潛在能力的兒童，如果放棄教育，到五歲時就會減少到八十，到十歲時就會減少到六十，到十五歲時就會只剩下四十度了。所以教育的第一要旨就要是杜絕這種遞減。由於遞減是因爲未能及時發展其潛在能力的機會致使枯死所造成的，因此，教育最重要之點就在於要不失時機地給予孩子發展其能力的機會，也就是說要讓孩子儘早發揮其能力。

從兒子出生那天就開始教育

◆ ◆ ◆

那麼，怎樣才能杜絕孩子潛在能力的遞減呢？當然是儘早教育。但是這個「儘早」又早到什麼時候呢？我的經驗是，教育必須從出生那天起就開始進行。教育家們聽了以後可能馬上就會站出來提反對意見了，因爲他們認爲，這麼早就開始對幼兒進行教育是有害的。但他們的這一說法沒有根據。

事實上，從生下來起到三歲之前，是個最爲重要的時期。因爲這一時期，孩子的大腦接受事物的方法和以後的發展大爲不同。

初生嬰兒沒有分辨人的面孔的能力，到三、四個月，或五、六個月，就能分辨出母親和別人的面孔，知道「認生」了。但此時並不是對面孔的特徵進行了分析之後才記住的，而是在反覆的觀察中，把母親面孔印象原封不動地作了一個「模式」印進了大腦之中。

嬰兒的這種模式識別的能力，遠遠超過我們的想像。對三歲以前的嬰兒教育，就是「模式教育」。嬰兒對多次重複的事物不會厭煩，所以三歲以前也是「硬灌」時期。嬰兒依靠動物的直覺，具有在一瞬間掌握整體的模式識別能力，是成人遠遠所不能及的。他的大腦還處在一個白紙狀態，無法像成人那樣進行分析判斷，因此，可以說他具有一種不需要理解或領會的吸收能力。如果不把你認爲正確的模式，經常地、生動地反覆灌入幼兒尚未具備自主分辨好壞能力的大腦中的話，他也會毫無區別地大量吸收壞的東西，從而形成不良的素質。就像古諺說的那樣：「三歲定終生。」孩子到三歲時，就已形成了長大之後一些基本性格的質素。如果我們仔細地分析所有的人，都毫無例外地能從他們身上看到他們三歲以前的環境，以及這種環境對他性格形成及質素的影響。所以，模式時期決定了人的一生。

給三歲以前的模式時期「硬灌」些什麼呢？大致是兩方面的內容：一方面是反覆灌輸語言、音樂、文字和圖形等所謂奠定智力的大腦活動基礎的模式；另一方面則是輸入人生的基本準則和態度。

總的來說，生下一個健壯的孩子，這只是父母親走出的第一步，以後的路更長，事情更瑣碎，責任更重大。因爲，從孩子出生那天起，父母就必須擔起教育者的重擔。

早期教育與天才素質的培養

第3章

抓住兒子智力發展的最佳時期

根據兒童潛能的遞減法則，
一個人在成長過程中，是有某種智力發展最佳時期的。
這個最佳期非常關鍵，
它對人一生的智力發展都起著決定性作用，千萬不要錯過。
對兒童早期智力開發的關鍵，就是抓住最佳期。

孩子愛吃的食物才是最好的食物

◆ ◆ ◆

爲了儘早發揮孩子的能力，怎樣對孩子進行教育呢？很簡單，如果嬰兒已感到了你的關心和愛撫，這就說明你已經在教育他了。這種教育訓練是細小而繁瑣的。孩子渴了要給他喝水，孩子餓了要給他餵奶，孩子尿布濕了要馬上更換……父母要隨時隨地解除孩子的不愉快，以最敏銳的感覺去感知孩子的需要。能夠成功地感知孩子的需要，便是父母成功的開始。這是父母和孩子建立起來的第一條成功的紐帶，它會爲今後的教育和訓練提供良好的感情基礎。

我從兒子四個月時起，在吃母乳前，先給他點蜜柑汁，後來又添加香蕉泥、蘋果泥、胡蘿蔔泥、青菜粥等。再過一段，開始給他餵湯，吃煮熟的雞蛋、馬鈴薯等。大多數孩子愛吃穀類食物，這是他們最愛的食物。然而，我兒子卻不愛吃。我認爲愛吃的食物就是最好的食物，所以只給他吃喜歡的食物。但是在他兩週歲之前，不讓他吃肉。

德國有句諺語，意思是「人的個性取決於食物」。看來，食物同人的個性確有關係。曾經有人主張「菜食療法」，他們說選擇不同的食物，就能使孩子形成不同的性格。比如說：給孩子多吃胡蘿蔔，牙齒和皮膚就會美麗；吃馬鈴薯就能提高孩子的推理能力；吃菜豆就能發展孩子的美術興趣；吃洋白菜和花菜會使孩子思想簡單，成爲平凡的人；吃青豆易形成輕率的性格。因此，**可以讓厭惡數學的孩子多吃馬鈴薯，讓缺乏美術興趣的孩子多吃菜豆，沒常性的孩子禁食豌豆，粗暴的孩子禁食洋白菜**。

兒子出生後的前十五天，我們堅持定時給他餵奶、餵水，使他的生理時鐘一開始就形成規律。直到他能吃飯後，兩頓飯之間仍然只許喝水不許吃別的，免得他的胃老是得不到休息，血液也老是在胃部工作而不是集中在大腦。如果讓孩子的精力只用於消化，那麼大腦就不會得到很好的發展。另外，吃得過多除了阻礙腦部發育，也有害於孩子的健康，容易患上腸胃疾病。有人曾說過：「不同的胃可以使人成爲樂天派或是厭世者。」胃病會使孩子憂悶，不愉快、不幸福，胃弱者絕對享受不到健康者的幸福。因此我嚴禁兒子隨便吃點心、零食，即使爲了給他加強營養，也規定有固定的吃點心時間。

保持兒子健康的心情

◆ ◆ ◆

人們見到我兒子時常說：「這孩子體格太好，不像個天才。」看來他們仍在堅持「才子多病」的舊觀念。然而，這是毫無根據的。有句諺語「健全的精神寓於健全的身體」，這是有根據的。

的確，有的天才體弱多病，但並不是天才一定病弱，這種看法是不對的。那些病弱的天才如果健康，一定會是更加偉大的天才。而且身體健康的天才人物也並不少，如：韋伯斯特、布萊恩特、亨利・比卡、卡爾芬、珍妮・林德、阿德里娜・巴奇、薩拉・本哈忒、朱里亞・烏德・浩、約翰・衛斯里、路易斯、阿爾科克等。這些人不僅身體健康，而且體格魁梧，很有力氣。

兒子的健康一再使人們驚異，這是因爲我從嬰兒期就對他進行體能訓練。

愉快是健康的關鍵。我首先把兒子周圍的環境佈置好。周圍的氣氛陰鬱，孩子必然會消化不良，身體不健康。因此，孩子居住的房間從一開始就應是令人心情愉快的。

天氣晴朗時，我和妻子把兒子帶到田野裡，讓他眺望綠色的原野。我注意讓他的身體能自由自在地活動，不把他包起來，以免妨礙他手腳自由活動。也不給他圍圍巾，把嘴和臉弄歪。天氣好時經常讓他在屋外睡覺，以便接受陽光沐浴，呼吸新鮮空氣。當他在屋內睡覺時，在潔白的床上鋪上鴨絨褥，便於他的手腳自由活動。因爲這種活動就是兒童的運動。所以**嬰兒睡覺時，決不能像布娃娃那樣把他裹得緊緊的**。

卡爾六週時，長得很大，像四個月的孩子。這是我們讓他經常呼吸新鮮空氣，進行運動的結果。這兒所說的運動是從他兩三週時開始，讓他在光滑的木棍上做懸垂運動。生物學的理論說：「個體發育是整體發育的短暫重複。」所以，嬰兒是可以像猿猴那樣在木棍上做懸垂運動的。當然，不可以勉強地做。

還有一種訓練是讓兒子抓住我的手指，由於嬰兒與生俱來的「把握反射」，他就像掉單槓一樣用力拉起自己的上身。等到兩個月大反射消失時，他的胳膊已經訓練得相當有力，爲提前進行爬行訓練創造了條件。

我還培養孩子喜歡洗澡的天性。如果水溫過高或過低，孩子就不願洗澡，所以，我一開始就注意調節水的溫度。我和妻子每天都給兒子洗澡、按摩手腳，這樣既能發展他的觸覺，又能促進血液循環和肢體的靈活。從兒子一歲時起，我就教他洗臉、洗手、刷牙，一天要洗幾次，早起和晚上睡覺之前都要刷牙。他吃完乾麵包後，也讓他刷牙，並且從小時起就教他用手絹擦鼻涕。

這樣，經過營養和體能兩方面的精心培育，卡爾從出生時體弱多病的嬰兒長成了一個健康活潑的孩子。

從訓練他的五官開始

◆　◆　◆

兒子嬰兒時期的一切能力，如果不去利用與開發，就永遠也不會得到發展。因此，我決定從訓練他的五官（耳、目、口、鼻、皮膚）和刺激大腦發育開始。因爲聽覺、視覺、味覺、嗅覺、觸覺，是人類感知外部世界的生理基礎。充分刺激孩子的感覺器官，能夠促使大腦的各部分積極活動。如果孩子大腦的各個功能區都能發揮出最大效能，就會成爲一個聰明伶俐的人。

在五官中，首先要發展耳朵的聽力，因爲嬰兒的聽力比視力發展得要早。訓練聽力時，母親的悅耳歌聲是極其重要。在這方面我的兒子很幸運，他的母親擁有很不錯的嗓音。從他未出生的時候起，就經常聽到母親唱的美妙動聽的民間歌曲。我雖然不會唱歌，但卻經常爲他朗誦詩歌。

在兒子出生六周後，我就對他輕輕地朗讀威吉爾的詩《艾爾綺斯》，效果非常好。每當我朗讀這部詩時，兒子便能馬上靜下來並很快入睡。隨著詩的語調的變化，兒子的反應也在變化。當朗讀馬克利的《荷拉秋斯在橋上》時，他就興奮起來，朗讀坦尼森的《他的夢想》時，他又安靜下來。用上述方法進行教育，兒子滿一周歲時就能背誦《艾麗綺斯》第一卷的前十行和《他的逝世》了。

在此我要強調，讓兒子背詩絕不都是強制性地硬灌，而是讓他順其自然地學會的。以《他的逝世》爲例，由於兒子非常喜歡，他每天晚上都像做祈禱似地背誦它，因而很快就能熟練記住了。

爲了使兒子形成音樂的觀念，我還爲兒子買來能發出樂譜上七個音的小鐘，分別拴上紅、橙、黃、綠、青、藍、紫色的髮帶，給它們分別起名叫紅色鐘、橙色鐘、黃色鐘等。每當兒子在餵奶前醒來，我就敲這些鐘給他聽，並把鐘慢慢地在左右移動，吸引他的注意力。兒子還不到六個月時，就能按我說的名詞——青色鐘、紫色鐘等準確地敲了。我以爲，這是同時形成聲音和顏色觀念的有效方法。

有效地訓練眼睛，也是開發孩子智力的重要一步。兒子出生兩三個星期時，我爲他買了一些五顏六色、鮮艷奪目的布製小貓、小狗、小鹿，我把它們都擺放在兒子四周，時常移動玩具來刺激他的視覺。我還經常讓兒子看用三棱鏡映在牆壁上的彩虹。兒子非常喜歡看，當他哭時，只要看見彩虹就不哭了。

在味覺方面，除了給兒子各種味道的刺激之外，考慮到糖和鹽吃多了對身體沒好處，我們始終堅持吃清淡的食物。這樣既可以保持他的感覺靈敏度，又可以避免養成多吃糖和鹽的壞習慣。

兒子滿月之後，在床上能夠抬起頭來了，我就用手推著他的腳丫，訓練他爬行。父母一定要讓孩子儘早學會爬，因爲俯臥是最適合嬰兒的活動姿勢。嬰兒爬時，其頭部肌肉發育快，頭抬得高，可以自由地看周圍的東西，受到各種刺激的機會也增多了，這就會大大促使大腦發育，使孩子變得聰明。

孩子的視覺發達起來以後，就要培養孩子的觀察能力。這有兩個方法，一是通過豐富多彩的彩色名畫的摹本，還陳列了大量著名雕刻的仿製品。從兒子小時候起，我就抱著兒子識別屋中的各種物品，如桌子、椅子等，並把這些物品的名稱念給他聽。兒子起初只注意畫的顏色，漸漸地也懂得了畫中的含義。

在兒子智力的開啓中，畫的功能是非常重要的，能在善於繪畫的父母的培養下成長的孩子是非常幸福的。由於我懂得一點繪畫，就準備了許多美麗的花草和鳥獸的畫給兒子看，還讓他看有美麗圖畫的圖書，並讀給他聽。他總是能安靜地聽著。這表明兒子儘管什麼都還不懂，但已對我的聲音和畫的顏色開始感興趣。此外，我還經常把同兒子談話的內容繪成圖畫，用這種方法增長兒子的知識。

爲了發展兒子對色彩的感覺，我買來了五顏六色的美麗的小球和木片，以及穿著色彩鮮艷服裝的布娃娃，經常用這些玩具跟他做遊戲。這很重要，因爲孩子若不從小時就開始發展色彩感覺，那以後對色彩的感覺將會非常遲鈍。

蠟筆也是孩子的好玩具。我經常利用它同兒子進行「顏色競賽」遊戲。我預備好一張大紙，從某點開始，先由我用紅色蠟筆畫一條三厘米長的線，而後，兒子也用紅色蠟筆畫一條同樣長度的平行線。接著，我在我畫的紅色線之後，用青色的蠟筆接上一條長短一樣的線，兒子也得用青色的蠟筆在他畫的紅色線後邊畫一條青色的線。這樣連續畫下去，假若兒子使用的蠟筆與我所用的顏色不一樣，這一遊戲就不再繼續，兒子就輸了。

卡爾一學會走路，我就經常帶他去散步，並讓他注意天空的顏色、樹林的顏色、花朵的顏色、原野的顏色、建築物的顏色和服裝的顏色等，這都是爲了發展他的色彩感覺。

還有就是讓孩子專心注意某些事物，以養成敏銳觀察事物的習慣。我通過和兒子玩一種叫「留神看」的遊戲來達到這一點。每當路過商店的門前時，我就問兒子這個商店的櫥窗內陳列著哪些物品，並讓他在記憶中搜列這些物品。兒子能說出的物品當然越多越好。如果兒子記住的物品還沒有我能記住的多，就要挨批評。

這一遊戲對發展孩子的記憶力也十分有效。由於堅持這種訓練，兒子還只有兩歲時，有次我帶他到賣雕刻仿製品的商店去，他就對店員說：「你這裡怎麼沒有《維紐斯・得・未羅》和《維紐斯・得・麥得衣齊》?!」如此小的孩子居然知道這兩幅名畫，使店員大爲吃驚。

鑒於嬰兒的注意力不易集中，我通過鮮活的物品教會兒子各種形容詞。在兒子出生後第六週，我曾給他買了紅色氣球，把氣球用短繩綁到他的手腕上，氣球變隨著手的上下擺動而搖動。以後，又每週換一個其他顏色的汽球。通過這一遊戲。我便能輕而易舉地教他紅的、綠的、圓的、輕的等形容詞，而且兒子對這一學習方式非常樂意。

在嘗到這種學習的甜頭之後，我還讓兒子手拿貼有砂紙的木片和其他種種物品，教導他粗糙、光滑等形容詞。當然，這種教育方式也有一些負面效果，如嬰兒往往愛把手上拿的物品往口裡放。不過，父母只要多加留心，孩子就不致養成這種習慣。

此外，儘量讓孩子的手發揮多種功能，對於培養孩子的觀察能力是有重要意義的。嬰兒認識自己的手也要花費較長的時間。爲了讓孩子儘早發現自己的手，只有讓他的手有事可做才可以辦到。

每次當兒子醒來，小手張開的那一刻，我和妻子趕緊讓他抓點東西，平時經常活動兒子的手指，經常讓兒子撫摸東西和拍手掌。

另外，我總是引誘兒子觀察我的手，讓兒子了解許多手的功能。比如我拿著小搖鈴搖動，兒子就會甩動胳膊發出響聲。他八、九個月時我給他一支蠟筆和一張紙，我也拿著一支蠟筆和一張紙。我在紙上畫畫，兒子也在紙上亂畫。他其實什麼也畫不出來，但是他通過觀察已經開始發揮手的功能了。

應該著重指出的是，我對兒子進行這種訓練時，決不強迫他去做什麼。孩子是活物，自然要不斷地發揮他的能量。我只是爲了不讓他的潛力白白地浪費掉，才努力進行各種有效的引導。由於實行了這種教育，使兒子總有事幹，他也決不會因無事可做而去吃手指頭，因無聊而沮喪，甚至哭泣，相反，他從一開始就向著健康的方向成長。

從兒子十五天大就開始向他灌輸詞彙

◆ ◆ ◆

根據兒童潛能的遞減法則，一個人在成長過程中，是有某種智力發展最佳時期的。這個最佳期非常關鍵，它對人一生的智力發展都起著決定性作用，千萬不要錯過。對兒童早期智力開發的關鍵，就是抓住最佳期。幼兒在三歲以前，是語言發展的最佳期，儘早教孩子語言這一點非常重要。因爲語言既是進行思維的工具，也是接受知識的工具，沒有這個工具我們就得不到任何知識。我們人類之所以優於其他動物而取得今天的進步，就是因爲使用了其他動物所不具備的語言。因此，若孩子不能及早掌握語言，就不能很好地發揮其能力。而若能在孩子六歲以前掌握準確的語言，那麼這個孩子的發展就一定會很快，而且其速度是其他孩子無論如何也趕不上的。

許多父母千方百計地注重孩子的身體發育，可是當我提出措施發展孩子的頭腦時，他們卻感到驚異，認爲不可行。其實父母只要稍加留意就會發現，嬰兒從小時起就對人的聲音和物品的響聲非常敏感。這表明，早期教孩子語言是可行的。那麼早到什麼時候呢？**我主張從孩子十五天大就開始灌輸詞彙，在孩子剛會辨別事物時就教他說話。**

兒子十五天大時，我們在兒子的眼前伸出手指頭，兒子看到後就要捉它。剛開始時由於看不準，所以總是捉不到。最後終於捉到了，兒子非常高興，把手指放到嘴裡吃起來。這時我就用和緩而又清晰的語調反覆發出「手指、手指」的聲音給他聽。

就這樣，在兒子剛剛有了辨別能力時，我們就拿很多東西給他看，同時用和緩清晰的語調重複東西的名稱。沒多久，兒子就能清楚地發出這些東西名稱的音來了。

孩子學習語言離不開說，同樣也離不開聽，父母要爲孩子提供聽的環境，提供說的機會。父母應該儘早與孩子交談，因爲六周大的嬰兒就會對談話的聲音有所反應。這一階段，如果照顧嬰兒的人不愛說話，不去理會孩子或者和其他大人說話，那麼這個孩子說話的時間就減少了。孩子也並非與大人說話他才說話，有很多時候他都會「自言自語」。父母應該抓住這個關鍵時期儘量跟他交流，讓他的聽力更上一層樓。

只要兒子醒著，我們或者跟他說話，或者輕聲爲他唱歌。當他眼光停留在床上吊著的彩色紙花上時，我會不厭其煩地重複著：「紅紙花、黃紙花……」如果我在做事，我也會用親切的語調對他說話，告訴他我正在幹什麼。

應該注意的是，父母的語言要準確，清楚、緩慢，要科學地重複和再現。一旦孩子有所表示，比如微笑、踢腳或搖手，父母應該馬上給予鼓勵，及時回應。孩子一旦開口叫出

「爸爸」，「媽媽」，父母就應該乘勝追擊，讓孩子保持說話的熱情，全力鼓勵孩子說話，爲孩子製造說話的環境和材料。父母引導孩子念兒歌、講故事。甚至到了孩子能說雙音詞、片語時，父母要儘量說簡短的句子，讓孩子去理解體會。

在教語言的過程中，我總結了些十分有用的方法，現在將之歸納如下奉獻給諸位：

一、發純正的語音

從兒子發出第一個「F」「a」開始，我就不厭其煩地教他「Fa—Fa—Fa」、「ma—ma—ma」等等。當兒子發出一個聲音，比如「ka—ka—ka」，我立即回應，跟著他「ka—ka—ka」。而當我教兒子發「ma—ma—ma」時，如果兒子回應了，儘管不是很清晰，我仍給予了充分的鼓勵。不過使用這個方法必須聽清楚孩子的發音。比如孩子發「mo—mo—mo」，你卻聽成了「ma」並加以鼓勵，久而久之，孩子會出現發音上的混亂。

我與兒子玩這種遊戲，總是在他睡醒後一小時進行。因爲這時候他情緒最好，效果也更好。所以要注意選擇時機。同時發音時要跟孩子充分交流，我和他母親發音時，都讓孩子看著我們的臉，當然最好是能夠看到嘴的動作。

教孩子發出純正的音一定要簡潔明快，千萬不要囉囉嗦嗦。比如教孩子發一個音

「a」，直接教就行了，完全沒必要說上一大段話，那樣孩子聽不清楚，就容易讀錯。

二、從身邊的實物開始

我們都有這種經驗，學習外國語，不多記單字是不行的。但是想要多記，卻往往勞而無功，很快就忘了。有個時期，爲了以後教兒子我下決心要學好英語，就把韋伯斯特的袖珍小詞典揣在懷裡從頭背下去，但是隨記隨忘，並沒有多大效果。以後，我在學的過程中總結出一個道理：要多記單字，還是應當多讀有趣的書，在閱讀中記住書的單字。同理，爲豐富孩子的字彙，只是塡鴉式的硬灌，非但達不到目的，反而有害。

教兒子說話，確實是很難的，如果不仔細地下點功夫就教不好，我通過與兒子談論有關飯桌上的器具、室內的擺設、院子裡的花、蟲等，巧妙地教他新單字的發音和詞義。

在兒子稍大一點以後，我和他母親就抱著他、教他認識飯桌上的餐具和食物、身體的各個部位、衣服的各個部分、室內的器具和物品、房子的各處，院子裡的花草樹木及其他各種所有能引起兒子注意的實物名稱。總之看到什麼就教什麼，也教他動詞和形容詞等，使他的詞彙漸漸豐富起來。

幾乎每天晚飯後我們都要帶兒子出去散步。從家裡到村口的教堂，一路上我看到什麼講什麼，有意識地叫兒子注意：高高的樹、矮的草叢、飛動的鳥兒、粗粗的木柵欄、路燈、樓房、馬車、各種花草、各種人，還有忙碌的小螞蟻…兒子被逗引得對外面世界充滿好奇，一出門就指這兒看那兒，咿呀不休，說話能力也進步而且快多了。

當然，在實行這一教育時，也要注意循序漸進，先易後難。在開始時，教一些孩子容易發的音和一些非常簡單的話，只要每天堅持練習，持之以恆，就必有所收穫。

三、靠講故事來增強與世界的親和力

當兒子稍微能聽懂話時，我和他母親就天天爲他講故事。在我們看來，對於幼兒，沒有比對他講故事更爲重要的了。因爲孩子是這個世界的生客，這個世界對他是一個一無所知的世界。所以應該儘早讓他認識這個世界，越早越好。爲了培養兒子對這個世界的親和力，最好的作法當然就是講故事了。甚至可以鍛鍊兒子的記憶力、啓發想像、擴展知識。傳授知識死死板板地教，兒子不易記住。用講故事的形式教，兒子就喜歡聽，並且容易記住。所以，教育孩子運用講故事的方法是最有效的。

除了給兒子講故事，我選擇好書，清晰而又緩慢地讀給孩子聽。我在這方面給諸位的建議是，爲孩子讀聖經。聖經是舉世無雙的，大家都公認像這樣的世界名著實在罕見，所以把它讀給孩子聽是最好不過的了。由父母清晰地讀給孩子聽，這是教孩子學好語言的最佳方法。此外，也有助於培養孩子的優秀品質。

還有，講故事不能只讓孩子被動地聽，應該要他複述。如果不讓孩子重複，就不能完全達到講故事的效果。

在兒子還不會說話時，他母親就爲他講希臘、羅馬、北歐的神話和傳說。等他會說話後，母子兩人就表演這些神話。甚至向兒子講述聖經故事時，有時還用戲劇形式演出。

這樣不斷地進行生動的教育，終於有了成果。兒子到五、六歲時就能毫不費力地記住三萬多個詞彙，這即便對於一個十五歲左右的孩子也是一個驚人的數字。

四、盡力豐富詞彙

教育孩子語言的首要之點就是盡快豐富孩子的詞彙，讓他們懂得道理。兒子的詞彙訓練一直受到我們重視。凡是他還不認識的事物，我們都要求女佣不用「這個、那個」的說法，只有兒子已經記熟的事物，才教他用代詞稱呼。另外，在給兒子講道理時，其中總會遇到一些不懂的詞彙。這時，我們都是隨時解釋，決不稀里糊塗地跳過。

當然，兒子這麼小，那些難的詞彙解釋了他也聽不懂。然而這一行爲的意義並不是讓他立刻就記住或聽懂，而是利用解釋生字的行為本身，教給兒子正確的學習態度和方法。如果大人在傳授知識的時候遇到難點就繞過去，孩子就會養成「不求甚解」的壞習慣。

德國有許多通俗易懂的童謠，我們當然不會視這些優秀的文化遺產而不顧。我們從兒子小時就教給他這些童謠，並且讓他記住了它們。因爲這些童謠的語調好聽易記，所以大大有利於豐富兒子的詞彙。不僅如此，兒子的智力也在閱讀這些童謠的過程中快速地發展起來。所以兒子不到四歲就開始閱讀以歌詞形式寫成的書籍。

五、反對教孩子不完整的話和方言

我反對教給孩子不完整的話和方言，比如教孩子「ㄋㄟ•ㄋㄟ」（牛奶）、「ㄚㄚ」（腳）、「汪汪」（狗）之類的。這些兒語對孩子語言的發展有害無益，這一點要特別引起父母們的注意。誠然，孩子學不完整的話和方言會更容易一些，因此許多父母也就認為孩子的語言從這些不完整的話學起並無大礙，但是我經過試驗發現，孩子在兩歲左右時，如能緩慢、清晰地教他說正式的語言，一般來說孩子都可以發出音來。

如果兒子本來可以學會的東西，我都故意不教給他，這在教育上就是極其愚蠢的了。

正如雷馬克所說的，一個東西如果不使用，就難以評價它的作用，同樣，如果不教給孩子他們本來能夠學會的東西，那麼，他們的潛在能力也就得不到發展。世界上再也沒有比這更愚蠢的事了。

事實上，對幼兒來說，單會說「汪」或「丫」等詞彙雖然相對要容易一些，但這也同樣會爲他們造成負擔。對孩子的語言學習來說，完整規範的語言是他們遲早要學的語言，而那些不完整的語言卻是他們不久就要拋棄的語言。讓孩子學兩套語言，這勢必會對孩子造成雙重負擔。這確實是件不符合經濟效益的事，孩子原本可以運用那些已經白白浪費掉的精力去學習一些其他知識的，但處在這種錯誤的教育下，只得付出這些寶貴的光陰。因此，做父母的，絕不應該教給孩子一些不完整的話，以免浪費時間。

也許有人說，教孩子說這種話非常有趣，但你們是否想過讓孩子付出如此高昂的代價是否值得?!教孩子不規範的語言害處還不止於此。社會上有許多孩子，甚至到了十四、十五歲（甚至已長大成人），有些話發音還不清楚，這就是父母教育不當的結果。在現今的學校裡，教員爲糾正學生的這些發音毛病所付出的消極勞動，往往比他們用於積極勞動所花的時間還多，這實在可悲。不用請教心理學家，就連任何一個普通人都知道，教師用在糾正學生已經養成的毛病上所花的時間比起教育他們新知識所花的時間還要多。

但是，社會上竟有這樣的父母，他們以孩子發出的錯音、說出的錯點為樂。他們不僅不去幫助孩子糾正，反而將錯就錯，隨聲附和，這是大錯特錯的。因為這樣將使孩子永遠無法發覺自己的毛病，以致習慣成自然，難以糾正。

能正確運用語言意味著能正確地思考。如果讓孩子從小就使用似是而非的語言，那麼孩子的大腦就難以訓練好。

我從兒子出生時起，就儘可能地對他說準確而漂亮的德語。在向他灌輸語言時，我認爲俗語也很重要。因爲有的意思，不用俗語就不能表達得很完美，我們的思想在發展著，新觀念也在不斷地產生著，表現這些新觀念的俗語也必然增加，所以排斥俗語就會落後於時代。

然而，我絕對不教給兒子不完整的話。這種完整的語言教育從一開始就發揮了很明顯的效果。兒子還不到一歲時，有位朋友對他說：「卡爾，我想看你的汪汪。」他糾正說：「這不是汪汪，是狗。」這位朋友對此大爲驚訝。

六、用明確的詞彙來「武裝」清晰的小頭腦

在語言教育中，我非常強調從一開始就要讓孩子學到標準的語言。爲此，我總是反覆

而清晰地發音給兒子聽，耐心地教他標準德語。只要兒子發音準確，我就摸著他的腦袋表揚道：「說得好，說得好。」當兒子發音不標準時，我就對妻子說：「你看，你兒子不會說什麼什麼⋯⋯」於是妻子就回答說：「是嗎？我兒子連那樣的話都不會說？」這樣一來，儘管兒子還很小，也激起了他拼命學習標準語音的念頭。經過我們的不懈努力和執著堅持，兒子從小的發音就非常準確。

在詞彙學習上，我的信條是：想要有個清晰的頭腦，首先必須擁有明確的詞彙。爲此，我不是只讓兒子停留在孩子式的表現方法上，而是教他逐步了解和使用複雜的措辭，並且力求措辭生動準確，決不使用曖昧的措辭。爲了要做到這一點，我認爲家人一定要相互配合，不要一個在嚴格要求，一個卻在縱容孩子。爲此，我和妻子默契配合，而且以身作則，在平時堅持力求發音標準，語言規範，精選恰當的詞彙。

我不僅對妻子，甚至對女僕和男僕都嚴禁他們說方言和土語。因爲兒子與僕人們的接觸非常頻繁，易受他們的影響。我只許兒子記標準德語，因爲只要能記住標準讀法，就可以讓兒子不費力氣地讀懂書上寫的東西。

方言和土語在讀音上與標準德語差別甚大，而且在語法上也不夠規範、標準。在這種語言環境中，小孩子很容易受到不良影響，從而給學習標準的語言帶來一定的障礙，這種障礙的跨越是需要時間的，而一旦錯過了學習語言的最佳年齡，是一輩子也實現不了這種轉變。我家裡有一個老僕人，忠心耿耿地爲我服務了幾十年，我對他也非常尊重與信賴。也許是年齡偏大，他經常滿口土語。兒子出生以後，我多次要求他講標準德語，但他說了一輩子的土語，乍改爲說標準德語就說不好，總是說得不倫不類，比他說土語還糟糕。當時兒子正處在學習語言的節骨眼上，我雖然不情願，但不得已只好忍痛將這位老僕勸退回家。每次想起他我都很難過，但是看到兒子在語言方面取得如此好的成績，我又覺得一切犧牲都是值得的。

在教兒子語言時，語法不是最重要的，特別是對孩子來說，更沒有多大必要。因此，在兒子八歲前我並未專門教過他語法，而是通過聽和說來教。

孩子其實都喜歡說話，從小他們就會一個人把學到的單詞反覆地說著玩。我就利用孩子的這種傾向，把兒子能理解的有趣故事，用精選的詞句組成短文，讓兒子記住。他不僅能很快地記住，並總是高興地覆述著。以後，我把這些短文翻譯成各種外國語讓他說，他也能很快記住。根據我的經驗，在人的一生中，一至五歲可能是最有語言才能的時期了，父母千萬別讓這種才能白白枯死。

爲了儘早開發兒子的記憶力、想像力和創造力

◆　◆　◆

我在前面做了那麼多，都是爲了能儘早開發兒子的記憶力、想像力和創造力。兒子今後取得成就與否，跟這三方面都有重大的關係。但是對孩子切忌進行機械的訓練，那樣不會有任何效果，而應該採取一些靈活有趣的辦法。

一位科學家說過：一切智慧的根源在於記憶。根據「用進廢退」的原理，早期教育可以使記憶力發展的時間大大提前。尤其是嬰兒時期，每天重複輸入相同的詞彙，不斷地刺激孩子大腦裡的詞彙庫，可以促使孩子的記憶力迅速發展。

爲使兒子牢記神話和聖經中的故事，我常常把有關內容編寫在紙牌上。後來教他各國的歷史時，也採取同樣方法。這一方法概括起來就是，起初用講故事的方法教，而後把它們編成紙牌，採用遊戲的方式教。有時我們還一起讀一本有趣的書，並寫出要點。

兒子從小就把各種事情寫成韻文來記憶，因爲韻文比散文容易記。在兒子八歲時，我曾用骸骨教他生理學。一次，他趁我外出旅行之機，就用韻文寫下了已記住的骨、筋肉和內臟的名稱。我回來時，大爲驚奇。

對歷史事件的教育，我多在兒子讀過之後利用戲劇形式演出，這樣就容易記住了。而學校教的歷史課，完全是照搬年代表，味同嚼蠟，毫無趣味，學生厭惡它，從而根本記不住也是理所當然的事。

在創造力方面我鼓勵兒子多動手、多思考、多提問題。不論兒子提出什麼樣的問題，我都耐心地給予解答。

在兒子一歲多時，如果拿著某種材料或玩具聚精會神地玩，而不是拿起來就扔掉，我們就及時誇獎他，並和他一起，啓發他盡興地玩。如果兒子用了一種出人意料的方法玩玩具，我們不光誇獎他，還要鼓勵他多想出幾種方法來。

兒子二歲時，他母親每天像上課般講故事給他聽。甚至還有套吸引他不斷聽下去的辦法。方法就是像報紙連載小說那樣，每天講到「且聽下回分解」的地方就打住，下面的故事情節則讓兒子自己去想創造。兒子不得不爲此而挖空心思，並對可能的情節作出各種猜想。第二天，母親在講故事前，先讓兒子說他是怎麼想的，然後才接著講。如果兒子自己猜中了，我們就高興地歡呼，如果兒子沒猜中，他母親就誇獎說：「哎呀，我兒子編得比故事本身還好呢！」兒子的創造力就在這種訓練中不斷培養起來。

至於想像力，我們的幸福有一半以上靠的是想像。不會想像的人是不懂得眞正的幸福的。貝魯泰斯曾說過：「想像是人生的肉，若沒有想像，人生只不過是一堆骸骨。」

那種沒有風趣的人幹什麼都只論事實，排斥想像。他們甚至把聖誕老人和仙女從家裡攆走。他們的這種死板的生活態度也傳染到對孩子的教育中。他們認爲歷史上的傳說和不合情理的兒歌對兒童有害無益，他們更不懂得傳說和兒歌能夠陶冶孩子的品德。事實上，即使大人的生活，沒有想像也是無趣的，更何況是孩子們。因此，從家庭裡攆走聖誕老人和仙女，就如同攆走伴侶和拋棄玩具一樣，對孩子來說是殘酷無情的。何況，孩子之所以懂得愛惜鳥獸，具備有關道德的一些初步知識，從小就立志要具有遠大的理想，都是受傳說和兒歌的影響所致。

如果一個人在小時候想像力得不到發展，那麼他非但不能成爲詩人、小說家、雕刻家、畫家，而且也成不了建築家、科學家、數學家、法學家。儘管有人認爲當數學家和科學家用不著想像，但這是不符合事實的。想像對於任何人都是必要的。

因此，**凡是年幼時充分發展了想像力的人，當他遭到不幸時也會感到幸福；當他陷於貧困時也會感到快活。所以說，世界上最不幸的人就是不善於想像的人**。

有人認爲神話沒有任何價值，予以排斥，但我卻非常歡它們。據我觀察，同樣是眺望天空的星星，懂得神話的孩子的感觸與不懂神話的孩子就完全不一樣。另外，由於孩子缺乏社會生活經驗，不懂得善惡的區分。爲了讓他們分清善惡，最好的方法就是給他們講述傳說和兒歌。

我的家中從不排斥仙女，我經常爲兒子講傳說和唱兒歌，使他知道大自然是仙女居住的可愛世界。因此，他從小就愛大自然。同時，他還從傳說和兒歌中學到了許多優秀的道德和品質，如正直、親切、勇敢、克己等。

爲了發展兒子的想像力，我不僅向他講述已有的傳說和兒歌，甚至還講述自編的故事，進而讓他自己講述自編的故事，並鼓勵他把故事寫成文章。我還和兒子各交了一個想像的朋友，一個叫內里，另一個叫魯西。當我們兩個單獨在一起時，我們就請出兩個想像的朋友，這樣我們可以四個人一起玩。所以，兒子在任何時候也不會感到無聊、苦惱。令人發笑的是，有一次保姆說：「先生，你的兒子有些怪，他好像是在和幽靈玩」。

有的父母因不了解孩子們的想像世界，當孩子用木片和紙盒建造城市、宮殿玩時，他們爲了收拾屋子，就往往不給孩子打招呼就破壞了孩子的遊戲。這種做法就會無情地摧毀了孩子的精神世界。

這一舉動的嚴重性在於，這不僅剝奪了孩子的幸福和遊戲的歡樂，而且有礙了孩子將來成爲詩人、學者、發明家……父母在教育中往往因爲輕率的舉動而毀掉天才。

第4章

教育孩子的正確方法

早期教育與天才素質的培養

我教育兒子的真正目的，
就是要為他打開智慧的天窗，
使他能夠敏銳地觀察到社會上的壞事，
洞察出社會上的矛盾和缺陷。
我們人類的理想，決不應當像亞當和夏娃那樣，
僅僅滿足於在不知自己是裸露著身體的情況下過快樂的天堂生活。
為此，我決不能讓兒子成為精神上的盲目樂觀主義者。

用遊戲的方式進行教育

◆ ◆ ◆

經過從嬰兒期就開始的教育，卡爾顯得比同齡的孩子更聰明，更機靈，反應更快，各方面的能力也更強。我認爲他在智力上已經準備好了，所以從他二歲時就開始教他識字，但這決不是強迫性的。「**不能強迫施教**」，這是我主張的教育法的一大原則。

我認爲不管教什麼，首先必須努力喚起孩子的興趣。只有當孩子有了興趣時，才能取

得事半功倍的良好效果。而喚起孩子興趣的最好辦法是用遊戲的方式進行教育，其效果在兒子的早期訓練裡已表露無遺。

遊戲是動物的本能，所有動物都喜歡遊戲。小貓戲弄老貓的尾巴，小狗和老狗互相咬，這是爲什麼呢？根據動物學家的研究，小貓戲弄老貓的尾巴，是爲了發展它將來捕捉老鼠的能力；而小狗和老狗互咬也是爲了發展它將來能咬死野獸的能力。顯然，動物訓練下一代的技能都是在遊戲中進行的。

我對兒子的教育都是採用遊戲的方式進行的。首先，當他滿六個月時，我就在他的房間四壁大約一米高的地方上貼上厚厚的白紙，白紙上貼上紅紙剪下的文字和數字。在白紙的另一塊地方，有秩序地貼上簡單的單字，如：貓、狗、老鼠、肥豬、兔子、帽子、蓆子、桌子、椅子等等。請注意，這些單字都是名詞。在另一處並列貼上從一到十的十行數字，在某處畫上樂譜圖。

因爲嬰兒的聽覺比視覺發達，我決心對兒子從聽覺入手教ABC。當我指出ABC字母時，我妻子就像唱歌似地唱給兒子聽。當然，因爲卡爾畢竟只是六個月大的嬰兒，所以，他的感覺就像聽耳邊風似的。但我們不洩氣，天天讓他聽，讓他看，終於奏效了，兒子對字母有了深刻的印象，這使他後來學識字時非常輕鬆愉快。

由於有了前面的經驗，在教兒子識字時我也採用了這套方法。

首先爲了讓兒子對識字產生興趣，我取巧利用了一些小孩還無法識破的「小伎倆」。這方法很簡單，那就是爲他買來許多兒童書和畫冊，再有趣生動地講給他聽，利用一些帶鼓勵的話語來激發他幼小的心靈，像「如果你能識字，這些書你都能明白」之類的話語。有時，又不講給他聽，還故意對他說：「這個畫上的故事非常有趣，可爸爸現在很忙，沒時間幫你說明。」這樣一來，反而激發和喚起了兒子一定要學會識字的想法和心願。待他有了這種強烈的識字慾望以後，我這才開始教他識字。

接著我就用前面用的那種方法教他。我先去打字行，買來十公分見方的德語字母印刷體鉛字、羅馬字和阿拉伯數字各十套，再把這些字都貼到十公分見方的小板上，以遊戲的形式學起。先從元音教起，接著以「拼音遊戲」的形式在玩耍中教兒子組字。具體教法是這樣：首先用畫冊讓他看貓的畫，同時教貓這個字的拼法，然後指著牆壁上的字，反覆發貓的音給他聽。接著從文字盒中選出組成這個字的所有字母，用這些字母拼寫出貓這個字。當然，這些遊戲都是由我和兒子一道以遊戲的方式進行的。在兒子學習時，我在邊上給他予以表揚和鼓勵，也讓他適度地、循序漸進地反覆練習幾天以學會這些單字。

我還製作了許多小片卡，在上面我畫上憨態可掬的小動物、房子、樹木等，在畫面下標出名稱。我把這些卡片貼在餐廳、廚房、客廳和兒子臥室的牆壁上，讓兒子可以常常看到，以加深印象。我們還常常利用這些卡片和兒子做遊戲、編故事。每次出外散步，不論看到什麼，馬車、教堂、河流等，我看到什麼就要兒子說出該怎麼念，怎麼拼。這些方法很有效，兒子認識的字越來越多。

兒子很快就學會了讀，也就是說，他在沒有學習所謂讀法之前就掌握了讀。而一掌握了讀法，他就能掌握更多的詞彙，再加上他學的是標準德語，所以他很容易就能讀書了。

如何教兒子學外國語

◆ ◆ ◆

對兒子的語言、識字教育都取得了成功，但我並不就此滿足，我早已決心讓兒子儘早地打下學會一門主要外語的基礎。因爲教給孩子多種語言，有利於孩子正確地理解詞義和進行思考。從先易後難的原則出發，我決定讓兒子在掌握本國語讀法的基礎上，學習相近的外國語。

在兒子能用德語自由地閱讀後，我又馬上開始教他學法語，那時他才六歲。由於運用方法得宜，只花了一年的時間，卡爾就能用法語自由閱讀各種法文書籍了。當然他可以學得這樣快，首先還是因為他的德語知識非常豐富。

卡爾學完法語後，又馬上開始學義大利語，而且只用了六個月的時間就學會了。這時我認為，可以教他拉丁語了。

學校裡一般都規定學習外國語必須首先從拉丁語學起。但總覺得這樣做過於勉強，只有從與德語最相近的法語開始學起才是合乎邏輯的，所以我就採取了先易後難的順序。學拉丁語對於十幾歲的孩子來說也是相當難的，被視為極為頭痛的語言。因此，我是經過了相當的準備以後才開始教他的。為了提高兒子的興趣，在教拉丁語之前，我先把威吉爾的《艾麗綺斯》的故事情節、高超的思想、漂亮的文體等講給他聽。我還對兒子講，如果想要成為一個卓越的學者，就一定要學好拉丁語。兒子的好勝心被激發起來了。

在他七歲時，我常常帶他去參加萊比錫音樂會。有一次在中場休息時，兒子看著印有歌劇歌詞的小冊子對我說：「爸爸，這既不是法語也不是義大利語，這是拉丁語。」我趁機啓發他：「不錯，那麼你想想看，它是什麼意思。」兒子從法語和義大利語類推，基本明白了大意。他高興地說：「爸爸，如果拉丁語這麼容易，我很想早點學。」

這時我覺得條件已經成熟，才開始教他拉丁語，只花了九個月的時間卡爾就覺會了。

然後卡爾開始學英語，學完英語又學希臘語，前者用了三個月，後者用了六個月。兒子覺得學希臘語比較有意思，整個過程基本上就是一個閱讀巨著的過程。他學希臘語是從背誦常見的單字開始的。我爲他做了希臘單字與德譯卡片，他首先從這些卡片中學會了常見的單字。

當掌握了一些單字後，他立即轉入譯讀。最初，他讀的是《伊索寓言》，接著又讀了瑟諾芬著的《從軍記》。同教授其他種語言一樣，我並不系統地講授語法，只是隨時教他必要的東西。

當我工作的時候，我讓兒子坐在自己桌子的旁邊學習。當時德國只有希臘拉丁辭典，沒有希德辭典。所以，兒子在學習希臘語時，不得不一個單字一個單字來問我。雖然工作很忙，但我對兒子的提問，從不發脾氣，一面耐心地教，一面從事自己的工作。

這樣一路學下來，卡爾又讀了希羅多德的歷史學巨著，瑟諾芬著的《寶典》、《蘇格拉底言行錄》、提奧奇尼斯和萊爾丘斯著的《哲學家列傳》，以及洛西昂的著作等。他七歲時，讀完柏拉圖的《對話集》。但是他告訴我說《對話集》的內容沒有看懂。

學完所有這些語言時卡爾剛滿八歲，他已經能夠讀荷馬、波魯塔柯、威吉爾、西賽羅、奧夏、芬隆、弗羅里昂、裴塔斯塔濟、席勒等德國、法國、義大利、希臘、羅馬等各國文學家的作品了。

一般人都畏懼學習外國語，會六國語言，這對他們來說是需要花上一輩子的精力才能完成的事。卡爾在這麼小的年紀，並且只用這麼短的時間就做到了，這裡面有什麼秘訣嗎？並沒有什麼秘訣，只是我在教授兒子外國語的過程中總結出了一些經驗。

一、用「耳」學外語

現在以拉丁語爲例。拉丁語是學生們的一項重要基本功，要想研究學習就離不開它。而且一旦學會拉丁語，就容易學會法語、西班牙語、義大利語。但學生們差不多都討厭拉丁語。在我看來，之所以出現這種情況是由於他們沒有打下學習拉丁語的基礎。有鑑於此，我認爲有必要盡早開始爲兒子打好學習拉丁語的基礎。因此，在兒子的搖籃時期，我就開始教他拉丁語。

諸位一定認爲我的說法前後矛盾，同時也奇怪我如何能夠教導一個躺在搖籃裡，除了吃和睡什麼也不懂的嬰兒。其實很簡單，就是讓他聽。由於嬰兒善於用耳而不善於用目，所以我就利用聽的辦法教兒子拉丁語。每當兒子睡醒情緒穩定的時候，我就用清晰而緩慢的語調對他朗誦威吉爾的《艾麗綺斯》，這是一部出色的敘事詩，同時也是一首集好的搖籃曲，兒子非常喜歡，每每聽著聽著就入睡了。因爲有這樣好的基礎，所以兒子學習拉丁語時感到很輕鬆，並且很快就能背誦《艾麗綺斯》。

學生們之所以討厭拉丁語，完全是因爲學校裡那種利用刻板圖表和規則教拉丁語的方法所致。這種機械的方法是應該受到批評的。有一次，卡爾同某位教拉丁語的教師交談，結果那位教師一點都聽不懂，而卡爾當時僅僅八歲而已。學校教拉丁語的弊病是，學過拉丁語的人只能讀寫並不能聽和說。

二、與其背莫如練

我從不系統地教授語法，因爲即使教給孩子語法，孩子也不會懂的。誠然，對大人來說以語法爲網來學習外語是有效的。但是對孩子則必須採用「與其背莫如練」的方法。因爲任何一個孩子，不都是用這樣的方法學會了母語的嗎？

教語言時，通俗易懂的詩最易於記憶，所以我總是先教些詩歌，使兒子熟悉這種語言的感覺。掌握了一些基本的東西後，我就要求兒子運用到日常生活中來。一旦教哪種語言，我平時就用這種語言跟他交談。兒子若是遇上不會表達的地方，用德語跟我說話，我就不理會他，逼他自己想出表達的辦法來。同時我還要求他看當時所學語言的書籍，因爲要學好一種語言的最好辦法就是看懂該語言的書，任何語言最精華的部分都在書裡。遇上不懂的單字時，我就讓他自己去查辭典。由於開始兒子只學了一些常見的單字，因此非常頻繁地查辭典，後來查辭典的次數越來越少，這就表明他已經掌握那種語言了。

此外，我還鼓勵兒子結交外國筆友，起初是和一些國外朋友的孩子通信，後來範圍逐漸擴大，到學習希臘語時，他開始給一個希臘孩子寫信，不久，希臘方面就來了回信，兒子高興極了。從此，他對希臘很感興趣，便讀了許多有關希臘的書。接著他又和義大利、英國的孩子通信了。他對這些國家也很感興趣，還興致勃勃地研究起他們的地理和風俗習慣。就在通信的一來一往中，兒子的外國語長進了不少。

三、用不同的語言去讀同一個故事

讀過一遍小說，就不想再看了，而兒子卻樂意反覆且多次地聆聽相同的一個故事。我抓住這一秘訣，在教外國語時，讓兒子用各種不同的語言去讀同一個故事。比如在讀安徒生童話時，既讓他用德語讀，又讓他用法語、義大利語、拉丁語、英語和希臘語讀。這一方法行之有效，兒子很快便將各種語言融會貫通，學習起來又輕鬆又快捷。

四、弄清字源

要學好外語，弄清字源是很有益的。爲此，我讓兒子從小就這樣做，並做了好幾本筆記。比如爲了記住某一個拉丁語單字時，我總讓兒子去調查由此產生出了哪些現代字，並把結果記在筆記本上。這樣，他既學會了那個拉丁語單字，又記住了由此派生的現代字，對語言發展變化的規律則也有了直觀的認識，可謂一舉多得。

五、最有效的辦法是各種遊戲

我要在這裡再次提醒父母們，孩子學習語言的能力是驚人的，關鍵在於是否運用了最有效的教學方法。我認爲最有效的辦法是在學習中與孩子做各種遊戲。

在兒子剛學會說英語時，我就把「您早」這句話用十三國語言教他，兒子很快就學會了。而且學習方法也很有趣，每天早起，我讓兒子對著代表十三個國家的十三個玩具娃娃，用各國的語言說「您早」。根據孩子愛玩、好動的特點，我和他利用語言做各種遊戲，比如講故事、說歌謠、猜謎語、比賽組詞造句、編動作、說諺語、編故事等等。如此生動地學習，卡爾怎麼會學不好呢？

抓住兒子模仿我用筆時教他寫字

在運用寫有字母的小木板和利用做遊戲的方式教會兒子拼音後，我又開始教他拼寫。由於孩子什麼都要模仿大人，當兒子也模仿我要用筆時，我便抓住這一機會，教他寫字。因此，我努力教會兒子運筆的方法。孩子剛開始用筆時是笨手笨腳的，甚至要打翻墨水，我往往因此而不耐煩。一段時間後，我的耐心終於有效，孩子就很快學會了。

卡爾第一次提出要用筆寫字時，我沒給他，而是給他炭筆，並鼓勵他好好寫出自己的名字。他將名字寫出後，讓他母親看了大吃一驚。看到這個效果，兒子也非常高興，拼命練習寫字，這說明雄心大志對於孩子來說是一種極大的力量。經過幾天的努力，他終於能夠以漂亮的筆法寫出自己的名字。這時他才四歲。當兒子五歲時，有一次我們全家出外旅行住旅館，我讓他自己在登記簿上簽名，這當場讓旅館老板驚訝不已。

兒子剛一學會簡單的句子，我就讓他天天寫日記。這樣，卡爾從四歲開始就能記日記了。每當下雨刮風不能在室外玩時，他就拿出日記，回想幼年時代的情景，感到很有樂趣。

寫到這裡，請允許我說幾句題外話。其實**撫育孩子時，父母自己更應當記日記，以記載孩子的進步和發育情況。這也是留給子孫後代的重要遺產，使他們在培育孩子時，能夠從中得到教益**。

比如，教給了孩子一個什麼新詞，孩子開始使用了一個什麼新詞，孩子對什麼感興趣，有什麼不好的表現，因爲什麼責備了孩子，又因爲什麼表揚了孩子，孩子表現出了什麼智慧，平時都教給了孩子哪些知識等等，這些都是要記錄的內容。有了記錄，就知道哪些話教過了，哪些話還沒教過，孩子已經懂得了什麼，還不知道什麼等等。這樣，便於有效地進行教育。通過這個辦法，還能培養孩子的好習慣，防止沾染惡習，也更利於將預先制定的計劃一一落實。如果不記錄，就如同航海者沒有航海日誌一樣，預定的計劃都要落後。乍看起來覺得這樣做是很麻煩的，但實際做做看，並非那樣麻煩，相反會發現這是很有趣味的。當你每天欣賞牽牛花的生長時，都會忍不住對它感到興趣，更何況注意留神自己孩子的成長呢？只要試著去做，就一定會有興趣的。而且憑藉對孩子一天天的成長記錄，也能更好地品味到這種天倫之樂。

記這種日記的另一好處是可以使父母保持熱心和堅韌不拔的精神。由於現今社會上並沒有人去監督父母培養孩子，所以即使該做的不做，計劃好的事不實行，任意變更計劃，也決不會有人來制約的。**由於父母們有絕對的自由，所以往往容易忽略自己的職責。一本育兒日記能夠隨時對父母發出忠告，要以滿腔熱忱和堅韌不拔的精神，老老實實地努力按照預期計劃實施對孩子的教育。**

我如何培養兒子多方面的興趣

◆ ◆ ◆

諸位看到我這麼努力地對兒子進行教育和訓練，一定以爲卡爾的生活是單調乏味的。事實並非如此，他的生活過得很豐富，因爲我一直注意引導他在多方面獲得樂趣。

在孩子的樂趣中，最重要的是讀書。不過應特別注意書的選擇，一個人喜好什麼樣的書，往往決定於他第一次讀的書籍，而且幼年時期讀的書往往能左右這個人的一生。

在引導兒子讀書上，我採用了一些小伎倆。孩子們最喜歡聽人講故事，特別是年齡較小的孩子。我發現講故事的重要性，它不僅能豐富孩子的知識，而且能夠成爲引導孩子看更多書的橋樑。我在講故事的時候，總是繪聲繪色，運用誇張的表情、形象生動的語言，並輔以變幻不定的手勢，甚至有時候站起來模仿故事人物的身形以不斷推動情節發展。兒子聽得如痴如醉，常常也禁不住跟著我手舞足蹈。但我總是講到最有趣的地方就打住，並告訴兒子這個故事出現在哪本書中，鼓勵他在閱讀中尋找樂趣。

卡爾的樂趣不止於此，他的樂趣還可在音樂中找到。

詩人歌德曾說過：「爲了不失去神給予我們的對美的感覺，必須天天聽點音樂，天天朗誦一點詩，天天看點畫兒。」因此，讓孩子接觸音樂是很重要的。有人說，善於唱歌的人比不會唱歌的人壽命長，這是由於善唱者心情總是快活的。神經質的孩子養成唱歌的習慣，就會快活起來。

我們不能使每個人都成爲音樂家，也沒有這個必要。然而，人生在世，完全不懂音樂是絕對不會幸福的。即使自己不會，起碼也要會欣賞。因此，應設法讓孩子認識一些音樂。有人認爲，既然不想使孩子成爲音樂家，教他音樂就是浪費時間，這種認識是錯誤的。沒有任何藝術的生活，就如同荒野一樣。爲了使孩子的一生幸福，生活內容豐富多彩，父母有義務使他們具有文學和音樂的修養。

我個人認爲，人生在世懂得音樂是非常幸福的。我從兒子小時起，就努力使他形成欣賞音樂的觀念。前面已經介紹過，在兒子出生後不久，我就買來能發出Do、Re、Mi、Fa、So、La、Si，七個音的小鐘敲給他聽，並讓妻子唱給他聽。

當兒子學會ABC的讀法後，我便教兒子樂譜的讀法，並常常作這方面的遊戲。具體的玩法，就是在屋中把東西藏起來讓他找。這是兒童常玩的遊戲，不過我在此還利用了鋼琴，這樣就使遊戲變得更加充滿歡樂色彩。例如：當兒子一走近藏東西的地方時，我不是說「危險，危險」，而是漸漸彈出低音。若是走遠了，就漸漸彈出音高。兒子如果不注意聲音的高低，就很難找到藏起來的東西。這一方法對訓練孩子的聽力很有效。

孩子都喜歡節奏，我就從這方面開始訓練。

我從兒子尚不會說話時起，就用拍手的方式打拍子讓他看。不久，買來了小鼓，教他按照拍子敲打。過了一段時間又買來了木琴，讓他敲打，並且開始作彈琴遊戲。我用手指出牆上的樂譜，他按樂譜摁琴鍵。不久，他已能用鋼琴單音彈奏簡單的曲調了。

兒子從小就愛好觸摸鋼琴等樂器，我抓住這個機會鼓勵他練習。同時，他只要得到我的一些幫助，就能自己編出各種曲調。兒子把自己創作的許多曲子記在筆記本上，這和幼年時代的日記一樣，將來拿出來欣賞，也是很有樂趣的。

在教兒子練琴時，我反對只注重技巧的加強。我的一位朋友，曾爲孩子聘請過一名小提琴教師。一年之中他只教孩子練習技巧。致使這個孩子不僅沒有學會音樂反而開始厭惡音樂。而教兒子小提琴的教師則沒有沿用這個教法。兒子練習小提琴時，我總是用鋼琴爲他伴奏，所以他能很高興地學。因而，他彈鋼琴、拉小提琴都很出色。

怎樣喚起孩子的興趣和讓孩子提出問題

◆　◆　◆

儘管卡爾有這麼多的興趣，從事著各種活動，可帶有偏見的人們還是認爲他的生活除了坐在書桌前面，其他什麼也不幹。他們甚至認爲，他可能除了學究式的知識外，還會點外語，其他就一概不懂了。

可是實際情況並非如此。了解我兒子的人都知道，他坐在書桌前的時間比任何一個少年都少。事實上，他把大量的時間盡情地花費在了玩耍和運動上，是一個非常健康活潑的孩子。在學習方面，他除了學習外語以外，還輕鬆順利地學習了植物學、動物學、物理學、化學、數學等。

諸位一定想知道我到底使用了怎樣獨特的教育方法，才能使孩子能這樣既輕鬆愉快又學到如此豐富的知識。其實很簡單，我的教育祕訣在於：喚起孩子的興趣和讓孩子提出問題。

兒子長到三、四歲時，我每天早晨開飯前都要帶他出去散步一、兩個小時。但是這種散步不只是散步，而是一邊談話，一邊蹓躂。比如我總要抓住幾個有趣的問題講給兒子聽。他的思維活躍，想像力也特別豐富，能夠順著我的話音，一會兒談航海去印度和中國；一會兒逆尼羅河而上，一會兒到白雪皚皚的北極探險；一會兒又在芳香濃郁的錫蘭森林中徘徊。有時，還追溯到幾千年以前，跟隨斯巴達人攻打特洛伊城；有時坐在奧德修斯的船上，在未知的海洋上迷航；有時又跟隨亞歷山大的軍隊遠征西洋。兒子的地理與歷史知識就是在散步中打下了基礎。

更多的時候我們走在植物繁茂的山間小道上，不時地從草叢裡挺出一些不知名的鮮花。我順手掐起一朵野花，叫道：「小子，快過來，我們一起看看這朵花。」兒子好奇地湊近。我一邊解剖這朵花，一邊向他講解花的生長特點和作用。我告訴他：「這是花瓣，這是花蕊、花萼，還有隨風飄灑的花粉，沒有它，花兒最後便結不出果實⋯⋯」有時草叢中會突如其來蹦出一隻蚱蜢，我眼疾手快地一把逮住它。這時候，我們兩個就蹲下來，頭碰頭一起研究這隻昆蟲。我會把蚱蜢的身體結構、習性、繁殖等知識儘可能地傳授給兒子。就這樣，我通過一塊石頭、一草一木等實用素材來對兒子進行最生動的教育，這比學校裡那些死板僵化的動植物課程直觀多了。

其實只要有心，自然界的一草一木都可以隨時成為教育的素材，自然界新誕生的一切都可以成為孩子認識與注意的對象。世界再沒有比大自然更好的教師了，它帶給人類無窮無盡的知識。可是非常遺憾，大多數的父母和孩子卻未能好好利用它。

每逢假日，我都要帶兒子到田野裡去，摘下一朵花，拔下一棵草，砸碎一塊岩石進行觀察，窺視小鳥的窩，觀察小蟲的生活狀況等。我利用這些實物向兒子講述各種有趣的故事，涉及到動物學、植物學、礦物學、物理學、化學、地質學、天文學等幾乎所有的科學領域。卡爾非常喜歡植物，採集的標本堆積如山，它還用顯微鏡觀察各種東西，同時，還寫出有關各種事物又極其有趣的散文。

開始時他非常害怕青蟲，但自從告訴他青蟲會變成美麗的蝴蝶之後，就不害怕了。我還向他講述螞蟻和蜜蜂的生活規律，他對它們的集體生活很感興趣，專心研究了黃蜂和雄蜂的生活，寫出了不錯的論文。

許多父母都爲孩子的不良行爲發愁。依我看，孩子的不良行爲是由於孩子不知精力往何處用而造成的，這無疑是一種精力的浪費。我建議把他們都帶到大自然中去，他們就無暇幹壞事了。並且接觸大自然能使孩子的心地高尚，自古以來和大自然感情融洽的人都是心地善良寬厚的人。與大自然接觸不僅可以使孩子身體健壯，而且精神也會旺盛起來。城市裡的孩子多因遠離大自然，很少呼吸新鮮空氣而心情不佳或性格乖張。

有鑑於此，我盡量讓兒子多與自然界接觸。在家裡時安排他搞園藝，栽培花草和馬鈴薯等。兒子很喜歡做這些事，每天幫它們澆水、除草，觀察它們的生長情況，感到非常高興和有趣。每年夏天則帶他到山中森林附近住一陣子。森林對孩子來說是最好的教科書了。在每逢晴天，我就帶兒子到森林中去玩。我在森林中教會兒子了解詩人們歌頌自然的詩。在晴朗的天氣中，呼吸著新鮮空氣，立足於肅靜的大地朗誦古人的詩，是非常愉快的。

卡爾還養過小鳥。他有兩隻金絲雀，一隻叫菊花，一隻叫尼尼達。他教給金絲雀各種玩意兒。它們能隨著小提琴鳴唱，又能站在手掌上跳舞。兒子彈鋼琴，小鳥就站在他的肩上。叫它們閉上眼睛，就閉上雙眼，讀書時叫它們翻開下一頁，他們就用小嘴翻到下一頁。

此外，他還飼養著小狗和小貓。飼養這些動物時，爲了調食、餵水，兒子得高度注意，這培養了他專注的精神，同時也培養了他的慈愛之心。

我絕不使用塡鴨式的教育

在兒子的教育中，我絕對不使用那種塡鴨式的教育。我不光不使用，還對那種教育方式極爲反感。我認爲灌輸式教育就像給樹澆水，只澆到樹葉上，根本就沒有澆及根部，樹木怎麼吸收得到水份呢？在一股腦兒的知識灌輸中，學生的感知功能因而喪失殆盡，所接受的只是大量抽象的原理與公式，完全沒有眞正理解。這種教育就好比全家人餵養一隻寵物，大家爭先恐後地餵它，只好將它的嘴撐開，像塡鴨一樣把知識一股腦送進它的嘴裡。這樣使孩子既難受，又學不到任何有用的東西，最後只會成爲死板的知識接收器。我絕對不能把我兒子培養成這種人。

我採取的教育方式是，首先喚起兒子的興趣，然後再適應其興趣進行恰到好處的教育。爲了做到這一點，我從不對兒子進行系統性的教育，從不事先告訴他哪是植物學上的問題，哪是動物學上的問題等等，或是先按照課本教給他一些基礎知識。不，這些都與兒童的學習習慣不符，我決不這樣做。只要在散步時兒子對某種事物引起注意，我就教給他相應的知識。因此，當兒子後來閱讀動物學和植物學的書籍時，他已對書上的內容並不感到生疏，而且很容易理解了。

以我教他畫地圖爲例。由於沒有地理方面的知識，孩子是很難理解地圖的概念的。但如果一開始就讓才五歲的兒子去學地理課本上的東西，他又容易喪失興趣。我的地理教育方法是——一定要讓他身臨其境，這樣可以對地理的概念有一個直觀且生動的認識。

那時我有空就帶著兒子到周圍村莊去散步，叫他注意觀察不同的地形、地貌、河流的走向、森林的分布等等。爲了有個全面的了解，我們走遍了方圓幾百里幾乎全部的區域。兒子對這種邊學邊玩的遠足很有興趣，從不叫苦叫累，晚上回家時，他還要把今天的所見所聞一一向他母親報告一遍，對地理環境的描述都相當準確。

這樣實地勘察了一段時間。等到對鄰村的情況有了基本的了解之後，我就讓兒子拿著筆和紙登上我們村裡的一個高塔上。我們在塔上矚目遠眺，走過的地方一一呈現眼底，我還適時地向兒子提問有關周圍的地名，他不知道的地方就給他說明。對全貌有了了解後，我就要求兒子畫出周圍的地理略圖。因爲準備工作做得比較充分，他畫出的略圖大致準確。然後我又帶著他循原路去散步，一邊走一邊記，在略圖上添上道路、森林、河流、丘陵等。就這樣鄰村的地圖便畫出來了。

待到這些工作做完以後，我們倆還去書店買來這個地方的地圖，把自己畫的與書上的地圖進行比較，並對有誤之處作出修改，最後兒子得到了他平生第一次由他自己製作的地圖。我妻子很驕傲，將地圖鑲在鏡框裡，掛在客廳牆上，唬住了不少客人，他們都不相信這麼精細的地圖出自一個五歲孩子之手。就這樣，我循序漸進地教給了兒子難以理解的地圖概念。日後製作地圖還成了兒子的一大愛好，他以後不論去哪兒旅行，都要親手製作當地的地圖。

在教會兒子動物學、植物學和地理學的一些基本知識後，我又用同樣的方法教會了兒子物理學、化學和數學。天文學則是拜託梅澤堡的一個貴族塞肯得羅夫教的。之前，為了使兒子對天文學有興趣，我讓他多看神話書，同時帶他去天文台，用望遠鏡觀看天體，還和一些天文學者交上了朋友。他們告訴我兒子天文學有多麼奇妙有趣，並鼓勵他好好學習它。

塞肯得羅夫伯爵既是個貴族，又是個了不起的學者，有著高尚的心靈。伯爵既不是我的熟人，平時又與我們一家沒有什麼聯繫，他純粹是因為仰慕我兒子的神奇才華，前來探望他時才與我們相識的。他一接觸到我兒子，就驚喜不已，因為他發現卡爾的智力程度已遠遠超過了人們的傳說。於是伯爵愛才如命，把其叫到自己家裡，用自己的望遠鏡親自教他。伯爵是個以學問為樂的人，除了有天文學的觀察工具外，還有許多物理學和化學等方面的器械，以及數量可觀的各種書籍。他非常大方地讓卡爾利用這些書籍和器械，因而也幫助他隨心所欲地學到了各種學問。所以，卡爾能有今天的成績是離不開這些善心人士的幫助的。

我堅持與兒子的地位平等

◆ ◆ ◆

有人認爲，在幼兒階段，孩子只對玩有興趣，這純粹是一派胡言。事實上，幼兒的究理精神從兩、三歲起就已經萌發了。具體的表現就是他們開始向大人提問，提出的問題越來越多，而且千奇古怪。這是値得高興的事，這就說明孩子已經開始對世界進行思考了。然而，我發現大多數父母不僅不爲孩子的提問感到興奮，反倒覺得厭煩不已。他們對孩子所提出的問題大都是隨隨便便敷衍一下，並不給予耐心的說明和解釋。

這是大錯而特錯的。這種態度實際上是在壓抑孩子的究理精神。要知道，在孩子的智力剛開始萌芽時，我們如果不向他們提供適當的題材供孩子玩耍，他們這種已經萌發的究理精神就會白白枯死。相信這種狀況是每個做父母的都不願意看到的。但是在現實中，正是他們自己使孩子的潛在能力枯死，到孩子上了學才大驚小怪地嚷：「爲什麼我的孩子成績這樣糟糕呢！」這些父母只知道一味埋怨孩子不好好學習，卻從來沒有對自己的行爲進行過反省。

正確的態度是，做父母的不管有多忙多煩，都應該做到孩子問什麼，就回答什麼。在向孩子傳播知識和方法時，決不能嫌麻煩，敷衍塞責，應付了事，一定要眞實、要合理的說明。只有這樣教育，才能使孩子成爲對社會矛盾和缺陷有辨別能力的人，也只有這樣，才能發揮出孩子的潛在能力——天才。如果培養出來的人辨別不出人間的好壞和善惡，對世界沒有思考能力和認識，這類人越多，就越成爲社會的累贅，他們不會給人帶來任何益處。

讓我們做一個試驗，假如對某個人施行催眠術，給他一種所謂消極的幻覺暗示，那麼他就會連眼前的人和物都看不到。如果我們的教育是這種催眠術式的教育，那將多麼可怕。也就是說，我們的教育決不能使孩子陷入這種消極的幻覺狀態中。我教育兒子的眞正目的，就是要爲他打開智慧的天窗，使他能夠敏銳地觀察到社會上的壞事，洞察出社會上的矛盾和缺陷。我們人類的理想，決不應當像亞當和夏娃那樣，僅僅滿足於在不知自己是裸露著身體的情況下過快樂的天堂生活。爲此，我決不能讓兒子成爲精神上的盲目樂觀主義者。

要做到這一點，就必須重視孩子最初對世界的探索，積極回應他們的每一個問題。同時，父母還應該注意一個問題，那就是不能以權威來壓抑孩子的天性。

孩子既不能受清規戒律的束縛，也不應受到權威的壓抑。受到權威的壓抑，孩子的辨別能力就會萎縮。如果沒有辨別能力，也就談不上有獨特見解和首創精神。不僅如此，它還會形成孩子病態地接受暗示的心理。久而久之，在權威壓抑環境中成長的孩子，他們精神上就會產生種種缺陷。所以說，爲了培養孩子的辨別能力，不論在教育中還是在行爲指導上，都不許用不準反駁的權威去壓抑他們。

要知道，父母是人而不是神。父母們常犯的一個錯誤，就是當孩子問出一個他們答不上來的問題時，爲了保住面子，而隨便給予一個錯誤的答案，甚至以大聲呵斥孩子來掩自己的尷尬。我從不這樣做。

當我兒子提出問題時，我總是給予鼓勵，並耐心地作答，決不欺騙兒子。在教育上，我覺得再沒有比教給幼兒錯誤的東西更可惡的了，這個錯誤可能會影響到孩子一生，因爲最初的印象往往是最深刻的。所以，在對兒子的教育中，我堅持竭力排斥那些不合理的和似是而非的知識。在爲兒子解答問題時，我儘量使我的說明易懂，且充分考慮到孩子在現有的知識與思維能力下，是否能完全加以接受。因爲父母如果隨便給一個過於深奧的答案，孩子不能理解，結果仍然解不開心中的疑團，他們會一直不停地追問下去，很多父母就是這樣被問煩的。

我從不認爲由於我比兒子懂得多，就有資格在他面前充當權威。當兒子問到我自己也不懂的問題時，我會向他承認。比如，有一次兒子問我天文學方面的問題，我就乾脆老實地回答說：「這個爸爸也不懂。」於是我們兩個人就一起翻書，或者去圖書館查閱資料，一起把那個問題弄懂。並且我還向兒子表示感謝：「如果不是你今天提問，爸爸至今也沒弄懂這個問題呢。所以你以後要多多提問，我們一起來學習知識。」在這樣的鼓勵下，兒子的問題果然源源不絕。

等到兒子再大一點，懂得的知識更多時，他再提出問題時，我便不再立刻給予答案，而是讓他先思考一下，盡力自己去找出答案來。如果兒子給出的答案和我的不同，我也不會一口否定，而是幫他分析，找出錯誤。有時候我會說：「其實你的答案也有道理，也許是爸爸錯了，我們去看看書上怎麼說吧。」

在整個教育過程中，我都堅持將自己放在與兒子平等的地位上，從而也給兒子灌輸了不迷信權威、追求眞理的精神。

羅森布魯姆教授的數學教導方法

◆ ◆ ◆

在培養兒子的過程中，我發現在所有的學科中，再也沒有比數學更難使孩子感興趣的了。因爲其他學科，比如植物學、動物學、地理學，都可以到大自然中去實地接觸，從遊戲玩樂中就學到許多東西，孩子的興趣自然高漲。唯有數學，它是一門純抽象的學科，只能依靠自己的思維能力，好動愛玩的孩子一定會覺得太枯燥。

我兒子剛開始也不喜歡數學。儘管我早已通過遊戲法很容易地教會了兒子數數和數字，並用作買賣的遊戲容易地教他錢的數法，然而，當我要教他乘法口訣時，卻碰到了麻煩：兒子有生以來第一次厭棄學習。由此可見，即使是已到五歲左右的孩子，也是不喜歡死記硬背的。後來我把口訣編成了歌詞供他唱，他還是不喜歡。

這時我眞是有些擔心了。當時兒子才五歲，已經能用三個國家的語言說話，還懂得動物學、植物學、地理學，他在神話、歷史和文學方面已達到初中畢業生的水平。可是，他在數學方面卻很弱，連乘法口訣都不會。他是否在學業上有所偏向了呢？一個偏科生顯然不符合我培養孩子的理想。我的理想是使兒子均衡發展，在成材的同時眞正感到幸福。片面發展的人不可能成爲眞正幸福的人。

那段時間，我爲兒子對數學不感興趣而苦惱。儘管如此，我還是沒有強制兒子死記硬背乘法口訣，因爲我堅信強制是行不通的，並且容易扭曲孩子的性格。

我的苦惱被一次與羅森布魯姆教授的碰面而解開了。羅森布魯姆教授是格拉比茨牧師的朋友，是一位數學教授，他的數學教學技巧相當高明。一次，我去看望格拉比茨牧師，在他家裡有幸遇到了羅森布魯姆教授。

在聽了我的擔心後，羅森布魯姆教授一語道破了問題之所在：「儘管你兒子缺乏對數學的興趣，但絕不是片面發展，而是你的教法不對。因爲你不能有趣地教數學，所以他也就沒興趣去學它。你自己喜好語言學、音樂、文學和歷史，所以能有趣地教授這些知識，而教授動物學、植物學和地理學你也很有一套，你兒子也就能學習。可是數學。由於你自己不喜歡它，因而就不能很有興趣地教，你兒子也就厭惡它。」接著，這位傑出的學者十分熱情地教給我一套教數學的方法。我用這些方法教兒子數學後，效果非常好。

這位學者的建議首先是讓孩子對數學產生興趣。例如：把豆子和鈕扣等裝入紙盒裡，父子二人各抓出一把，數數看誰的多；或者在吃葡萄等水果時，數數它們的種子；或者在幫助女佣人剝豌豆時，一邊剝一邊數不同形狀的豆莢中各有幾粒豌豆。

我們父母倆還經常做擲骰子的遊戲。最初是用兩個骰子玩，玩法是把兩個骰子一起拋出，如果出現三和四，就把三和四加起來得七分。如果出現二和四、三和三，就得六分。這時就有再玩一次的權利。把這些分數分別記在紙上，玩三次或五次之後計算一下，決定勝負。

卡爾非常喜歡這類遊戲。當然，在兒子投入到這種遊戲的樂趣以後，我仍按羅森布魯姆教授的建議，每次玩遊戲不超過一刻鐘。理由是所有數學遊戲都很費腦力，一次超過一刻鐘就會感到疲勞。在這一遊戲玩了兩、三周以後，我們又把骰子改爲三個、四個，最後達到了六個。

接著，我們把豆和鈕扣分成兩個一組的兩組或三組、三個一組的三組或四組，把它們排列起來，數數各是多少並把結果寫在紙上，然後把這些做在乘法口訣表掛在牆上。這樣一來兒子就懂得了二二得四，三三得九的道理，而且非常高興。更複雜的遊戲可以依此推類繼續做下去。

爲了使兒子將數學知識運用於實際，我還經常同他做模仿商店買賣情景的遊戲。所賣的物品有用長短計算的，也有用數量計算的，還有用分量計算的，價格是按著實際的價格，錢也是眞正的貨幣。我和妻子常常到兒子開辦的「商店」買各種物品，用貨幣交付，兒子也按價格表進行運算，並找給我們零錢。

就這樣，我按照羅森布魯姆教授的方法教不久，兒子就對數學產生了濃厚的興趣。一旦有了興趣，以後的教學就像流水一樣，從算術開始一直到順利地學會了代數、幾何。到後來，兒子就不僅僅是有興趣了，他簡直就愛上了數學這門學問。

再用功也不會損害神經

◆ ◆ ◆

那些諳於世故的舊教育衛道士們，誣蔑我的教育觀念對幼兒的精神有害。我之所以在前面幾節中反覆論證興趣對於孩子學習的重要性，就是爲了用強大的事實證明有興趣的主動學習不會挫傷孩子的身心健康。依我看，舊式的教育才是加害幼兒神經的最大主因！

人們已經習慣性地認爲，過於用功會損害神經，這不過是一種迷信而已。以我多年的經驗，我可以負責任地說，只要有興趣地、主動地學習，再用功也不會損害神經。由於今天實行的教育對學生來講是強制性的、毫無趣味的，我們也可以說，正是今天的教育傷害了幼兒的神經。

現今教育的現狀是，在應當開始教育的時候我們錯失了良機，而在孩子的究理精神白白枯死之後，我們才開始急急忙忙、亂七八糟地向他們亂灌一通。這就是所謂的塡鴨式、注入式教育。在此種不合理的教育方式之下，孩子厭惡學習並不奇怪，這樣的教育有害於幼兒的神經也是很自然的。

反之，若從兩、三歲時就開始教育，幼兒便能積極主動地學習。由於有了幼年時期的良好基礎，他們在十歲左右就能獲得不次於優秀大學畢業生的學力。不僅學業進步，而且身體發育良好，精神上也不會有任何異常。這是基於本人的經驗，決非信口雌黃。

我認爲，這樣教育孩子也是很經濟的。試想，在現行的教育方式下，學生和老師花費了多少時間？如果綜合計算一下，這筆花費的確是相當可觀的。如果他們在十歲左右就能獲得相當於大學畢業生的學力的話，難道不是非常經濟嗎？但現實的情況是，我們的孩子甚至在小學畢業後，還不能進行一般的讀寫。當然，算經濟帳是次要的，我在這裡主要是爲那些潛藏在孩子們身上的能力被無情地泯滅而惋惜。

弗蘭西斯·高爾頓就能力問題曾經說過，我們近代人和古希臘人相比，就如同把非洲土人和我們相比一樣。還有許多學者說希臘人種是遠遠優於我們的，但這是一種錯誤的說法。我們到底能成爲優於希臘人的人種，還是成爲劣於希臘人的人種，關鍵在於我們自己。只要實施適當的正確的教育，我們自然會成爲優於希臘人的人。

在對兒子的施教上，我一直深信「百聞不如一見」

◆ ◆ ◆

我除了教給兒子書本上的知識，還注意利用一切機會來豐富兒子的見識。比如，看到建築物，就告訴他那裡面有什麼，坐落在什麼地方；看到古城之類，就告訴他過去這個城的歷史，同時對他講解古城的歷史，以及圍繞這個古城的種種秩聞趣事。

一個只拘泥於書本知識的人，會變得眼光短淺，頭腦狹隘，不可能成爲有創見的學者。我可不想兒子成爲一個書呆子式的人物，這樣不可能有幸福。所以從兒子二歲以後，不論走親訪友還是購物，也不論參加音樂會還是欣賞歌劇，我去哪兒都帶著他，讓他從小就與身分各異的各階層人士交往、談話。其結果是，兒子具有很好的社交能力，從小到大從不怯生、不怯場，越是人多或越重要的場合，兒子就發揮得越好。後來兒子成名後必須出入一些正式場合，與貴族、王公大臣，甚至國王打交道，他都能表現得非常得體，給別人留下了很好的印象。我見過一些在學問上十分優秀的人，因爲缺乏經驗，出入這類場合時就顯得畏縮慌張，實在不雅。

除了見人，還要見物。只要有空，我就帶兒子去參觀所有的博物館、美術館、動物園、植物園、工廠、礦山、醫院和保育院等，以開闊他的眼界，增長他的見識。在參觀前，兒子都要先閱讀大量相關的書籍，有個大體了解，再透過自己的眼睛實地接觸這些事物，獲得了大量與直接感知相一致的信息與知識。此時，兒子的腦子總是轉動得特別快，心裡充滿著尋根究底的疑問。面對兒子源源不斷的問題，我總是盡我所能對他說明和解釋，並做到深入淺出，決不隨便敷衍。因為我知道，這樣教授知識最自然而且有效。

光參觀還只是教育的一部分。每次參觀歸來，我還讓兒子詳細敘述見到過的一切，或者讓他向母親說明。由於有這一功課要完成，促使兒子在參觀中總是用心觀察，認眞聽取我或者導遊的介紹與講解。這樣一來效果就更為顯著，兒子能記住更多的東西。

兒子三歲以後，我不再局限於哈勒地方，開始領著他到各方周遊。五歲時，兒子就已經在我的陪伴下，幾乎周遊了德國的所有大城市。在旅途中，我們既登山，也去遊覽名勝；既去尋找古跡，也去憑弔古戰場，還參觀了無數的古堡、宮殿、園林、教堂。回到旅館後，我就讓兒子把所看到的一切寫信告知他的母親和熟人。回到家中，他還要向親人們口頭講解旅途見聞和切身體會。

六歲時，兒子已經成了洛赫附近最見多識廣的孩子了。他的見識甚至超過很多大人。人們在地理、歷史方面有什麼想知道的都去問他，或者想聽聽其他地方的奇聞異事的，也會來找卡爾。後來兒子乾脆寫了一本遊記，將自己旅途中的所見所聞全部寫了下來，大家都看得津津有味。

當然了，有人說我這樣做不値得，是不必要的浪費，那些錢不如用來給孩子買書收獲更大；還有人說如果我不是這樣大手筆地花錢，就不會弄到後來連兒子上大學的費用也負擔不起了。雖然我只是個窮牧師，收入微薄，但爲了能有出門的旅費，全家人都得省吃儉用，旅行時也只能住在最差的旅館，但我認爲一切都是値得的，我從不後悔。

只要能滿足兒子的求知慾望和追求眞理的精神，我決不吝惜體力和金錢。爲了向兒子公開魔術的祕密，我曾不惜重金，請魔術師現身說法。類似這樣的事情還非常多。兒子生長在內陸地區，但他總在書中看到對大海、大洋的描述。他很喜歡看這類書籍，在看了麥哲倫、哥倫布等航海家的傳記以及《馬可・波羅遊記》這些書以後，他非常想去看看大海。於是，我就帶他去了地中海海岸。平生第一次看到大海，兒子興奮極了。我們在那裡拾貝殼，採集海藻，拾水母和海星等等。我對他講述了這些海產品以及海底生物們的各種知識，他對神奇的海底世界十分嚮往。我們又在沙灘上做各種遊戲，比如堆山、鑿河、開湖、壘岬、修灣、築島和封島等等。要使孩子形成地理概念，海邊眞是最有利的地方。我把地球儀帶到海邊，告訴他地中海就在這裡，越過地中海就能到達非洲，非洲大陸的兩邊是太平洋和大西洋，越過太平洋就可以像馬可·波羅那樣到達中國，而越過大西洋就可以像哥倫布那樣到達美洲。就這樣，兒子逐步了解了地球的概念，學會了世界地理。

在對兒子的施教上，我一直深信「百聞不如一見」的道理。根據我的經驗，讀萬卷書遠遠比不上行萬里路，現實世界能教給我們的，永遠比書本能教給我們的更多、更豐富、更生動。

玩出兒子的各種能力

◆ ◆ ◆

透過對兒子的教育，我發現玩對於孩子來說不僅僅是興趣，更重要的是在玩之中可以逐步開發孩子的智力。

兒子的注意力、觀察力、記憶力、想像力、操作能力都是通過遊戲玩出來的。智力遊戲就是這種玩的重要方式。

在對卡爾的教育理，我將知識融入他的遊戲之中，把著眼點放在認識事物、傳授和鞏固知識上。兒子通過這些遊戲，自然會加深對事物的認識、了解，並且鞏固這方面的知識。像「哪兒錯了?」、「什麼動物吃什麼?」等等就屬於這種情況。

我還通過遊戲訓練他的正確發音，讓他準確地說出一些常見的同義詞、反義詞，很快地豐富詞彙。像「動物怎麼叫」或讓他「指出相同顏色的物品」、「說出正反詞」等就是屬於這類語言訓練的遊戲。

又比如，我讓兒子看清楚桌子上或盤裡放的東西，然後讓他閉眼睛或用遮蓋物蓋住東西，悄悄地取走或掉換物品，再讓孩子仔細觀察，說出取走或調換的物品。問他「什麼東西不見了」、「什麼東西變了」等等。這類遊戲能夠訓練和發展孩子的觀察力、注意力、記憶力、思維能力。

有時我會讓兒子閉上眼睛，讓他仔細地聽我擊掌、敲桌子等，然後叫他說出敲、擊的數目。以這樣的方法來訓練他的注意力、記憶力和觀察力。

我和兒子玩這些可以開發智力的遊戲時，多從他的角度出發，從不急於求成。因爲我知道，如果去做一些兒子不能接受的事，往往得不償失。

如果孩子在遊戲中表現出超常能力，我就即時增加難度，讓他有快速的進展。如果他表現欠佳，我也不著急，只是想辦法給予他更多的關心和幫助，激發他的興趣，讓孩子從成功的歡樂之中增加信心，不斷進步。

我在遊戲上，盡量做得淺顯易懂，選擇那些兒子可以理解的，或者見得到的東西或事物，我盡量讓遊戲具體、客觀、有生動的形象，還讓他做些小實驗，親自去發現一些東西。

再開發孩子智力的遊戲中，父母應該結合孩子的年齡特徵和實際水平，有效地選擇和編制這種遊戲。遊戲的內容不能太容易也不能太難，否則將不會發生正面作用。卡爾三～四歲的時候，我主要採用具體形象、實物跟動作相聯繫的方法。等他長到四～五歲時，難度增大了一點，內容加深了一些，但都是他經過努力可以完成的。我從來不用少見或怪異的問題去爲難他。

在與兒子進行某個遊戲之前，我先用簡潔、生動的語言向他講清楚，有時還進行示範或演示，以便幫助他玩好遊戲。

我認爲，在孩子的智能和心理發展過程中，觀察力具有重要的意義，觀察力的好壞，直接地影響孩子的智能發展。

我無時無刻地利用遊戲對兒子進行有效的訓練，讓他的觀察力得到快速的發展。

在兒子的成長過程中，我經常帶他去參加各種活動，讓他感受外在世界，豐富他的感性經驗。我不斷地誘導他用看、聽、說、做、嘗等方式參與遊戲活動，讓他養成善於觀察的習慣。我還在遊戲之中加強對兒子的語言指導，促使他用語言去分析已感知到的事物，以便有效提高和發展他的觀察力。

在與兒子遊戲之中我還發現，豐富多彩的東西容易引起他的注意力，而枯燥乏味的活動容易造成他的注意力分散。遊戲在孩子的心目中佔有重要地位，只要遊戲有濃厚的趣味，孩子就會樂此不疲，全力以赴。

注意力是伴隨感覺、知覺、記憶、思維、想像等心理過程的一種心理特徵。注意力的集中和分散，對孩子的發展影響非常大。一個漫不經心、注意力不集中的孩子能夠取得大的成就，是不可想像的。所以對於兒子，我非常著重培養他的注意力。我盡量把遊戲做得有趣，這樣很容易集中他的注意力。

在遊戲之中，我還盡力去培養兒子的記憶力。因爲記憶在孩子心理發展過程中具有重要的作用。孩子通過記憶感知過去的經驗，在大腦中留下印象，從而促進心理的發展。記憶力的差異主要表現在記憶度、準確性、持久性、準備性和靈活性上。記憶對於孩子的個性、情感、意志整都有重要意義。

爲了培養兒子的記憶力，我絞盡腦汁，想出了很多辦法，也取得了很大的成效。

我細心地爲兒子提供豐富的遊戲材料。我發現那些具體、客觀、生動的形象會喚起他對過去感知過而不在眼前的事物，經過不斷的重複，他的記憶就非常完整和準確了。我時常運用語言對行爲和實物進行描述來喚起他的記憶，因爲孩子的頭腦中，形象與語言、詞語的關係是十分密切的。

在和兒子的遊戲之中，我不僅注意培養他的觀察力、注意力、記憶力，更特別著重培養他的想像力和創造力。

兒子根據自己有限的知識和生活經歷，選擇自己喜歡的主題和內容，選用自己喜歡的東西和材料。他雖然是以模仿爲基礎，但可以充分發揮自己無拘無束的想像力，創造性地構建自己的生活。

在這種遊戲中，我讓兒子毫無拘束、主動積極、生動活潑地模擬和創造他所體驗的世界。透過遊戲，讓他對自己所體驗到的世界加深認識。我時常讓兒子自己構思主題、安排情節、分配角色、制定規則。我要他自己去構思、去策劃、去組織、去實施。在整個過程中，孩子的創造能力和解決問題的能力會得到充分的發展。在玩的過程中，我和兒子友好相處，相互協調，有時和他一起出主意、想辦法，這樣進行下來，他的協調能力會得到很好的發展。

在孩子的生活當中，很多事情都會使他們感興趣，很多事都會成爲他們最好的遊戲。下雪的時候，孩子去埋雪人；下雨時，他會去挖溝渠。他還會用泥沙和石塊建造神祕的城堡、雪人、雪牆、雪老虎，似像非像，妙趣橫生。孩子凍僵了手，凍痲了腿，但仍然樂此不疲，如痴如醉。

卡爾從小就喜歡的一種遊戲就是搭房子。在遊戲中，他逐漸對前後、左右、上下、中間、旁邊等空間有了認識，逐漸形成了高矮、長短、厚薄、輕重、大小等觀念。在過程中，他也學會有計劃、有步驟地進行設計，既有了成就感，也增添了無窮樂趣。

在搭房子的過程中，孩子必須手腦並用，肌肉得到了鍛鍊，手眼得到了訓練，他的動手能力大大增強，手巧而心靈，潛力得到充分的發揮。由於在著手之前，腦子裡面先要有個形象，於是在這種遊戲之中孩子也充分發展了他的形象思維能力。

每當卡爾玩這種搭房子的遊戲時，我都要給他很多的幫助。我時常引導他對搭建的對象充分地加以想像，告訴他想像得越具體越好。有時我利用現有的模型、圖畫去加深他腦海中的形象。這不僅有利於遊戲進行，更開發了他的形象思維能力。

我積極地爲卡爾的「工作」創造條件，面對我的支持，他會更好地調動潛在的能力。我還爲他講一些有關結構建築的基本知識和基本方法，告訴他怎樣將木塊鋪平，怎樣去延伸它們，怎樣才能達到合理的受力效果等等，等等……

我認爲，孩子的各種能力都應該從小培養。或許有人認爲像創造力這樣的東西應該在孩子長大後才會具有，這完全是個謬論。其實，當一個孩子開始懂得玩耍時，他的創造力就已經開始了。

早期教育與天才素質的培養

第5章

我只是想把兒子培養成全面發展的人才

我很少將兒子抱在懷裡，而是讓他隨便地爬。

父母應該是孩子最早的教師，而不應該是他的保護神。

當兒子不慎摔倒在地時，在大多數的時間，

我不會去扶起他，而是讓他自己站起來。

兒子應該從這些小事中學會獨立的能力，

他應該明白，

他不能永遠依靠父母，要靠自己。

是不是神童並不重要

當卡爾學有所成時，人們開始議論我了，他們七嘴八舌地猜測我培養孩子的動機。有人認爲我教育兒子的目標就是造就一個非凡的學者，更有人說我對兒子的教育就是想把他培養成一個一鳴驚人的神童。他們或許還會認爲我對孩子的教育是爲了滿足我個人的虛榮心吧。

聽到那些無聊的議論後，我感到難過。他們不但誤解了我，更誤解了我教育的目的。我只是想把兒子培養成全面發展的人才，所以才挖空自己僅有的一點智慧，在不影響工作的情況下，盡力把他培養成健全的、活潑的、幸福的青年。

我喜歡身體和精神都全面發展的人。每當我看到兒子只熱衷了希臘語、拉丁語，或者數學時，就立即想辦法糾正他這種傾向。

或許有人認爲我只是熱衷於發展兒子的大腦，這是錯誤的。在對兒子的教育上，我特別下力氣的與其說是智育莫如說是德育。我不想把兒子變成個聰明卻不近情理的人。他是不是神童並不重要，重要的是全面、完美，起碼要讓他接近完美，這才是我所希望的。

我深深感覺到，父母以及其他家庭成員的行爲，對孩子的成長起著決定性的作用。家庭是孩子成長的搖籃。我們的言談舉止，行爲作風無時不刻地影響著孩子。

我是一位牧師，並且自認爲還稱得上是虔誠的信徒。對於卡爾性情方面的培養，我一直是特別注意的。我不想讓卡爾成爲那樣的孩子：本人是牧師的兒子，熟讀聖賢之書，卻整天油腔滑調，胡作非爲。這樣的人，即使具有非凡的才華，那也是無濟於事的。因此，卡爾從小就受到特別虔誠的教育，以精通聖書而著稱，尤其是基督教義，他全部背了下來，而且確實照教義指導行事。

無論是我的朋友還是鄰居，絕對看不到我對兒子無理的嬌寵，兒子犯了錯誤一定會受到糾正。我再基於尊重兒子獨立人格的前提下，對他進行應有的管束，讓他明白，他的行爲不是沒有邊際的，不可爲所欲爲。

無論面對什麼人，我都教他必須懂禮貌，說話客氣，對父母也不例外。讓他知道懂事而有禮貌的孩子才會受到誇獎。

從小，我就開始培養他獨立生活的能力。對孩子的溺愛和嬌寵是孩子獨立人格形成的最大障礙。我讓兒子學會尊重他人和自我克制，知道自己要對自己的行爲負責任。而對我個人來說，身爲一個父親，應該爲兒子日後的獨立生活負責。

我讓兒子學會許許多多的東西，並不想把他變成那種呆頭呆腦、形同枯木、板著面孔、難於接近的人，因爲我要對兒子長大成人後的行爲負責。如果兒子只是成爲一個滿腹經綸，知識豐富卻不能像其他人一樣適應社會，不能對其他的人有所幫助，有所貢獻，那樣的話，我一定會感到難過和愧疚的。

在兒子還小時，我和他的母親非常悉心地照料他，但從不嬌寵、溺愛他。我很少將兒子抱在懷裡，而是讓他隨便地爬。父母應該是孩子最早的教師，而不應該是他的保護神。當兒子不愼摔倒在地時，在大多數的時間，我不會去扶起他，而是讓他自己站起來。兒子應該從這些小事中學會獨立的能力，他應該明白，他不能永遠依靠父母，要靠自己。

我認爲，對孩子獨立能力的培養，是對孩子的一種眞愛，那種對孩子的嬌寵和過分的呵護只會讓孩子在將來的生活中吃盡苦頭，那可怕的結果只能是一種罪過。

缺乏忍耐、不能自我克制是沒有修養的，是會令人瞧不起的。即使是孩子，如果不能學會忍耐，將來也不會有大的作爲。在我的家庭中，如果兒子受到傷害，即使他大哭也絕不會在我這裡得到過分的安慰和同情。時間長了，兒子漸漸地就會明白，他是生活在一個只能依靠自己的環境當中，不管是哪種痛苦，都不應該求助別人，要自己忍耐。日復一日，兒子慢慢地形成了一種堅忍不拔的性格。

堅忍不拔，在我看來是世上最了不起的美德。它是與上帝同在的。

人們說我要造就神童從而一鳴驚人，這種說法是一種偏見，更是一種誣蔑。我從來就沒有想過要把兒子培養成所謂的神童，如果說我想透過對兒子的教育來掙得名聲的話，那簡直對我是一種污辱。

什麼是神童呢？**不就是溫室裡的花草嗎**？**我想要的是健康的**、**全面的**、**正常的，而不只是在某一方面超常的**、**短暫的神童**。如果我有把兒子培養成什麼神童的企圖，那我不就成爲傷害他人、冒犯神靈的人了！

讓兒子具有同情心

◆ ◆ ◆

我和妻子同心協力，下功夫培養兒子在常識、想像力和愛好等方面的能力。我不喜歡沒有愛好和常識的人。我還努力培養兒子的情操和情感，使他具備高尚的品德和虔誠的愛憎好惡。

我力圖讓他學會怎樣去愛別人，讓他懂得什麼是同情，什麼是人生最美好的東西。具有同情心的孩子都不會霸道蠻橫，能從事對社會有益的事情，比如幫助他人，分擔他人痛苦等等。這些孩子更能得到社會和大眾的喜愛，無論在學校和日後的工作中都會有更多的好機會，成人後更能與朋友、家庭建立起親密無間的關係，我時常教育卡爾愛的魔力，告訴他愛是上帝賜給我們最偉大的力量。能接受別人、同情他人，他所得到的回報將是無限的。

我曾經告訴兒子，我們每個人都應該關心他人。我們每一個人都受到過別人的幫助，我們應該隨時準備著把別人的幫助轉爲對別人的關心。我竭盡我有限的知識，時常爲他講述那些古代聖人的故事，還有《聖經》中那些關於愛的篇章。

在一個令人心曠神怡的黃昏，和往常一樣，我牽著兒子的小手一邊散步一邊耐心地解答他那些如潮水般湧來的問題。

一個流浪漢從我們身邊走過。沒想到，這個流浪漢卻引起了卡爾的注意。卡爾抬起頭問我：「他爲什麼要流浪呢？他需要什麼呢？」我沒有立刻回答他，因爲對於兒子的問題，我都要給他一段自己思考的時間。這一次，卡爾並沒有像往常那樣反覆追問，而是跑上去追上流浪漢的步伐，向他提問：「先生，您爲什麼要流浪？您需要什麼嗎？」

「我需要一個麵包……」流浪漢哈哈大笑起來，他或許從未想到過一個只有五歲的孩子能夠幫助他什麼。

流浪漢搖了搖頭，繼續向前走去。

「先生，請你等一等。」兒子的話音未完，便向家的方向飛奔而去。

流浪漢停下來向我打招呼：「先生，這是您的孩子嗎？」

「是的，是我的兒子。」

「多可愛的孩子啊，他眞幸運……」

站在路邊，流浪漢和我攀談起來。他告訴我他家鄉的情況，對我講他的流浪生活以及他對命運的感嘆。

不多久，卡爾氣喘嘘嘘地跑了回來，手裡拿著兩塊麵包。他看了看我，我微微點頭表示讚許。

「先生，這是我和我的家人送給您的。」兒子把麵包遞到了流浪漢的手中，他的神態和動作似乎都在說，請接受吧。

事後我問兒子，你當時怎麼會有給流浪漢麵包的想法。

「我想你和媽媽都會贊成我的做法，因爲你曾經對我說過，人只有在行善時，才能接近上帝。」

很多的孩子，在成長的過程中都能自然而然地產生出同情心，不論是男孩或是女孩。那似乎就是一種天性。隨著他們認識能力的成熟，漸漸能區分他人精神痛苦的不同表現，並能用行爲表達自己的關心。

有的孩子不關心人，行爲邪惡或殘忍無情，大多是家庭的不幸和早期教育的不足造成的。如果希望孩子更加關心和愛護他人，正確的家庭教育和父母的品德和行爲是至關重要的。

我在教育兒子的時候，不是只讓他記住一系列道德規範，因爲簡單的背誦不會對他的行爲產生影響，而是在平常生活的言行中去讓他體會眞正的愛心，眞正的善良。

我告訴兒子，做一個高尚的人是最大的幸福。高尚的人能夠理解別人的思想，能夠體會別人的情感。高尚的人能克制自己，能減輕他人痛苦，能替他人分憂。

卡爾很小就懂得，做一個高尚的人比那種單單是學識淵博的人更能得到別人的尊重。

如果你希望孩子長大後具備愛心、同情心以及責任心，那麼現在就開始吧，重要的是必須對他們寄予這些希望。我就是這樣對待兒子的，當卡爾還很小的時候，我就希望他能夠這樣。我不會降低對兒子的期望，永遠不會擔心自己的期望會遭到兒子的反對。我不會因爲害怕自己期望的破滅而縱容兒子。我相信我的兒子，我知道他將會是一個很棒的男子漢。

無論兒子的年齡有多小，我都把他放在和我一樣的位置，從來沒有因爲他是個孩子而忽略他，也從來沒有因爲他太小而縱容嬌慣他。在我的家庭中，我們是平等的。

卡爾在三歲時，我要求他自己的事情自己完成。事實上，他也做得非常好。那時，他已經能夠幫助母親做一些簡單的家務：擦去桌上的灰塵，幫忙把餐具擺好等等。隨著年齡的增長，卡爾能夠做的事也越來越多。因爲幫著家裡人做家務，也是幫助他人的一個過程，這是很好的事情。

我告訴兒子，幫助別人是愛心的表現，是來自千萬人心底裡的善良。善良是人掌握在手中最有力的工具，它具有無窮的力量。

凡與卡爾相識的人都誇他「像天使般的純潔」。他是個非常虔誠的、富於情愛、和藹可親的孩子。他從未與人爭吵過。對待自然，不要說動物，就是一朵野花，也捨不得亂摘。

我爲兒子的高尚而感到驕傲。能感覺到他內心之中光明的東西，爲此我感到欣慰。

我認爲，性格就是能力

♦ ♦ ♦

我認爲，性格就是能力。如果一個人的性格開朗直爽，那麼他就很容易被人所接受，交往活動範圍廣泛，就有走向各種人生道路的可能性。如果性格孤僻，他的交往活動就只會在狹窄的範圍中，做任何事情都不願同人們直接配合，結果往往是半途而廢，走向人生道路的可能性就一直處於關閉狀態，從某個方面說性格是決定一個人成功的關鍵。

我對卡爾的教育，除了培養他學習知識之外，更是把培養他優良的性格放在很重要的位置。我爲了讓兒子具備各種能力和美德，一開始就從日常生活的點點滴滴上對他進行長期的性格培養。

所謂性格，是在孩子的生命力順應環境條件的過程中逐步形成的。孩子一生下來，根本不存在什麼直爽開朗的性格或孤僻內向的性格。性格是孩子的生命和作爲生存能力而表現出來的一種姿態。

有些孩子性格直爽、開朗，有的孩子孤僻內向。我認爲這些不同的性格既不是天生的，也不是孩子獨創出來的。當孩子的生命力因爲現實生活而得不到充分鍛鍊時，總覺得自己與現實生活相脫離，不能很好地去適應。其結果就體現在孩子身上，因而失去原有的那種直爽、開朗、剛強等天性，反而出現了與原有天性不太一致的不良性格。

性格是會改變的，而且會不斷地變化。如果生活環境一旦變化，人的性格也有可能跟著變化。這種性格的變化是由於不能適應已經變化的生活環境所造成的。

很多父母都指責自己孩子養成的壞習慣，並希望他改正。但如果不反覆正確地加以引導，其壞習慣就不易改變。

雖然性格會改變，但我相信，性格的基礎是早期生活奠定的。最初幾年的生活習慣，父母的態度，家庭氣氛，都會慢慢改變孩子的性格特點。因此，每一個習慣在其開始形成時都特別重要。

在卡爾的成長過程中，我一直在仔細地觀察他，盡量做到在不使他自尊心受到傷害的情況下去了解他的內心世界。目的是想在他有煩惱的時候給予他及時的幫助。如果他有什麼不順心的事，我會想盡一切方法使他將苦惱一吐為快。盡力不讓他把不高興的事悶在心裡。我希望兒子能夠成為開朗而快樂的人。

有一天，我從外面回來，看見卡爾獨自一人坐在院子裡出神，他的表情看起來有些憂傷。因為兒子的性格開朗，他今天的舉動讓我感到奇怪。我於是就向他走了過去，蹲在他的面前問他發生了什麼事。

兒子抬頭望了望我，輕聲地嘆了一口氣，又重新埋下了頭。

「卡爾，怎麼啦？什麼事令你那麼不高興。」我問道。

兒子仍然一言不發。

「兒子，爸爸最愛你了。你有什麼事不應該瞞著我。你每次有困難不都是爸爸幫助你的嗎？」我看見兒子今天的模樣，斷定他一定有什麼事憋在心裡，或許還是一件對他來說挺大的事。

「卡爾，爸爸對你最大的希望，就是想要你成為一個快樂的人。其實，無論什麼問題都能解決，只要你有一顆快樂的心。」我繼續對他說，盡力通過語言去開導他。

「爸爸，我覺得我不是個男子漢。」卡爾終於說話了。

「爲什麼？」

「因爲我遇見了肯特爾，他是村裡一個農夫的兒子。他嘲笑說我不夠健壯。他還脫了上衣衝著我顯示他的肌肉，他說像他那樣的才是男子漢，而我不是。」

其實卡爾的身體一直很好，非常健康，但確實算不上一個非常強壯的孩子。本來這不是一個問題，但他卻在這時受到了傷害。了解兒子不高興的原因後，我爲他解釋什麼是男子漢的道理。

「卡爾，你要知道，一個男子漢並不只是身體強壯。眞正的男子漢需要有智慧，有堅強的毅力。並且敢於承擔生活中的一切困難和挫折，應該有超人的勇氣。

你仔細想想，你現在還是個孩子，就已經擁有那麼多的知識，又懂得那麼多的道理。等到你慢慢長大，這些知識和道理就慢慢會轉化成智慧。而且，從我的眼光來看，你一直是個勇敢的孩子。雖然你的身體在同伴中不算是最強壯的，但也很健康。肯特爾是個農夫的孩子，每天要幫助家裡做很多工作，而且他的年齡比你大，他比你健壯是很正常的。我想，等你再長大一點，平時又堅持鍛鍊，以後肯定會比他更強壯的。

肯特爾這樣對你說話是非常不禮貌的行爲，你幹嘛要理會他呢？還有，你作爲一個男子漢最重要的就是要有獨立的頭腦，這樣才不會輕易被別人的評論所干擾。」

卡爾聽到我這樣說，頓時歡欣鼓舞起來。起初的煩惱是由於聽了別人的評價而對自己某個方面產生了自卑感，而他想通了其中的道理後，自信心又重新被找了回來。

我不知道其他的父母在面對這種情況是怎麼處理的。但是我認為在這種時候不對孩子講清原由，不打通他思想上的障礙，很有可能使孩子將這一問題永遠埋在心裡。那麼他就會常常為此而煩惱，直接會影響到他的性格，或許一個原本開朗的孩子會由此而變得孤癖、消沉。

對於卡爾的教育，我就是運用以上描述的諸如此類的辦法讓他時刻處在快樂和開朗之中的。

我認為，**孩子是否擁有優良的性格，在很大程度上決定著他能否成為一個全面的人才，也決定著他是否在將來有所成就。**

我從來都不想把兒子培養成所謂的學者

◆ ◆ ◆

我討厭所謂的學者。他們只懂得自己的一點專業，爲了顯示他們有高人一等的學識，不論對誰，走到哪哩，總是一味賣弄他的專業，不管人家是否願意。對於專業以外的東西，他們一概不知，也毫無興趣。比如，他們非常缺乏常識，就像一些不食人間煙火的人。他們對於時事等問題發表的拙劣看法，時常成爲人們的笑柄。

這就是所謂的學者。

我從來都不想把兒子陪養成這樣的人。因爲那樣的學者，即使他把所有的精力放在他的那一點專業上，也不會有所作爲的。他們說的話完全是些很少聽到的不知所云的學術用語，他們寫的東西都是裝腔作勢的令人頭昏腦脹的句子。他們視那些具備常識和愛好廣泛的青年爲凡夫俗子，貶低那些善交際、具有生活情趣的人。相反，當他們看到那些寫文章只會羅列晦澀的學術用語、玩弄誰也用不到的辭彙、味同嚼蠟、又臭又長，除了本人外誰也不懂的青年，卻謂之曰偉大、有出息。

正像某個大學教授平時對學生所說的：「你們只要能學會希臘語和拉丁語就足夠了。所謂科學和本國語一邊喝茶一邊談天就能夠學會。」他們就是這樣一群偏見家。

我怎麼能把兒子培養成這樣的學者呢？

我培養兒子的辨別能力、求知欲望以及對美術、文學等的欣賞能力，正式爲了避免讓他成爲那種所謂的學者。

完美的人，應該是心胸寬廣、富於獻身精神，充滿仁愛之心的人。完美的人，應該能夠看到矛盾和缺陷，並立志去解決它。

我從卡爾很小的時候就去培養他辨別眞僞善惡的能力。因爲如果沒有這種能力，知識將會顯得蒼白無力。

不能培養孩子辨別能力的學校，只能成爲庸人匯集的場所。那樣的學校只不過是一個兜售學問的零售店，教員僅僅是其中的一個店員。儘管他們大多數都在盡職盡責地銷售教育學、語言學、博物學等等知識，但你從這些授課中絲毫感受不到創造力。

我時常告誡卡爾，一個人如果沒有創造力，即便他能懂得全世界的語言，看完了世上所有的書，也毫無價值。

很多學校的管理者，他們只管制定出嚴格的規劃，並以此準則培養了一大批中規中矩的人來。這種學校只能培養出「平均」的人材，很難發現有特點的人存在。這些學生和他們的老師一樣，沒有思想，也沒有新穎的觀點。

完全清一色的庸人，數量再多也沒用。

對於卡爾的教育，我首先是考慮發展他先天的個性，培養他獨特見解和首創精神。只有這樣，才能讓他成爲有鮮明特點的人，才能讓他在成年之後擁有新的觀點和思想。這樣，他才能夠爲這個世界做出一些應有的貢獻。

我的一些朋友，自稱爲高明的教育家，他們給孩子制定出各種清規戒律。戒律多得令人害怕，更容不下才華出眾的孩子。很多的孩子因受到條例的限制，因而不能自由發展。我聽說過很多才華出眾的孩子在觸犯那些清規戒律時而受到非難，在他們與眾不同時而遭到指責。

我們想要把孩子培養成什麼樣的人材呢？僅僅是一些處事圓滑的店員或靈巧但沒有思想的工匠嗎？如果是這樣的話，世界上還會有眞正的科學家、哲學家、藝術家嗎？

我們應該記住，雅典時代希臘文明的偉大，是自由教育的結果；相反，拜占庭時代希臘文明的貧乏，正是清規戒律的結果。

對於兒子，我最大的願望是讓他成爲對世界有所貢獻的人，而不是那種只會讀書的所謂的學者，更不是所謂的一鳴驚人的神童。

我希望卡爾是一個完美的人，這比其它的都更加重要。

MEMO

早期教育與天才素質的培養

第6章

千萬不要小看他

做為父母，
應該培養孩子敢於犯錯誤，
敢於失敗的行為。
孩子和成人一樣有能力去犯錯誤，
也同樣有能力去糾正和改正錯誤，
敢於犯錯誤和改正錯誤是同樣珍貴的。

讓美好的東西在兒子身上形成本性和自覺

◆ ◆ ◆

從卡爾一歲時起，我就嚴格要求他。我從來不相信「小時候可以放寬一些，稍長大後再嚴格一些」這種似是而非的信條。

作爲父母，我有責任和義務教兒子知道什麼該做，什麼不應該做。在孩子幼小之時，成年人對他們的影響是很深的，如果小時候對他們放寬的話，那種烙印會深深的留在心中，等大後再嚴格，恐怕已經來不及了。

兒子六歲時，我帶他去另一個教區的E牧師家去，並在那而住了幾天。第二天吃早點時，兒子灑了一點牛奶。按在家裡的規矩，灑了東西就要受罰，因此他只能吃麵包和鹽。

卡爾本來就喜歡喝牛奶，再加上E牧師全家非常喜歡他，爲了他的到來，還爲他特意調製了一種牛奶，並添上最好的點心。這對兒子來說誘惑不小。

卡爾在灑掉牛奶後先是臉燒紅了一下，遲疑了一會兒，但終於不喝了。

我故意裝做沒看見。

E牧師的家的人看到這種情況，內心著急了，多次勸他喝牛奶，可兒子還是不喝，並十分不好意思地說：「因爲我灑了牛奶，就不能再喝了。」

E牧師家的人還是再三地勸說他：「沒關係，一點關係也沒有，喝吧喝吧！」我在旁邊吃著點心，故意裝著沒看見。兒子還是堅持不喝，在萬般無奈之下，過於藤愛卡爾的E牧師全家就向我進攻了，他們推測一定是由於我訓斥了兒子。

爲了打破僵持局面，我讓兒子出去一會，然後向牧師全家說明了理由。

他們聽後責怪我：「對一個剛六歲的孩子因爲一點點過錯就限制他喜歡吃喝的東西，你的教育是否過於嚴格了。」

我只得費盡口舌加以解釋：「不，兒子並不是因爲懼怕我才不喝的，而是因爲他從內心裡認識到這是約束自己的紀律，所以才忍住不喝的。」

在聽了我的解釋後，E牧師全家還是不相信，於是我只好透過一個試驗來揭示事實眞相。

「既然這樣，」我起身對他們說，「現在我們來試驗一下，我先離開這個房間，你們再把我兒子叫來，勸他喝，看他是否會喝。」

說完，我就走開了。

待我離開房間後，他們把我兒子叫進屋裡，熱情地勸他喝牛奶、吃點心，但毫無結果。

接著他們又換了新牛奶，拿來新點心誘我兒子說：「我們不告訴你爸爸，吃吧！」但兒子還是不吃，還不斷地對他們說：「儘管爸爸看不見，上帝卻能看見，我不能做撒謊的事。」

E牧師說：「我們馬上要去郊外散步，你什麼都不吃，途中要挨餓的。」

兒子回答說：「不要緊。」

實在沒有辦法了，他們只好把我叫進去，兒子流著熱淚如實地向我報告了情況。

我冷靜地聽完後，便對他說：「卡爾，你對自己良心的懲罰已經夠了。因爲馬上要去散步，爲了不辜負大家的心意，把牛奶和點心吃了，然後我們好出發。」

兒子聽完我的話，才高興地把牛奶喝了。僅僅六歲的孩子就有這樣的自制能力，E牧師全家都深感不解。

很多人會認爲我的教育過於嚴格了。我不否認，從卡爾與一般孩子的行爲方式看，這種教育在某種意義上確實是很嚴格的。但是，這種嚴格並沒有使兒子感到痛苦。

因爲對兒子的嚴格教育從他很小的時候就開始了。卡爾已經養成了習慣，也就不會感到有任何痛苦。

兒子總會向他的父親學習，父親不僅是兒子最初的教師，還是他可以學習的榜樣。對孩子要嚴格，最重要是自己對自己也要求嚴格。

我是個信仰上帝的人，即使有一天站在上帝面前，我也會這樣說的。

我對兒子的嚴格在不自覺中已經變成了他對自己的嚴格要求。我時常告誡他，沒有人能夠約束你，只有上帝和你自己。

卡爾很多好的行爲都是從小就形成的一種自覺。比如，卡爾從不撒謊，這並不是因爲害怕我的懲罰，而是因爲他從內心之中認爲撒謊是不對的。

卡爾的嚴格要求完全來自於他內心的一種力量。作爲他的父親，我想做的正是這一點，讓一切好的、美的、崇高的東西在兒子身上都成爲一種本性，一種自覺。

從小讓兒子形成這種美好的心靈，是我的責任。我不願意在他幼小之時因爲沒有得到良好的指導而失去方向。

不要以爲孩子太小就不懂得道理

◆　◆　◆

想要把孩子培養成誠實和正直的人，就必須從小開始對他嚴格教育。

很多父母都會發現，孩子很小的時候就開始撒謊。撒謊的原因很多，有善意的撒謊，也有惡意的撒謊。

我認爲，幼兒的撒謊很多是善意的。當孩子做錯事後，爲了逃脫父母的責怪，他們一般會撒謊。針對這種情況，父母應該很細心地了解孩子的內心世界，首先應該知道他們撒謊的原因，然後採取合理的方式去教育他們。

不要以爲孩子太小就不懂得道理，千萬不要小看他們，他們能夠懂的。

卡爾兩歲時，在餐桌上打翻了一個水杯。當時我和他的母親都不在場。因爲那天我去了別的教區，只有母親和他在一起。母親只去了別的房間一會兒，回來就發現餐桌被弄濕了，而卡爾的水杯都空了。

「小卡爾，是你弄翻了水杯嗎？」兒子的母親問他。

卡爾一個勁地搖頭否認。

母親看著他機靈可愛的樣子忍不住笑了起來，明知道是兒子弄翻了水杯卻沒有責備他。

晚上我回家後，卡爾的母親把這件事告訴了我。

我仔細想了想，認爲雖然今天我不在場，但還是有必要和兒子談一談。

「兒子，今天是你弄翻了水杯嗎？」我嚴肅地問他。

兒子仍然搖頭否認。

「卡爾，我希望你能對我說實話，無論是不是你做的，你都應該說實話。雖然我和你的母親都沒有見到，但上帝會看見的。」我板著臉說：「我和你母親，還有上帝都不喜歡撒謊的孩子。」

後來，卡爾低著頭承認是自己做的。我沒有責怪他。

我知道，打翻水杯這件事本身比起養成孩子撒謊的習慣來說是微不足道的。

很多父母認爲孩子小小的謊言沒有什麼危害性，甚至還覺得他們很可愛。我可不這樣認爲。撒謊一旦成了習慣，在他們長大後就會變成罪惡的源泉。當那種習慣形成後再去改變它，只會是徒勞罷了。

撒謊腐蝕了人與人之間的親密關係，滋長了不信任，損壞了互相信任的美德。說謊意味著不尊重被騙對象。與經常撒謊的人在一起生活幾乎是不可能的。在卡爾稍長大後，我就對他講解這些更深一點的道理。但在他幼小的時候，我一定會告訴他，撒謊是不對的，是會遭到懲罰的。

認識卡爾的人都會說他是一個誠實的孩子。我想兒子惟一的「謊言」就是否認他打翻了那個水杯。

在以後很多的日子中，無論他做了什麼錯事，都會勇於承認。至今，我還沒有聽誰說過卡爾撒過謊。

以身作則先尊重兒子

有一次，卡爾想吃一塊點心。我沒有給他，因爲我們剛剛吃過晚餐，過多的吃喝會影響他的健康。不到兩歲的兒子發起脾氣來，他躺在地上，大哭大鬧。他的母親看不過去了，連忙答應了他的要求，她拿著兒子渴望的那塊點心說：「好啦，卡爾，快起來。」卡爾的哭鬧取得了勝利，他得到了那塊好吃的點心。

當時，我並沒有說什麼，但我認識到，卡爾的哭鬧是一種對父母權力的挑戰，並且在這挑戰中取得了勝利。

後來，我和卡爾的母親談到了這件事，並把我的想法告訴了她。

我認爲面對兒子這種哭鬧的挑戰是不應該去遷就他的。由於兒子還小，這種遷就的惡果不易看出來，但已經種下了不良的因素。如果兒子長到了十四、五歲，仍然以這樣的方式對他的話，他將會變成一個蠻橫無禮的人。

由於他知道哭鬧能得到他想要的東西，他還會哭鬧，長大之後，他的能力，他的方式就不僅僅是哭鬧了。那種無禮將不只是針對他的母親，還會針對其他的人。他會以無禮的方式要求其他的人也來滿足他的要求。

我可以找出許多例子來證明，親子早期的關係會影響孩子將來與人之間的關係。

在以後的日子裡，在我的家庭裡，再也沒有發生這樣的事。即便卡爾再怎樣哭鬧，他也不會得到他不應該得到的東西，不管是食物還是玩具。因爲我要讓他知道，哭鬧是沒有用的。

有一天，一位鄰居告訴我有關他兒子的事，他覺得他的兒子糟糕透了。由於卡爾學識和品德都很優秀，眾所周知，所以這位鄰居想向我請教怎樣教育孩子。

他垂頭喪氣地告訴我：「我和妻子在兒子幼兒期和童年期忽視了對他尊重父母的管教，那時他把整個家庭攪得一團糟。妻子認爲他還小，相信長大以後後會變好的。可是事實卻不是這樣，他變得越來越壞，脾氣暴躁、自私貪婪、自以爲是。他做錯了事，我們簡直不敢管他，他甚至比我還兇。他現在十二歲，就已經變成一匹我們無法控制的野馬。這種行爲眞令人討厭，更時常向我們發脾氣，蔑視家庭和父母，似乎家中的一切都不如意。」

面對這樣的情況，我能說些什麼呢？**尊重是相互的，要求孩子尊重父母，父母就首先應該尊重孩子**。**而且要在很小的時候就要讓孩子養成尊重他人的習慣**。

一味地縱容孩子並不是尊重孩子。如果希望把良好品德傳授給孩子，爲人父母者必須以身作則，自己就應先具備良好的品德。

父母在教育孩子前，首先要弄清楚什麼是對的、什麼是錯的。了解自己該採取什麼樣的方式去對待孩子的過失。

我是這樣對待兒子的：如果卡爾在房間裡行爲笨拙，撞翻了桌子，打翻了杯子，或不小心弄壞了我的東西，這些事情並不是他無理取鬧，不屬於他應該負責的範圍。他並沒有惡意，並沒有向我挑戰，只是不小心罷了。在這種情況下，我不會去責怪和懲罰兒子。只是隨時提醒他以後要小心，不要那麼魯莽。

如果卡爾爲了引起我的注意或因爲某件事不順他的意而向我挑戰的話，我一定會採取一些方式制止和懲罰他。

幸好這樣的情況在卡爾身上極爲少見。因爲在卡爾很小的時候，我就以身作則先尊重他，從來沒有無故地對他施加暴力，他尊重我也是極自然的事。

◆　◆　◆

等他長大後就不會聽你那一套了

說到孩子的責任心，許多人會這樣認爲：孩子那麼小，懂得什麼責任心？責任心是成年人才能夠擁有的。我毫不客氣地說，這是一個極其錯誤的診斷。

很多的父母在孩子小的時候親子間的交流及對培養他的責任心未能給予重視，認爲孩子就是孩子，他什麼都不懂，等他長大了以後再說吧。殊不知，等他長大之後就不會聽你那一套了，或者不等他長大就已經滿身毛病，年輕的生命浸染得千瘡百孔，後悔時，已經太晚了。

沒有責任感，沒有價值感的孩子，因爲找不到自己的生命在社會中的地位與重要性，便會感到迷惘，從而失去創造成就的動力，容易爲一些虛浮的外在事物而吸引，沉溺其中。

對卡爾的教育，我一直力圖讓他看到自己生活的意義，看到自己的行爲能爲他人帶來影響，讓他感到自己是爲人所屬，是有用處的，從而生出自豪感和責任心。隨著年齡的增長與社會接觸面的擴大，這種責任心與自豪感的內容也會增長、擴大，不只局限於自己的家庭，但從家庭中培養出來的這種感覺卻是未來責任感的基礎，家庭沒有這種基礎，對社會對人類的責任感與使命感便不知從何而來。

在我的家庭中，始終讓兒子充當一些有意義的角色，使他感到自己的行爲對別人產生的重要性，同時也培養他戰勝自己弱點、增長各種能力的信心。

我和卡爾的母親常常有意識地分派給兒子一些力所能及且與他年齡相當的勞動服務。比如分擔適度的家務，例如打掃衛生，負責爲花草澆水等等。我們與卡爾平等地交流，認爲這是培養他責任心的一種方式，我們不但傾聽他的心聲、感受，還同他談些自己自己的喜怒哀樂。當然內容應該是兒子所能接受的。

有的人會認爲：「大人的事怎麼可以同孩子講，我哪裡有時間去和孩子閒扯呢？」其實不然，孩子理解力是很強的，而且對外界的觀察很敏銳，只不過他們的心理活動有時會被成年人忽略。

我常常會聽到兒子的問話：「媽媽怎麼啦？怎麼不高興啦？」這是孩子關心父母的一種表現，是我們應當積極鼓勵的一種傾向。但很多的母親卻這樣回答：「沒有不高興。」或「大人的事，你不懂。」而且以爲家中發生的事，更是與孩子無關，久而久之給孩子留下的印象就是：「家裡的事與我沒什麼關係，我只要不惹麻煩，衣來伸手、飯來張口就可以了。」

我不喜歡這樣的父母，他們對孩子的忽視，只會讓孩子失去本來可以培養起來的責任感。

有一次，一位十六歲的少年找到我，向我傾訴他內心的苦惱。他說他的父親酗酒，經常打他的母親和妹妹們。有一天，他實在無法忍受了，就去問父親爲什麼這樣。可父親說：「你還有臉問我？你早該去掙錢養活自己和妹妹們了！」當時他很難過，因爲他從來沒有考慮過這個問題，小時候父母沒有教育他應該怎樣做。這位少年告訴我，在這之前，他只知道和別的孩子到處去玩，只是吃飯的時候才回家，也從沒有考慮過父母和妹妹們的事。那天，父親對他說的話令他吃驚。他說，如果早有人教他應該怎麼做的話，他可能現在會把母親和妹妹照顧得非常好。少年告訴我，他現在覺得自己是個罪人。

多麼好的孩子啊！他的天性是多麼的純良，只不過是因爲沒有得到很好的早期教育，而白白地浪費了大好時光。

後來，這個少年經常來找我，訴說他的內心世界，我也盡力幫助他學習知識，教他做人的道理。現在，這個少年已經是個非常棒的小伙子了，他娶了妻子，用自己的勤奮勞動拯救了一個快要破敗的家庭。他的努力促使父親改掉了酗酒的習慣，讓他的母親過上了幸福的生活，並把兩個妹妹送進了學校。

對待兒子，行就是行，不行就是不行

我對待兒子，一貫是是非分明、始終如一，行就是行，不行就是不行。一切都要認眞，這會對孩子產生良好的影響。不允許的事，一開始就不允許，這樣對孩子就沒有什麼痛苦。有時答應，有時不答應，反而會給孩子帶來痛苦。

我周圍的很多父母們，他們的「禁律」出爾反爾，反覆無常，不能始終如一。有時行，有時卻又變得不行了。這樣久而久之，就在孩子的心靈上很早就打下父母的「禁律」是可以打破的烙印。父母對自己的言行都那麼草率，那麼不認眞，你怎麼去教育孩子認眞呢？

要教育好孩子，父母必須對事物的好壞有一個始終如一的定見，無定見是教育孩子的最大禁忌。

在孩子二歲的時候，我就開始從細微之處培養他良好的生活習慣。即使在餐桌上，兒子也會受到嚴格的教育，我告訴他，盛入自己盤中的食物一定要吃光，這樣能夠培養起他勤儉節約的意識，同時又是一種磨練。

如果卡爾想吃水果或點心，不論那種誘惑力有多大，我也會讓他先吃完飯菜。絕無絲毫的通融。

由於我和兒子的母親對孩子正確行爲的反覆訓練和動之以情、曉之以理的教育，時間一長成爲自然，兒子就把遵守適當規則當作是自己的本分。

我希望卡爾在對生活成長過程中能夠確立有「分寸」的意識，我一直按照這樣的原則去教導他。我要求他誠實、守信、準時，因爲這些都是爲人處世應該具有的優秀品質。

父母的言行一致、賞罰分明，會對孩子產生積極的效果。如果你要求孩子不說謊話，你自己就不能採取欺騙恐嚇的手段；如果事先與孩子定好了制度，父母就更要認眞對待。

在一次散步中，我發現了一件令人深思的事情。在散步的過程中，鄰居史密斯太太發現女兒的裙子弄髒了，她立刻生氣開始衝著女兒大聲責罵。看見女兒大哭以後，她又馬上給了女兒一小塊點心。我問史太太：「你爲什麼責罵女兒呢？」「她總是這樣弄髒自己的裙子。」史太太這樣回答。「可您爲什麼又給她一塊點心呢？是爲了表揚她的行爲呢？還是爲了給她受責罵的補償？」史太太啞口無言，她不知應該怎樣回答我。

這時，小女孩已經被弄得糊里糊塗，她不知道爲什麼母親會責罵她，更不知道爲什麼挨了罵還能得到點心。母親這種做法，讓女兒弄不清是非，這對她的成長是相當有害的。

我對兒子的獎與罰都不太頻繁，但它們一旦實施確實對兒子有著重要的作用。我對卡爾的獎賞絕不會僅停留在物質上，而是要讓他體會到奮鬥與創造的眞正喜悅。

我時常教育兒子，讀書、品學優良是為了他自己的成長，而家務事本身也是每個家庭成員必須履行的職責。如果當卡爾有相當出色的表現，我會給他一定的物質獎賞，還會帶他去一個他嚮往的地方。

對兒子的懲罰，我一向講究原則。我對他的懲罰一定要讓他心服口服，否則懲罰便失去了教育的作用。懲罰之前，我總會給他警告，他犯錯之後我一定言出必行，並且要對他講清原因，告訴他我為什麼要懲罰他。

我認為必須讓兒子懂得他的一舉一動可能導致不同的後果，那麼隨著時間的推移，他一定會形成什麼事都認真專注的習慣，他會知道無論做什麼事都不能馬馬虎虎。

我曾經對卡爾說過：「你必須早上按時起床，否則我會認為你想放棄早餐，你要為自己的行為負責。」

有一次他起床太晚，超過了平日規定的時間。當他來到餐桌前時，我們早已經收拾好了一切，並把他的早餐收走了。

卡爾看著我，似乎想為自己的過失辯解一番，但我先開口對他說：「眞遺憾！我也很想把牛奶和麵包留在你的位置上，但我們以前有過約定，我不能隨意破壞它。這只能怪你自己。」

這個事件中，早餐本身並不是最重要的。重要的是他應該知道，我們以前的約定是認眞的，是必須遵守的。

◆ ◆ ◆

自己的事自己解決

幼小的生命來到這個大千世界，由於他們的弱小，他們會感到束手無策。但是，儘管他們是那麼的脆弱，仍然有勇氣進行各種嘗試，學習各種方法，使自己適應，使自己能夠融入世界之中。

我堅信，不管兒子現在有多麼弱小，他終有一日能夠成爲在世界中立足的強者。我付出全部的愛去幫助他來嘗試融入這個新世界，讓他去學習他不懂的東西。

雖然他年幼、弱小，但我從來不懷疑他的能力。很多人認爲只有在某一個年齡階段，孩子才能做某一種事情。

我從來不這樣認爲，我看重的是在兒子幼小的心靈中建立起的自信心。

卡爾兩歲時就主動地幫助母親收拾桌子。每當家中的客人看到他拿起一個盤子的時候，他們總會說：「卡爾，小心，不要把它打碎了。」在這樣的情況下，我會對好心的客人說：「沒什麼，卡爾會把它們收拾好的。」

好心的客人不知道，如果我不允許兒子去碰那些盤子，或許我會永遠保住那個盤子，但一聲「不允許」會在他的信心上留下一個陰影，可能會推遲他某種能力的發展。

當卡爾嘗試自己穿衣服的時候，經常把衣服穿反。我和他的母親從來沒有嘲笑或責罵過他。我不能讓他覺得自己無能，而是耐心地教他。

我還鼓勵他自己收拾房間，即使他的「動作」很糟糕，我也會誇獎他一番。房間收拾得是否整潔並不重要，對他來說，他已經做了，這已足夠。

在這些親手整理之中，卡爾在探索，在鍛鍊。我深信只有通過鍛鍊和闖蕩，他才會使自己成爲一個有用的人。

當孩子犯錯誤，或做一件事卻沒有成功的時候，我們不應該用語言和行動向他們證明他們的失敗。我們應該清楚，做一件事情失敗了只能說明孩子缺乏經驗和技巧，並不能證明他本身的無能或是他不願意做。父母有責任耐心地去指導他們。

爲人父母，應該培養孩子敢於犯錯誤、敢於失敗的行爲。孩子和成人一樣有能力去犯錯誤，也同樣有能力去糾正和改正錯誤，敢於犯錯誤和改正錯誤是同樣珍貴的。

只有這種鼓勵才能培養出孩子的自信心和獨立能力。所以我在對兒子的教育中，儘量鼓勵他去做他力所能及的事。遇到問題的時候，我總是讓卡爾盡力想辦法自己解決。

對於卡爾，從小我就有意地鍛鍊他過一種有規律的生活。讓他學會周密地計劃自己的時間，完成他的學習任務，發揮他的興趣愛好。這並非是想把他限制在規範之中，而是要讓他充分地發揮自己的天賦才能，達到眞正地完善自己。

早期教育與天才素質的培養

第7章

什麼樣的教育才不會損害孩子

孩子由於年幼無知，
經常會犯各式各樣的錯誤，
父母應該對他們嚴格地管教。
但不能因為他們不懂事就不尊重他們。
我一直主張，
即使是小孩子也應把它們作為成年人一樣對待，
要像尊重成年人一樣尊重他們。

我對兒子的嚴格完全取決於道理

◆ ◆ ◆

我的教育方法是嚴格的，但並不專制。所謂專制，是指強迫孩子盲從。我從來不會這樣對兒子，我對兒子的嚴格完全取決於道理。

我非常反對那種專制教育，無論在教育方法上還是其他方面，我都這麼處理。注重道理，以理服人，比其他一切的強迫都更加有力量。我對卡爾的嚴格之所以沒有對他造成傷害，原因在此。

在對兒子的教育上，我首先是尊重他。在以不傷自尊心的前提下爲他講某些他能夠理解的道理。

我反對那種在別人面前貶低孩子的做法，每當他做錯什麼事、受到懲罰時我更不會當著眾人的面嘲笑和奚落他。我時刻都讓兒子感到「爸爸是眞心實意地關心我。」

每當我告訴他必須做一件事時，我會向他講明白做這件事的必要性，告訴這是他應該做的份內事，而並非是我對他的無理要求。

如果兒子在玩耍時無意間弄壞了鄰居的花園或踩傷了別人的草地，我一定會叫他去道歉。無論鄰居是否知道，我都要求他主動前去。

某天傍晚，卡爾在外面興致勃勃地摹仿古代騎士。他用一根長長的棍子代替寶劍，獨自和虛擬的強盜作戰。我看見他或刺，或砍，劍法眞是絕妙極了。在這個過程中，他早已把自己當成了眞正的英雄。我很樂意看到他這樣，兒子的這些遊戲非常有利於他的想像力，也有利於身體的健康。在前面我說過，我不喜歡死氣沉沉的生活，不希望卡爾變成呆頭呆腦的學者。所以對兒子的這種活潑的玩耍方式，我極力贊成。

突然，他「呀」的叫了一聲，但馬上愣在那裡。原來，在「激戰」中，卡爾一「劍」

砍去，將鄰居花園中的一束花砍倒在地，花瓣和枝葉在半空中飛舞。我保持住冷靜觀察他，看他怎麼處理這件事。

卡爾看了看鄰居的房門，並沒有人出來。他也沒有發現我正在看著他。正當他想轉身「逃跑」的時候，我叫住了他。

「卡爾……」

這時，兒子知道這件事已經無法逃脫，慢慢地向我走來。

「你知道你犯了個錯誤嗎？」

「知道。」兒子小聲地回答。

「那你應該怎麼辦呢？」我嚴肅地問他。

「不知道。」兒子低下了頭。

「兒子，聽我說。你應該立刻去敲鄰居的門，向他們道歉。」

「可是，我並不是有意的。」卡爾似乎在辯解，他並不知道道歉的涵義。

「卡爾，你要記住，人們犯下錯誤，在很多情況下都不是有意的。但錯誤既然已經犯下，你就必須爲自己的行爲負責。雖然鄰居沒有看見是你幹的，但他們確實受到了傷害。你應該去道歉，人不能傷害了別人就逃之夭夭。你不是在扮演古代的騎士嗎？騎士是勇敢的人……。」

「爸爸，我明白了。」卡爾像一個眞正的騎士那樣敲開了鄰居的房門。

第二天，我碰見鄰居。鄰居根本沒有提起花被損壞的事。他只說了一句話：「威特牧師，您兒子是個誠實的人。」

英雄騎士是卡爾的崇拜對象。我用騎士來激勵他，使他感覺到道歉並不是什麼難爲情的事，也讓他懂得不論有意還是無意之間犯下的錯誤都應該由自己負責。

在這種情況下，我並沒有選擇衝著兒子大聲嚷嚷的做法。那樣不僅驚動了鄰居也傷害了兒子的自尊心，並且還會有可能把事態擴大。

很多的父母把對孩子的嚴格教育理解爲專制，不知不覺中把自己變成暴君而把孩子變成唯命是從的懦夫。他們以爲孩子不聽話就應該以粗暴方式對待他們，這種做法的後果不但不能讓孩子正確地認識自己，反而使孩子對父母甚至對所有人產生怨恨。

我曾經聽說過這樣一件事：

有個孩子非常喜歡家裡餵養的一隻羊，他時常獨自一個人牽著羊去山坡上玩耍，每當他看到心愛的羊吃著山上的嫩草就感到愉快。在孩子幼小的心靈中，那隻羊是他最好的朋友，他把自己聽來的故事和幻想都講給羊聽。他覺得和羊一起在山坡上曬太陽是最幸福的事。

可是有一天，孩子躺在山坡上，在溫暖的陽光下睡著了，他所做的夢都是和羊在一起快樂玩耍的情景。可是當他醒來時卻發現羊不見了。這隻羊從來都不會走遠，但今天確實是不見了。孩子焦急地走遍了整個山坡，仍然沒有找到。他哭了，因爲他害怕永遠也再見不到這個最心愛的伙伴。

天快黑了，他趕緊跑回家。但他心中想到的只是一頓暴打。當父親聽說羊不見之後，什麼情況都沒有問就舉起了棍子。無情的棍子打得孩子鼻青臉腫，額頭被打破出血。「我只有這隻羊，不把它找到就永遠別回來……。」說完，父親就把他推出了門外。

孩子難過極了。

他獨自在黑暗的山坡上奔跑。他越跑越想不通，父親爲什麼會打他呢？他又不是有意弄丟了羊。「羊不見了，我也很難過啊。」「爲了羊，父親叫我永遠不要回去，難道我還不如一隻羊嗎？」

不久，孩子看見遠處有個小白點。當他走近時，他看見了那隻羊。它正在悠閒地吃著草呢。

這時，受到粗暴對待的孩子一反常態，他沒有像往常那樣去抱起這隻羊而是舉起了一塊大石頭。

「就因爲你……因爲你父親才會這樣對待我……」孩子一邊哭，一邊將石頭往羊身上砸去。

第二天，人們在山坡的一塊岩石後發現了那隻已死去的羊。而那孩子也永遠沒有再回家。

我們可以想像，那個孩子心裡當時有多麼的痛，他親手殺了自己最心愛的朋友。父母的粗暴和專制在孩子身上留下的陰影將永遠不可磨滅，這種陰影會讓一個本來善良的孩子變成凶殘的魔鬼。

不蒙蔽孩子的理性，不損壞孩子的判斷力

◆ ◆ ◆

我認爲教育上至關重要的重點就是不蒙蔽孩子的理性，不破壞孩子的判斷力。一旦孩子失去正常的判斷力，那麼他一生就不能正確地判斷事物的正誤好壞了。

如果卡爾對他人說了些魯莽的話，我並不馬上斥責他，而是先立即給對方道歉。我會

向對方說：「我兒子是在鄉下長大的，所以才說出這種話來，請您不要介意。」這時兒子就已省悟到自己可能說了不合適的話，過後他一定會詢問箇中原因。

等兒子問我時，我會向他說明：「你剛才說的那些話從道理上來講也沒什麼不對，而且我也是那樣認爲的。但在別人面前那樣說就不好了。難道你沒有發現，當你說了那些話後，彼德先生的臉都臊得發紅了！人家只是因爲喜歡你，又礙著爸爸的面子，所以才沒有作聲。但他一定很生氣，後來彼德先生之所以一直沉默不語，就是因爲你說了那種話。」

我這樣對兒子解釋，我想絕不會傷害他的判斷力。

爲了說明這種教育方法的好處，我想對此作進一步的論述。

假設在我向兒子解釋以後，他繼續反問：「可是我說的是眞的呀。」這時，我會進一步開導他：「是的，你說的是眞的。但是彼德很可能會想：「我有我的想法，你那麼小的孩子知道什麼。」再說，即使你說的話是眞的，你也沒有必要非將它說出來不可。因爲那已經是人人皆知的事，你沒有發現別的人都是沉默不語嗎？如果你認爲只有你才知道，那你就太傻了。再打個比方，大人指責孩子的缺點本來就是理所當然的，因爲孩子在成長過程中，有許多缺點，說開了並不可恥。即使這樣，人們對你的缺點不是都裝著不知道嗎？如果你以爲人們都不知道你的缺點，那就大錯特錯了。事實上，人們已知道你的錯誤但都沉默不語，這是考慮你的面子，爲了不使你丟臉而已。這樣你就明白了人們對你的好意了吧。而你在發現別人的缺點以後應該怎麼做呢？也應當這樣。聖經上不是說：「自己不願做的，也絕不要讓鄰人去做？」道理就是這樣。所以當面揭發別人的缺點和過錯是很不好的。」

聽了這樣的開導後，兒子由於年幼肯定還是感到困惑，因爲他的心理還不像成年人那樣複雜，而且這種處世方法很可能被視爲不誠實或過於世故。但我覺得我這樣做很有道理。

假如兒子還是不理解，又提出：「那不就是撒謊嗎？」我就繼續開導他：「不，不能說謊，說謊就成了說謊的人，是個僞君子。你沒有必要說謊，只要沉默就可以了。如果所有的人都互相挑剔別人的毛病和過錯，並在別人面前宣揚，那麼不就成了光是吵架的世界了嗎？那我們也就不能安心地做事和生活了。」

不過，對卡爾，我用不著說這麼多，幾句話他便能領悟到自己的過錯，含著眼淚保證不再重犯。

我就是這樣教育兒子的。

我相信我的教育是合情合理的，態度上對卡爾從不專制，也就不會蒙蔽他的理性，更不會傷害兒子的判斷力。

從某種方面說，我的方法可以稱作上是「成人化」的教育，之所以能取得如此成效，還得益於對兒子的語言潛能開發。

由於兒子語彙豐富，通達詞義，所以一點就透。一般孩子由於語彙的限制，往往在實施合理的教育時行不通。

我們的周圍有很多的父母見到孩子在某種場合的不良表現後，要麼當面訓斥，有的還拳腳相加，還怪孩子的不禮貌，但就是不反省一下自己的教育方法。

爲了闡明我的教育方法，我不得不舉一些例子。我想無論在多的理論也沒有比事實更加有說服力吧。

安多納德太太的兒子卡爾，這個和我兒子同名的小男孩，年齡比卡爾大兩歲，也是一個非常機靈的小傢伙。但我發現他有很多不好的習慣，比如欺負比自己小的孩子或喜歡揭別人的短處等等。

有天我在路上偶然和安多納德一家相遇，我友好地和他們寒暄著，並特意摸了摸大卡爾的頭以示友好。

「威特牧師，我絕得你就像一具屍體，你看你的臉色多蒼白啊！」大卡爾這個小機靈毫不客氣地批評起我來。

其實他說的是眞話，至少某方面是這樣。可不是嗎？因爲這幾天我不小心受了涼，病了幾天。我的臉蒼白是很正常的事。如果是小卡爾，他絕不會這樣地說話，他知道這樣說是不禮貌的。何況，大卡爾所用的詞彙是那樣的叫人無法接受。

這種情況，我當然不會爲一個小孩子生氣，但當時卻已經讓我不怎麼說話了。

安多納德太太氣極了，她採取了我從來都不會採用的方式。

「太不像話了，你怎麼這樣對威特先生說話。」她狠狠地給了她兒子一記耳光。

我連忙上前勸阻。可是大卡爾並沒有因此而閉上他的嘴巴：

「我說的是實話，你看看他的臉，……我沒有瞎說……。」

「你幹嘛打我？你幹嘛打我……。」大卡爾衝著母親喊叫起來。

安多納德太太害怕極了，她只能一邊拖著自己的兒子，一邊逃跑似的離開。

看著他們遠去，我嘆了一口氣。大卡爾回去肯定又會挨頓毒打了。

我很明白，雖然大卡爾愛揭人短處的毛病早有所聞，但這一次他可能不完全是故意的。他只是找不到一種合適的方式表達他的看法。如果他對我說：「威特先生，您的臉色怎麼不像往常那樣紅潤而有些蒼白呢？您生病了嗎？」

這樣，他不但表達了同樣的意思，卻傳達出不同的意義。前者是惡毒的諷刺，而後者卻是一種對別人的關心了。

至於安多納德太太，她的做法更加不當。她應該用一種大家都能接受的方式來解決這個矛盾，而不僅僅是對孩子施予懲罰。從這點看來，她對孩子平時的教育是多麼的不夠，方法是多麼的不妥。

由此可見，讓孩子具備豐富的語言知識，讓他們更加明辨事理是多麼的重要。我眞希望安多納德太太能夠明白這個道理，不然，那個和我兒子同名的孩子將不會有一個美好的人生。

不能錯誤地批評孩子

◆　◆　◆

對孩子的批評，最重要的是要讓孩子心服口服。這句話說起來很簡單，做起來卻不是想像的那麼容易。

首先，你要用孩子能夠理解的道理和事例去教育他，如果父母在某一件事上自己都還不完全理解它，那怎麼去說服孩子呢？對孩子闡明道理的時候，要對他講解一些容易理解的道理。不能用某種高深難測的理論強行向他們灌輸。書本上的道理應該爲他們說明，但絕不能搬弄出那些晦澀的文字，那種學究式的大道理孩子是很難接受的。

應該特別注意的是：批評孩子不等於懲罰孩子或把孩子當作自己的出氣筒。永遠記住：父母的一舉一動，一言一行都會對孩子產生永久的影響。

我在對卡爾的教育上，一直特別仔細地觀察他所做的事，儘量去理解他。即使需要就某件事批評他的時候，也會在弄清眞相後再作評價。

比如，在某些時候，我突然發現兒子對學習的興趣大爲下降。由於卡爾一直是個喜愛學習的孩子，有這種情況特別容易引起我的注意。這時，我的頭腦中反映的不是「這個孩子不勤奮學習」，而是「卡爾怎麼啦，他遇到了什麼問題或不愉快的事嗎？」

這時，我並不是馬上去訓斥他而是等到一個合適的時機耐心地和他交談。有一次我發現他捧著書本保持一個姿勢很久，表面上看起來他是在讀書，實際上他很久都沒有翻動一頁，只是坐在那裡出神。

等他到了休息的時間，我對他說：「無論做什麼事都要專心致志，只有集中精力才會有好的效果，若不集中精神，即使花費再多時間也沒用。不集中全力去學習和工作就等於浪費生命。」

卡爾看著我小聲地說：「爸爸，您也注意到我學習時走神了嗎？」

「是的，我認爲你是個很好的孩子，自從我教你識字以來你一直對學習保持著濃厚的興趣，可今天爲什麼走神了呢？兒子，告訴我，是你忽然對學習不感興趣了嗎？」

「不，爸爸……」卡爾想了很久後對我說：「我仍然覺得學習很有趣，當我慢慢地掌握了那些知識後我眞感到幸福。」

「可是爲什麼你今天在學習時走神呢？」我不解地問道。

「只是……只是……」

「只是什麼呢？沒關係，告訴爸爸，好嗎？」我想，卡爾的內心中一定有什麼自己不能解開的疑問。

「只是我今天突然想到，我學到那麼多的東西到底有什麼用呢？」卡爾說出了他的心裡話，「我在想，學習木匠工作可以作家具和建造房屋，學鐵匠工作可以製造炊具和農具，但我學了那麼多的語言和詩歌能做什麼呢？僅僅是爲了好玩嗎？」

他這個問題，在我的心裡面產生了一種喜悅的感覺，因爲我知道卡爾已經開始思考更深一層的問題了。

這是一個對他進行更深一層教育的好時機。

「兒子，你能想到了這個問題我很高興，因爲你有在思考。」我首先肯定了他的這個行爲，然後盡我的力量去幫助他解開心中的疑惑。

「首先，知識是一切力量的源泉。如果你沒有對力學的基本理解，你怎會知道一座房屋需要多少的木材去建構呢？如果沒有數學，你又怎麼計算需要多少材料？你怎麼知道哪一種設計最合理？如果你沒有審美知識，又怎麼能建造出漂亮的房屋呢？所以，如果沒有知識作爲基礎，這個木匠可能永遠也建造不起房屋，他只能天天面對木頭發呆，恐怕他自己也會變成一塊木頭呢！」我盡量將這些道理說得活潑有趣。

卡爾聽到這裡不禁笑出聲來。

「如果鐵匠不懂得把鐵塊放在火裡燒紅後才可以使它變形，他怎麼能做出那些炊具呢？這裡面就有物理知識，如果一個鐵匠連這個都不懂，他可能會被那些大鐵塊逼瘋的，說不定還會用牙去咬它們呢？」我做了一個用牙咬的動作，「你猜猜會有什麼結果？」

「他一定會把牙搞掉的……」，這時卡爾哈哈大笑起來。

「兒子，好好記住。詩歌、文學、繪畫、音樂、哲學，這都是人類智慧的產物，是世界上最美好的東西。還有語言文字，這是只有人類才具有的文化。爲什麼我教你各種不同的語言呢？並不是想要你成爲外交家或是翻譯，而是要讓你能夠更好地理解不同國家、不同地域的文化。

你說你喜歡但丁，如果你不懂意大利語，你怎麼能夠眞正地去理解但丁呢？那些美妙的詩句，你只有運用他本國的語言去閱讀才能夠完全地體會。

還有更重要的，兒子，就像你自己說的，你在學習中體會到了快樂，感到了幸福，難道這還不夠嗎？一個人有了快樂和幸福，他還有什麼不滿足的嗎？」

兒子聽到這裡，眼中散發出喜悅的光芒，他心中的疑團完全解開了。

我認爲，兒子之所以能夠學有所成，關鍵在於他的求知慾和擁有在學習中體會到的幸福感。

作爲父親，面對孩子的疑惑應該耐心地幫助他解答。如果對孩子的行爲，不去思考而是片面地理解，那麼不但不能對兒子有所幫助，反而會產生負面影響。

現在我來做一個假設，如果當卡爾學習走神的時候，我不去關心和幫助他，而是採取責罵的方法，那麼上面的情況就完全不同了：

卡爾捧著書坐在那裡出神。

我發現他並沒有翻動一頁書，而只是裝裝樣子。

「卡爾，你這小混蛋，你在做什麼？」我衝上去給了卡爾一記耳光。

「我在看書……」卡爾被我的粗暴嚇呆了，吞吞吐吐地撒了個謊，雖然他本不想這樣。

「胡說，你還想騙我。」我衝著他大吼起來。「你不知道學習時走神是不對的嗎？」

「……」卡爾無法回答。

「沒聽見我的問話嗎？……爲什麼不說話。」

「我……我在想……，」卡爾本想對我說出他的想法，但這時已經說不出話來。

「你想什麼？快說，讓你學習你卻胡思亂想，太不像話了。」

「我在想學這些東西有什麼，」卡爾鼓足勇氣表達出他的想法，「鐵匠能夠製作農具，木匠能夠修房子，學這些語言和文字有什麼用呢？」

「你這個沒出息的東西，」我又給他一記耳光，「簡直不求上進，甘願去作那些靠體力吃飯的粗人，我簡直白教你了……。」

「可是，我不懂……」

「不懂什麼？我叫你學你就學，有什麼懂不懂的。」

這樣對待兒子的父親是應該被打下地獄的，幸好我不是這種人。

這種做法不僅失去了一個教導孩子的良機，同時也傷害了孩子的自尊心，最糟糕的是會在兒子內心留下極惡劣的印象。他會認爲，學習是一件可怕的事，學習的目的就是爲了討好父親。

這種教育，怎麼能夠培養出優秀的人材呢？連孩子本身的求知慾都在傾刻間抹殺掉，還能談得上其它的嗎？

我認爲，一個人之所以變得自私、凶惡、虛僞、懦弱，全都來源於這種極爲低劣的教育。或者說，這根本談不上是什麼教育。

絕不能傷害孩子的自尊心

◆　◆　◆

我一直主張，即使是小孩子也應把它們視爲成年人一樣對待，要像尊重成年人一樣尊重他們。

對孩子的教育應該嚴格，但嚴格不能傷害孩子的自尊心。孩子的自尊心如果受到了傷害，那麼其結果是可怕的。一個本來可以取得巨大成就的孩子，一個堅強好學的孩子，由於失去了自尊心，很快就會成爲一個懦夫、一個無賴。

爲了使孩子能自重，必須信任他們。無論是大人還是孩子，受到別人的信任就能夠自我尊重。管束孩子不許這個，不許那個，還不如信任他們，耐心地說服他們更有效。如果父母始終把孩子當壞人對待，他就可能成爲壞人。孩子在父母不斷的壓力之下，漸漸失去做人的信心。沒有了信心，他的自尊心就會很自然地消失了。

由於孩子的自尊心非常重要，所以在對兒子的嚴格教育中，我始終極爲重視盡量不在任何情況下傷害他的自尊心。無論是有意還是無意，都不能對他的自尊心有絲毫的傷害。

卡爾和我們一起吃飯時，我把他和大人同樣對待，和他聊天、討論飯菜的味道。吃飯時的談話也是選擇他能懂的話題，平等地與他談話。有的家庭吃飯時不讓孩子說話，父母嚴肅得嚇人，讓孩子感覺到吃飯就像是在受刑似的。在飯桌上把孩子的缺點全部翻出來，對他進行各式各樣的批評。孩子不僅不能得到吃飯的樂趣，還傷害了他的食慾，更加重要的是讓他自己覺得自己一無是處，產生強烈的自卑感。這樣的父母，讓孩子時刻處在畏畏縮縮、低人一等的狀態中，那麼他還會有什麼自尊心呢？

有些父母未了使孩子容易管教，故意讓孩子怕自己，根本不把孩子當成一個人來平等對待，而是自己像一個君主，孩子像一個奴僕。這樣只會讓孩子變成一個懦夫。這樣的父母，是正在把孩子塑造成一個失敗者。一個懦弱者想在這個社會裡獲得成功是非常困難的。在我的家庭中，兒子不僅是我的朋友，也是他母親的好朋友，並且和家裡的女佣也是好朋友。我們互相尊重，平等相待。

孩子的很多問題是不合邏輯的。但仔細想一想，大人的知識其實也不外乎是些可笑的東西，所以不論孩子提出什麼問題，決不應嘲笑。不但不應嘲笑，而且應該親切地予以回答。如果父母嘲笑他，他就會因害羞而不再提出問題。發問是孩子獲取知識的嚮導，應充分利用它向孩子傳授知識。若遇到自己不懂的問題，可以詢問別人，也可以經過研究之後再給他耐心地解答。

父母不應該戲弄孩子，因爲孩子受到戲弄，就容易變成不知羞恥的人，變得粗暴，或是用心不良，甚至不把人當人看待。由於小時候受到父母的戲弄，以後成爲罪犯而入獄者大有人在。我不僅不戲弄兒子，而且連隨便應付他的情況都沒有。對於兒子的一切，我都是認眞對待的。

對於卡爾，我從來不欺騙他。不僅如此，我從不欺騙任何一個人，因爲欺騙是一種罪行，是上帝所不允許的行爲。

如果欺騙了孩子，被他知道了，他就不再相信父母了。父母失掉了孩子的信任，其後果是不堪設想的。欺騙孩子，孩子也學會欺騙他人。

有一次，一位父親自豪地對我說：「我的兒子將來一定會成爲一個大政治家。」當問他爲什麼時，他說：「前天，我兒子把他母親放在碗櫥裡的菜吃了，把剩下的抹到貓的嘴巴上。」

這樣的父親，我認爲是不可救藥的。他兒子的欺騙行爲肯定都是從他那裡學來的。

很多父母把孩子視爲玩物。認爲孩子這不能做，那也不能幹，一切都包辦代替。結果使多數孩子對自己的能力缺乏信心。卡爾的母親從嬰兒時期起，就耐心地教他幫媽媽扣衣服上的鈕扣。儘管他不會扣，花費時間，但是他的母親認爲這是對孩子進行教育，所以耐心地讓他扣。我認爲這是非常有益於兒子鍛鍊自己的方法。

讓兒子從小就開始幫母親扣衣服扣子，除了練習手部的動作外，還培養了他幫助別人的觀念。同時，卡爾母親還教他自己穿鞋、穿衣服。即使很忙，她也要花點時間教兒子自己穿脫衣服，因爲這是對孩子的教育。

有些父母對孩子過於溺愛，把孩子視爲寶貝，怕跌倒摔傷而不讓孩子盡情地玩耍，因此沒有機會鍛鍊身體。怕用壞了腦子而不對孩子進行教育，不讓孩子讀書。這都是愚蠢的做法。這種方法只能使孩子成爲一個毫無自信的廢人。

甚至有些父母爲了讓孩子聽話，不惜利用可怕的事務嚇唬孩子。這種作法會使孩子滿腦子充滿恐怖的幻想，當他們承受不起之時有時有可能會精神錯亂，應當使他們知道世界上沒有什麼可怕的東西。由於孩子信任父母，父母說的話他們都會信以爲眞。所以只要父母注意引導，孩子就不會懼怕黑暗等。記住，用惡魔和幽靈等嚇唬孩子是非常有害的。就因爲有這種錯誤的教育方法，世界上有許多人終身怯懦、膽小怕事。

我給卡爾講很多故事，有時也講神話故事，但我總會爲他強調神話故事不是事實的，是人們編造出來的。在故事的選擇上，我都是注意給他一些光明的、積極向上的英雄故事，目的在於透過故事教會他一些人生道理。比如勇敢、堅定等等。

我認爲家庭應該成爲孩子的樂園。但是，這並不意味著對孩子放縱。家庭應該是愛、歡樂的殿堂。孩子應該在家庭的關懷下健康地成長。他們應該從小就在家庭中樹立起做人的信心，而不是由於不當的教育而使他們失去做人最重要的自尊心。

第8章

我如何教孩子玩和選擇朋友

很多人都有這樣的觀點：孩子如果沒有遊玩的小朋友就會變得自負或者任性。這種觀點極端錯誤。

在我看來，真實情況恰恰相反：不加選擇地讓孩子們在一起玩，他們就互相逞能，有可能變成利己主義者，結果沾染上狡猾、虛偽、說謊、任性、嫉妒、憎恨、傲慢、說壞話、爭吵、打架、誹謗、挑撥等壞行為。

遊戲僅僅是遊戲

◆ ◆ ◆

一個成人變得滑頭滑腦、放縱、不能自制、任性，大多是從小沒有被管教好的緣故。放任不管就會使孩子不加選擇地和任何一個孩子一起玩，從而有可能沾染上各種壞習慣，有時還有可能學會一些壞毛病。我常常看到一些沒有父母管束的孩子們聚在路旁賭博，他們在一起打架，互相用骯髒的語言謾罵著。不知有多少次我去勸說這些孩子，也不知道爲他們拉過多少次架。

每當看到這個情景，我都感到非常的寒心，他們本可以接受很好的教育，成爲有禮貌，有學識的孩子，可他們並沒有那樣。

這些孩子很不懂事，常常互相拋甩石頭，結果造成流血、受傷、甚至打瞎眼睛而致殘，這是多麼可怕的事！即使是拋雪球，有的孩子甚至選擇那種像石頭般硬的凍雪塊，使對方受到各種傷害。

我看到瞎眼、缺鼻、少指、壞腳的孩子時。就常常詢問原因，其結果大都是在玩耍中受傷所致。這使我時常感到毛骨悚然。

卡爾也曾經有過一群小伙伴，可當我發現那幫孩子有多麼粗野時，便再也不讓兒子與他們玩了。在這裡，我並不是想說那些孩子本身有什麼不好，但孩子畢竟是不懂事的，由於沒有大人對他們做出指導，他們經常做出一些壞事來。

安迪是一個健壯的男孩，可以說是那群孩子的領導人物。他有威嚴、聰明，而且有非常強的組織能力，他經常帶著那些比他稍小的孩子玩打仗的遊戲。

或許安迪天生就有這種才能吧，他把自己的「軍隊」管理得井然有序。但是有一天，這位「英雄」終於被「敵人」打倒了。

那天，安迪將伙伴們分成兩部分玩攻城堡的遊戲。安迪帶領五六個小朋友守城堡，另外的幾個人扮作攻城的敵人。

安迪揮舞著他的寶劍——一根木棍，英勇地站在一輛拉貨的馬車上。他一手叉腰，一手拿劍，他將一隻腳踩在高大的馬車輪上，口中喊著自己的同伴：「把敵人打下去……」，這眞是一副大英雄的氣派。

當時兒子卡爾也在其中，他和安迪並肩作戰。「敵人」將石塊、樹枝朝他們猛烈地投擲。安迪用「寶劍」將它們一一格開。

「一定要守住城堡，」這是安迪和伙伴們一致的想法。可是敵人的衝鋒越來越猛，他們終於抵擋不住了。

敵方中的一人，可能是他們的領袖，衝到了馬車上，趁安迪不注意時向他的背部狠狠地踢了一腳，安迪「啊」地叫了一聲，從馬車上栽了下去。

當時，我正在家中接待一位遠方來的客人，並和那客人談論孩子的教育問題。卡爾卻慌慌張張地跑回了家，他還未進門時我就聽到了他驚恐的叫喊聲。

「爸爸，不好了……出事了。」

從兒子的表情看來，我知道一定發生了不同尋常的事。在兒子的帶領下，我和客人匆匆地趕到出事的現場。那種情景使我終身難忘，連我的客人都驚恐萬分。

當安迪從馬車上摔下去的時候，正好踩在一把放置於地下的鐮刀的木柄上，也許巧合，那把鐮刀從地下彈了起來，刀鋒正好插進安迪的大腿裡。安迪倒在地上，疼痛讓他大喊大叫。孩子們沒有誰敢去取下鐮刀，是的，那太恐怖了。安迪的腿上全是血……。

「安迪眞是個大英雄，」事後卡爾這樣說。

「兒子，你眞的以爲他是個英雄嗎？」

「是的，他爲了保護城堡才受的傷，他表現得很勇敢。」卡爾的眼睛中流露出敬佩的目光。

「不，兒子，安迪的做法不叫英雄；至於把他從馬車上推下去的那個孩子，更是顯得無知。」

「爸爸，您不是說過做人應該勇敢嗎？安迪不勇敢嗎？」

這時，我發現孩子是多麼的單純，他們分不清哪些正確的，哪些是不正確的。

「兒子，今天你們在做什麼?」

「我們在玩攻城堡的遊戲。」

「對了，那只是一個遊戲。那不是眞正的戰鬥。」我抓住「遊戲」這個字眼開導他，讓他分清什麼是眞，什麼是假。

「兒子，我知道你們都喜歡那些英雄人物，可是，你要知道，英雄並不意味著魯莽，並不意味著不顧一切的打打殺殺。」

我撫摸著兒子的頭，仔細地爲他分析其中的對錯。

「既然你們是在玩遊戲，而且你們都是好伙伴。爲什麼非要眞打呢?這種打仗的遊戲很容易把朋友變成敵人。你看，安迪很有可能會永遠記恨把他推下去的那人，因爲他受到了傷害。本來很要好的朋友現在都變成了敵人，或許有天安迪還會去找他報仇呢。我不希望讓你和你的朋友們心裡面產生仇恨。仇恨會產生邪惡。」

「可是安迪的確很勇敢啊。」卡爾還是沒有弄懂其中的道理。

「我相信他是個勇敢的孩子，也很聰明。但如果成天這樣打打殺殺會有什麼結果呢?今天被鐮刀砍傷腿，明天可能會被石塊打壞眼睛，後天又會摔斷手臂。這有什麼好結果呢?一個累累負傷的孩子，長大後什麼也幹不了。如果他想當一個將軍，那麼現在就應該懂得保護自己。一個缺胳膊少條腿的人，怎麼能夠去領導軍隊打擊敵人。」

「你們是孩子，或許不能把握好遊戲的分寸。但是，你要知道，遊戲僅僅是遊戲，不能眞刀眞槍地幹。如果有一天你們上了眞正的戰場，敢和敵人去拼個你死我活，那才算是眞正的英雄。」

「爸爸，我懂了。」

孩子們在遊戲中受到的傷害大都來源於他們的無知。如果父母不能對他們加以細心的開導，結果往往是極爲可怕的。

我時常告誡卡爾，不要去參與那些孩子們的鬥毆打架，那種傷害比遊戲中的傷害更加嚴重。那不只是對身體的傷害，更重要的是會在孩子幼小的心靈中留下不健康的陰影。

天下沒有什麼比在孩子的心靈中產生仇恨更加可怕的事。仇恨能讓一個人虐待他的父母，蔑視周圍所有的人，更加會讓他陷入孤立無助的境地。

有些孩子由於沒有得到家庭細緻的教育，不懂得是非善惡。由於父母沒有給他們最好的度過童年的方式，他們閒散、無聊。他們不知道世界上有許多美好的東西，他們不知道讀書，不知道書本的魅力，更不會在文學、藝術中得到快樂。

由於沒有人爲他們做任何的指導，他們又怎麼才能度過本應該美好的童年呢？有的孩子成天無所事事，有的孩子以打架和欺負別人爲樂，更有的沉浸在邪惡的賭博之中。我絲毫看不見這些孩子有什麼美好的未來。

這些孩子是不幸的，因爲他們沒有受到父母的良好教育，沒有一個能給他們有意義童年的家庭。

有人會說，孩子的性格和才華都是天生的。他們經常說：「我家的孩子壞透了，簡直不學好，怎麼教他都沒有用。」每當聽到這種說法我都感到悲哀。你自己都不相信孩子，弱小的孩子還會有什麼好的發展呢？

我可以毫不客氣地告訴這種父母：你們不配爲人父母。孩子本身是好的，他們的一切過錯都歸究於你們。

由於上述的各種原因，因此在卡爾對同伴的選擇上我表現得非常嚴格。我盡力將他和那些有相同愛好的孩子組合在一起，他們可以在一起就某個問題進行探討，可以相互之間學到一些好的東西。

我經常看到卡爾和某個孩子一起朗誦詩歌，扮演某個戲劇裡的角色，有時了會爲某個問題進行爭論。每當這個時候，我絕對不會去打擾他們，並爲此而感到欣慰。

兒子和玩伴之間的矛盾

◆ ◆ ◆

人們一再說，孩子必須要有遊戲的同伴。否則，孩子就會感到生活沒趣，以致情緒低落，性格孤僻。

即使我並不這樣認爲，但由於說的人多了，我只好些妥協。最後和妻子商量，相繼選了兩個小女孩做兒子玩耍的伴兒。

兩個小女孩都是受過良好教育的孩子，會唱歌、會跳舞，兒子和他們倆玩得很愉快。可是結果正如我所預料到的，出現一些不好的苗頭。

自從讓卡爾和小女孩一起遊玩以後，從不任性的兒子變得任性起來，從不說謊的兒子也開始說謊了，並開始使用一些低俗的語言，他也變得自以爲是和傲慢了。

這種變化令我擔心。

我對兒子與兩個小伙伴玩耍時的情形進行了觀察，發現這是由於兩個小女孩什麼事都順著他而造成的。

爲此，我告訴小女孩們，不要什麼都聽卡爾的，如果卡爾自以爲是，就跟我們說。但仍然無濟於事。最後我們只得選擇不讓兒子再跟她們玩了。

爲什麼會這樣呢？事後我仔細地分析了其中的原因。首先，她們都是受過良好教育的孩子。有人會說，既然她們都受過好的教育，那麼彼此之間就只有好的影響了吧。其實不然，人都有好勝之心，更不說孩子了。

兩個女孩子都會唱歌，會跳舞，卡爾也會，這裡面就有一個誰做得好的問題。每當兩個女孩翩翩起舞之時，卡爾總會在旁邊指手劃腳，說她們這個動作不對，那個姿式不好看。這時女孩子們就會請他表演一下。卡爾會毫不客氣地跳起來。由於他是男孩子，他的動作肯定有力而舒展，不像女孩那樣婀娜多姿，這時女孩子們又會說他的舞姿太生硬、太難看了。

那麼，矛盾就開始產生了。

結果是，兒子和女孩們展開了激烈的爭論。如果是爭論其它的問題還好一些，就舞蹈來說，他們各有不同的觀點。兒子說舞蹈應該有力，而女孩子說跳舞就應該優美。

由於他們掌握的知識和詞彙都有限，爭到後來，就看誰的嘴快、誰的聲音大了。卡爾是個男孩子，由於他強硬的語氣，往往在這種爭論中不得不讓女孩們認輸。即使她們心中不服，卻也找不到說服卡爾的理由。

卡爾的勝利完全是因爲氣勢壓倒了對方。這讓他造成一個假印象，認爲女孩們沒有他行。他的優越感由此而產生。可是實際上他沒有明白，自己的獲勝並非是在知識上比她們強。

這樣，在錯誤的感覺中，他變得自以爲是，認爲自己什麼都懂了。

第二，由於在爭論中屢屢獲勝，兒子開始漸漸地輕視同伴，認爲她們的智力不如自己。

我發現兒子在很多情況下爲了說服女孩們而開始撒謊。他對待爭論的結果已經超出了問題本身的範圍。爲了獲勝，兒子開始變得不擇手段，甚至編造一些故事來欺騙她們。

兩個女孩和卡爾一樣，都是年幼的孩子，她們的知識面都極爲有限。單純的孩子是極易被欺騙的。潛在的危害隨之而來。

一方面，卡爾從一個不撒謊的人變得像一個騙子，他的欺騙不是爲了金錢或其它理由而只是爲了在爭論中獲勝。這會使他產生什麼都可以透過欺騙來得到的想法，這種惡果將會危害到他的將來。

另一方面，兩個女孩子成了受害者，她們從卡爾那裡得到了錯誤的知識。這也會對她們的將來產生不良影響。

由於卡爾本來就有一定的知識，再加上他的氣勢以及撒謊的伎倆，因此在任何情況下他都能佔上風。

如此，卡爾就讓兩個女孩佩服得五體投地。最後，她們乾脆什麼事都聽卡爾的，什麼事都順著他。

到了最後，卡爾甚至認爲可以隨意指使她們，還常說她們太蠢、太笨，一些低俗的語言也就隨口而出了。

沒有小伙伴也不會失去童趣

◆　◆　◆

沒有其他童年伙伴，是否就意味著孩子失去了童趣呢？

我認爲這是不可能的。認爲孩子不同別的孩子玩就沒有樂趣，這是非常錯誤的想法。誠然，孩子們在一起玩耍時，他們更加隨心所欲，想說的就說，想做的就做，隨心所欲，他們當然喜歡這麼做。習慣上，人們就是把這些叫做孩子們的樂趣。

然而這樣的樂趣不如沒有的好，在某種程度上也是父母在推脫與孩子一起玩耍的責任。

做父母的如能理解孩子的心理，同孩子一起玩耍，那麼孩子同樣會感到高興，並且這也是有益無害的。因爲這種玩耍使孩子既不會任性，也不會自以爲是；既不會本性變壞，也不會沾染上各種惡習。

讓孩子們一起玩，即使對方是好孩子也有弊害。這一點我在前面已經討論過。如果是壞孩子，弊害就更大了。

好孩子的好習慣如果能傳給壞孩子，這當然是很好的事，但遺憾的是，這種事根本就不可能發生，多數情況是只有壞孩子的壞習慣非常快地傳給好孩子。

爲什麼會這樣呢？這是因爲學習好習慣需要努力和自我控制，而壞習慣卻無須任何努力即會沾染上。

從這個意義上說，有人認爲學校正是孩子的惡習集中場其實是有道理的。這種情形，在學生素質不好的學校尤爲嚴重。但是許多家庭不具備在家裡學習的條件，所以學校應當盡最大努力來注意這一點，對學生的遊戲給予嚴格的監督。

很多父母認爲，孩子必須和小朋友在一起才能高興地玩，其實並非這樣。父母能陪孩子玩，可能更是孩子喜歡的事。但是有很多父母都忽略了這一點，藉口自己太忙或其它理由輕而易舉地推脫掉與孩子一起玩耍的責任。

我時常想：**父母的身體是孩子鍛鍊身體最好的工具，父母的肌肉可以給孩子補充力量。**不是有很多小孩子喜歡在父母的身上爬來爬去嗎！這可能是孩子最早的體育鍛鍊。

父母的面容和聲音讓孩子著迷，父母所做的工作和使用的東西讓孩子驚奇，父母對孩子的關心和幫助就是孩子最好的娛樂。

卡爾小時候就很愛圍著他的母親轉來轉去，他對母親使用的那些東西好奇無比。因爲孩子對任何物品都會產生新鮮的感覺。

在兒子幾個月的時候，他經常去擺弄那些杯子、盤子、木勺、小鍋、鍋蓋等等。他關心的不是這些物品的功用，因爲他不會使用，而是關心物品的色彩、形狀，重量和手感等。他還喜歡那些紙張、書本，這些都是他最好的「玩具」。

孩子希望父母跟他一起玩遊戲，這是孩子非常渴望的事情。爲人父母，應該有這份「閒情逸致」。有的父母不明白這一點，要麼拒絕孩子的請求，要麼隨意中斷正在進行的遊戲。這樣不僅影響了父母與孩子應有的情感交融，而且打擊了孩子參與遊戲的積極性。

父母應該積極參與孩子的角色遊戲，因為這有利於讓孩子體驗和認知他人生活。父母應該經常提醒並鼓勵孩子觀察日常生活，了解各種人物的活動，特別要讓孩子觀察父母本

身的生活。

父母要有意識地讓孩子也當當「爸爸」、「媽媽」，體驗一下父母的滋味。這種滋味儘管是膚淺的，但千萬不要忽視它，因爲它是有益的。孩子會從中體驗父母的辛勞，不斷地加深對父母的理解。

在教育兒子的過程中，我深深地感到在這種親子互動的遊戲之中，父母不僅是一個角色，而是主謀，要擔當指揮行動的重任。

如果孩子違反遊戲規則時，父母要注意提醒他，但千萬不要讓遊戲半途而廢，因爲這樣會極大地打擊孩子對家庭角色遊戲的興趣和積極性，影響是比較嚴重的。

可以這樣說，卡爾之所以能夠健康成長，並有了今天這些成就，絕大部分都歸功於這種親子同樂的過程。這不是我在過份的讚揚自己，可事實就是如此。

對於不同年齡的孩子，「玩」對他的意義是不同的。「玩」的方法也是變化和發展的。「玩」不僅僅在於「有趣」，而且還在於透過「玩」，孩子可以學習更多的東西，發現許多他認爲奧妙的東西。我們知道，玩可以充分運動孩子身體的各個部位，可以幫助他的各個感官的發展，可以開發與培養孩子的智力和創造力。

我看著兒子長大，他的一舉一動都在我的觀察之中。我發現，對他來說，並非只有遊戲才是玩，吃、喝、拉、撒、動，甚至睡覺都是一種玩。

在兒子有興趣的時候，我總會讓他玩個夠，玩得開心。玩是孩子的天性，這一點很多做父母的都知道。但是怎麼玩，玩什麼，很多人未必能清楚的認識。很多孩子「玩」得很盲目，爲玩而玩。由於這種現象，孩子本來可以從玩之中開啓智慧和能力，但卻被白白地浪費。父母應該明白，孩子不能爲玩而玩，而是要玩出名堂來。

孩子的潛力是無限的，但是孩子的潛力是父母誘發出來的。

孩子在玩的時候，充滿了積極性、主動性。他們的大腦在飛速地運動，思想在不斷閃出火花，這對培養孩子的各種能力，特別是想像力和創造力，是其他手段難與匹敵的。我們知道，「玩」有生活的影子，但絕不是對生活的照搬，孩子會根據自己的認識和理解去改造生活。父母不應用規範去加以限制，這樣孩子的創造力才能夠容易得到充分發揮。

玩本身是一種運動，通過玩，可以增強孩子的體質，可以協調孩子的動作，可以振奮孩子的精神，可以愉快孩子的情緒。但是，在玩的過程中，父母應該給予孩子良好的指導，否則就會發生前面所論述過的種種不良問題。

父母和孩子玩的時候，一定要仔細去觀察他，儘量去了解他的內心世界。即使孩子很小的時候也應該這樣。

人們以爲幾個月的孩子因爲大小而什麼都不懂，這是大錯特錯的。

在卡爾五、六個月時，我就發現他也是有情緒的。情緒好時，他渾身是勁，那些翻來滾去的遊戲玩起來也很過癮。他似乎從中感到了自己的力量，並且慢慢地學會控制自己力量的能力。情緒不好時，他會感到渾身沒勁，如果此時父母再叫他玩這種遊戲，他會覺得不舒服，認爲自己無能。

孩子的適應能力、反應速度比父母所想像的要慢得多，特別是在做遊戲的時候。父母陪孩子玩的時候，要根據孩子的反應速度來進行，否則，孩子會心有餘而力不足。父母必須順應他的反應，要有耐心，否則就成了父母的獨角戲。我在卡爾很小的時候就發現了這一點。比如我和六個月的兒子說話，如果我不斷地講，或只停一下又繼續自己的長篇大論，他是完全弄不懂的。又如我遞給他一個好玩的東西，他要一個較長的過程才會伸出手來接。這時，我必須耐心等，直到孩子伸手來接，不能把東西直接放在他的手裡。如果我親吻了他一下便馬上轉身離開，那麼他就不會感到有趣，他可能很想給我一個微笑，但我沒有給他足夠的時間。要跟孩子玩，就應該給他足夠的時間。

我認爲，最好是孩子的大部分時間都在靠近父母的空間中度過，這樣，孩子可以時時得到父母的關愛，不斷交流感情。否則，孩子會感到孤獨、厭煩，感到不安全。父母應該儘量避免這種情況的發生。爲避免這種情況，可以把孩子帶到父母工作地點去，叫他臨時在那裡玩。對於兒子，我和他的母親都無時不刻鼓勵他參與我們所做的事，而我們發現兒子也樂意這樣。

比如我在用水時，兒子很想玩，我就讓他積極參與。有時卡爾還會幫助母親掃地、洗碗。這些簡單的家務事在他手裏都變成了遊戲。

每個孩子都是一個獨特的個體，他們的適應能力都有所不同。對於孩子的適合程度應該是既能引起他的注意和興趣而又不致於嚇著他。有的孩子盪鞦韆時開懷大笑，有的則嚇得大喊大叫；有的對催眠反應靈敏，有的則毫無反應。因此，父母要善於了解自己的孩子，看他的反應適合哪種遊戲。

發現孩子的個性是父母的素質。

在我對卡爾的教育過程中，我盡力做得能夠讓他事事愉快。因爲我能理解孩子的心情，同兒子一起玩耍，我和他都從中得到了無窮的樂趣。可以這樣說，雖然卡爾的童年幾乎是和我——他的父親，一個成年人度過的，但他一直保持著孩子天眞的童趣。

與壞孩子玩的害處

作爲成年人，我們都知道交朋友是件很愼重的事。我們不但應該用愛心去對待別人，還希望我們的周圍都是以同樣愛心對待我們的人，而不願意去和魔鬼打交道。成熟的成人有時都會在不良的影響下走上歧途，何況孩子呢？所以我一直主張不要讓孩子去接觸那些有壞習慣的人。

有人會說，你這樣不是太自私了嗎？你應該去幫助那些有壞習慣的人。我也想這樣做，但我知道那幾乎是不可能的。其實每個人只要認眞地對待自己，壞習慣自然會消失。我的好友和同行沃爾夫牧師與我持不同的觀點，他認爲好孩子的好習慣能夠傳給壞孩子。我承認這是一個美好的願望，但這幾乎是不可能做到的。

就這一問題，我曾經和他討論過多次，但他始終堅持自己的觀點。我覺得既然不能用理論去說服他，那就只能看事實了。

威廉是沃爾夫牧師的兒子，他接受的幾乎是和我兒子卡爾相同的教育。我不得不承認，沃爾夫是一位非常出色的教育家，因爲他的兒子在很多方面都不會比卡爾差，無論是知識面、語言、還是品德，威廉都表現得相當出色。

沃爾夫牧師與我不同的是，他鼓勵兒子去和那些壞孩子交往，他告訴自己的兒子應該去幫助那些有不良習慣的小朋友。

幫助別人，是一種美德。但在我看來，沃爾夫牧師的做法未免太迂腐了，我認爲他對自己孩子極爲不負責任。

由於對玩伴的不加選擇，沃爾夫牧師的兒子威廉漸漸地發生了變化。我曾經無數次告誡過沃爾夫，但他仍舊置之不理，他堅持自己的觀點，他相信最終一定是自己的兒子來改變那些壞孩子。

對於他的固執，我有什麼辦法呢？

不該發生的事終於發生了。

沃爾夫牧師有好幾次發現兒子威廉很晚才回家，已經超出了他規定的遊戲時間。於是他問威廉爲什麼會這樣。兒子告訴他，因有幾個小朋友在一起發生了矛盾，他試圖去勸解他們，他還給他們講一些《聖經》上關於友善的故事。

「原來是這樣。」沃爾夫牧師相信了兒子的話，並爲他的這一舉動感到高興。因爲這是他所希望的，兒子能夠幫助別人，眞應該爲他高興。

然而，他不知道，他被兒子的謊言欺騙了。這也不能怪他，因爲威廉在此之前從來都不說謊。善良的沃爾夫牧師做夢也沒有想到兒子會漸漸染上了那些壞孩子的惡習。

後來，當沃爾夫知道眞相，幾乎氣昏過去。威廉所謂的幫助別人，實際是他們聚在村外的樹林中賭博或講那些低級下流的故事。沃爾夫應該知道，賭博在農夫之中非常盛行，這是那些沒有受過教育的人的唯一樂趣。而那些下流的故事在他們之中極爲流行。可是，沃爾夫完全沒有重視這些問題。

威廉的那幫伙伴幾乎都是這些人家的孩子，他們從小就沒有得到很好的管教，沒有良好的教育，他們只是去摹仿家人的做法，壞習慣和低俗的語言對他們來說是家常便飯。威廉天天和他們在一起會有什麼影響，那是顯而易見的事。

有一天，威廉氣喘噓噓地從外面跑回家，什麼話也沒有說就跑進自己的房間。沃爾夫看出他顯得驚恐萬分，趕忙去問他發生了什麼事。

威廉一言不發，無論他怎樣問始終不肯回話。沃爾夫感到非常奇怪，他還認爲是有人欺負了自己的兒子呢。

「沃爾夫牧師……沃爾夫牧師……」門外有人叫他。

當沃爾夫牧師走到門外時，看到了一個滿臉怒氣的農婦。

「太不像話了，沃爾夫牧師，您應該好好管教您的兒子。」

沃爾夫很驚訝，他一直以爲自己的兒子是個好孩子，有什麼事會讓這位農婦那麼生氣呢？

「請問出了什麼事嗎？」他大惑不解地問。

「您的兒子帶著其他的孩子來偷我們家的雞。這不是第一次了。以前我們家的雞無緣無故地失蹤，我還以爲是魔鬼幹的，但今天我發現是你的兒子威廉幹的。您是牧師，不能教孩子幹這種壞事……」

原來，那些孩子多次指使威廉去偷農婦家雞，並一起在野外烤來吃。

我不知道沃爾夫知道了事情的眞相後會怎麼想，但他一定會非常難過的。

後來，沃爾夫牧師終於承認了我的觀點，再也不讓兒子和那些壞孩子玩了。

很多人都有這樣的觀點：孩子如果沒有遊玩的朋友就會變得自負或者任性。這種觀點極端錯誤。

在我看來，眞實情況恰恰相反：**只要不加選擇地讓孩子們在一起玩，他們就互相逞能，有可能變成利己主義者，結果沾染上狡猾、虛僞、說謊、任性、嫉妒、憎恨、傲慢、**

說壞話、爭吵、打架、誹謗、挑撥等壞行為。

讓兒子和其他孩子進行有限制的接觸

◆　◆　◆

我這種讓兒子與其他孩子少接觸的方式，最大的好處是使孩子能平心靜氣地處理一些事情。

由於兒子在家裡沒有爭吵的機會，所以就不像有的孩子那樣容易激動。不管怎樣壞的孩子，都不能使我兒子發怒。他被大多數孩子所喜歡，從不吵架。現在兒子已長到十四歲了，從未跟別人吵過一次架。

兒子在大學學習的過程中，因爲學問上的問題經常和同學們交換意見，但決不傷害他們的感情。由於兒子與學友們相比年齡小得多，他的表現容易引起其他同學的妒嫉，但由於他堅持眞理，以理服人，就自然得到了很多朋友。他們中有的人和兒子非常親密。我知道這些情況後常常流下眼淚，從心裡感謝這些可愛的青年。

在小卡爾的成長過程中，我並不是絕對禁止他和孩子們一起玩，而是提倡在父母的監督下讓他們相互進行有限的接觸。由於是有限制的接觸，他們就會互相客氣，就不致串通一氣去幹壞事。當然前面提到的那些弊害也就避免了。

我對兒子這種限制，結果證明效果非常好。由於他沒有沾染上各種惡習，就不會同別的孩子爭吵和打架。即便有的孩子惡意挑釁，也可以巧妙地避開。因此，凡是和兒子接觸的孩子，很快就喜歡上他了。

我曾經帶著兒子去過好多地方，回來時，那裡的孩子們常常在依依惜別時流淚。我可以根據自己的經驗斷言，認爲如果孩子沒有玩友就沒有樂趣，並將造成精神頹廢，變得孤僻等等說法是錯誤的。

我不贊成因爲孩子喜歡同孩子們一起玩，所以就非這樣做不可的說法。

我認爲兒子在玩具中學不到什麼知識

◆ ◆ ◆

大多數父母之所以給孩子買玩具，一方面是在因爲孩子禁不住玩具的誘惑，而在玩具賣場要求父母購買，父母由於礙於面子或爲照顧孩子的自尊心只得爲他購買，另一方面則是父母爲了讓孩子打發時間。

我認爲那些父母的行爲極端錯誤，應該受到指責和批評。有些父母把玩具交給孩子就再也不會理會他們，那更是錯上加錯，這是一種對孩子不負責任的行爲。

我幾乎沒爲卡爾買什麼玩具，因爲我認爲兒子在玩具中學不到什麼知識。

我把別的孩子玩玩具的時間都用來教卡爾讀書或觀察事物，而且卡爾本人也樂意於這樣。卡爾很小的時候就懂得在書本和自然之中找到樂趣，所以他根本沒有必要利用玩具去消磨時間。

孩子沒有事情可做的時候，就會感到無聊。如果父母只讓孩子玩玩具就放棄不管，他們往往會無精打采、厭煩、精神不爽，以致破壞玩具和哭鬧等等。

這時，心情不好的孩子就會拿玩具或周圍的物品出氣，由此所造成的後果將是多麼可悲，這是誰都清楚的。

讓玩具陪伴孩子度過童年是很可悲的。很多人不懂得在幼兒時期利用那短暫的寶貴的時間去開發孩子的智力，而一味地讓孩子處在無所事事之中，讓那些玩偶虛耗他們的美好時光，對於孩子來說這是一種無形的摧殘，是一種犯罪。

和玩具在一起度過童年，不僅僅是浪費時間，還會讓孩子從小養成一些將來很難改掉的惡習。既然孩子可以破壞玩具，那麼他們也可以破壞其他的東西，一個從小就破壞性很強的孩子長大之後很有可能成爲社會上的不良分子。

孩子可以在玩具身上出氣，那麼他也可以對周圍的人任意發脾氣。這樣的結果會直接導致孩子傲慢的壞性格，他們成年後也不會有與別人良好溝通的能力。他們可能會變得一切以自己爲中心，無理，甚至毫無理性。

有個女孩，出生在一個非常富足的家庭。她長得非常漂亮，也非常聰明伶俐，是我們這一帶很出名的人。由於她天生可愛，又是有錢人家的女兒，所以很多人都非常喜歡她。她的父母更是把她當作掌上明珠。

去她家拜訪的人，總會給她帶去最好的玩具。據說，那些做工精美且價格昂貴的洋娃娃就有成百個。

小女孩可以說是每天生活在玩具的世界之中。

我曾經告訴過她的父親，不要讓女兒將太多時間花費在玩具上，應該儘早地對她實施教育。可她父親不以爲然，他說讓孩子學習現在可能太早了，等她長大些後再說吧，不僅如此，他還嘲笑我說：「威特牧師，聽說你正在培養天才兒童，什麼時候帶來讓我瞧瞧吧……你可別把你的寶貝兒子變成個書呆子了啊。」

對於這樣的父親，我還有什麼話說呢？

後來，我聽人們說起那個小女孩。由於她的玩具太多，就一點也不愛惜它們。她時常把那些可愛的洋娃娃扔在路邊的小溝裡，有時還用小刀之類的東西把洋娃娃割得亂七八糟。每當她發脾氣的時候就把玩具摔在地上用腳使勁地踩踏。

當家裡的人教訓她時，她甚至威脅父母：「我會用刀殺死你。」

有一次，因爲佣人做的飯菜不合她的口味，便記恨在心。吃飯時她什麼也沒有說，只是在飯後將一把小刀悄悄地藏了起來。

第二天，當那位善良的女佣正在廚房做飯時，小女孩乘她不備將那小刀插進了她正在洗菜的手中。

女佣大叫起來，鮮血從她的手背上流了下來。小女孩並沒有因此而有所顧忌，還大聲嚷嚷：「你做的菜太難吃了，是不是你的手太笨了。」

當我聽說了這件事後，感到非常的痛心。那是一個多麼可愛的小女孩啊！怎麼會變得這麼無理和殘忍。這種事情的發生，只能怪她有對不負責任的父母。他們不知道孩子的這種性格會對她的將來造成多大的壞影響。我不知道她的父母對這件事的發生有什麼想法，但眞希望他們能好好反思，從而去學會合理地教育孩子。

在玩玩具上產生的種種不良結果，就如像小女孩那樣的行爲會成爲一種習慣，而這些壞習慣將影響孩子的一生。

我幾乎不給卡爾買玩具，但並不是讓他失去一般孩子都能享有的童趣。就像在前面說過的那樣，我採取了很多有益的辦法，讓兒子既能玩得興致勃勃又能開發他的想像力，同時又從中得到了很多書本上沒有的知識。

爲了讓卡爾在玩耍中增長知識，我在房屋外的院子裡，特地爲他修了一個大遊戲場。在上面鋪上了六十公分厚的砂子，周圍還栽有各種花草和樹木。由於砂子鋪得很厚，下過雨馬上就乾，坐在上面也不會弄髒衣服。

卡爾時常坐在那裡修城堡、挖山洞，盡情地發揮他的想像力，也經常在那裡觀花捉蟲，培養對大自然的感情。

我認爲讓孩子接受自然就是最重要的教育。孩子從中得到的樂趣比那些花錢買來的玩具要多得多。

我曾經也爲兒子買過一套玩具，但並不是那些花俏東西，而是一套炊事玩具。儘管卡爾還是個小孩子，但凡是大人要做的事他也什麼都想做。尤其對廚房的工作，總是想插手。有些父母覺得孩子的這種癖好太瑣碎，甚至對此十分厭煩，這實際上是在埋沒孩子們的天性。我可不這樣認爲，因爲對於兒子的這種喜好，如果能引導得好，就能使他的知識極大地增長，並且能夠培養他熱愛勞動的習慣和親自動手的能力。

在遊戲中體驗人生

◆　◆　◆

對我來說，一生之中最大的幸運莫過於我有一個好妻子。她是一個善良而聰慧的女人，在卡爾的教育中，她也傾注了大量的心血，是一個非常能幹而有責任心的母親，卡爾有這樣的母親，這是他人生中的最大幸福。

我給兒子買了炊事玩具後，卡爾母親與其他母親不同，她不是把炊事玩具交給孩子就撒手不管了，而是藉此進一步開發他相關方面的潛能。

卡爾的母親已經習慣了一邊做飯，一邊耐心地解答卡爾提出的各種問題。並且還監督卡爾，讓他用炊事玩具學做各種菜。她母親還透過各種烹飪遊戲來使兒子從中享受到生活和增長知識的樂趣。

有時，卡爾會扮演主婦的角色，而讓母親當廚師。因爲卡爾是主婦，媽媽是廚師，所以做廚師的媽媽就得向卡爾請示各種事情。如果卡爾下達的命令不得要領，那就失去了當主婦的資格而降爲廚師。

這時，當上主婦的媽媽就發出各種命令。例如，母親命令他做某某菜，去菜園裡取某種佐料等。

如果卡爾拿錯了佐料，那麼接下來他就連廚師也當不成了，只好被「解僱」了。

我時常聽到卡爾的母親對我講她和兒子之間發生的趣事。

有一次她對我說：「有時讓卡爾當媽媽，我當孩子，眞有意思。這時卡爾就對我下了各種命令，而我故意不好好做或者乾脆不做。如果卡爾沒有看出來，那他就失去了做母親的資格。但是，卡爾一般都能看出來，而且還一本正經地給我提意見。那時，我就說：「請原諒，今後一定注意。」有時我故意不認帳，這時卡爾就用我斥責他時所用的語言來訓斥我。」

「還有的時候，讓卡爾當老師，我當學生。當我故意把卡爾講得很成功的地方說成失敗時，他一發覺了就會批評我。」

我認爲，這些遊戲使兒子在面對今後生活中的失敗起了一定的作用。

類似這種演劇式的遊戲是很多的，導演當然是她母親。而且有時母子還將之深化。比如，他們常常演出某個故事或者書本上的某個歷史事件的某些情節。有時還在周遊過的地方，進行「旅行遊戲」等等。通過這些遊戲，我們又教給了小卡爾有關地理和歷史等方面的正確知識。

不僅是卡爾的母親，我有時也會和兒子玩類似的遊戲。當然我不是去扮演主婦或廚師，而是扮演將軍或士兵。無論是當將軍或是士兵，兒子總處在一定的位置。有時，他可能是一個威武的將軍，來指揮命令我這個士兵；一會兒，他又會變成個衝鋒陷陣的士兵被我指揮。

卡爾根據自己的體驗和理解，常常把自己的角色扮演得神氣活現。他的扮演充滿了想像力和自主性，並且還會按照自己的體驗去裝扮成不同年齡、性別、身份或職業的人。

我認爲這種遊戲對孩子有很多好處：可以滿足孩子的好奇心和求知慾；可以訓練孩子主動性、獨立性和創造性；能夠提高孩子的觀察力、記憶力、判斷力、想像力和創造力，並且能夠豐富孩子的內心世界，甚至有利於提高孩子的語言能力，訓練孩子的組織能力。

書本中的故事或童話對孩子有很大的吸引力，可以說是孩子的智慧源泉。我時常引導兒子將這些故事表演出來，有時我和他的母親也一起加入進去。那是非常有趣的事，連我都覺得玩起來很開心。

這種遊戲可以幫助孩子加深對故事的理解，而且還可以開發孩子的創造力。在遊戲中，兒子充當各種不同角色，用不同聲調或動作去演繹一些優秀的作品。這對他各方面都會產生有益的影響，特別能夠對他的心靈產生美的啓迪。

我在同兒子進行這種遊戲時，我總是選擇一些適合孩子表演的故事。這類故事的內容健康，情節生動，語言優美，角色可愛，表演也比較容易。爲了方便兒子理解和記憶，情節的主線都比較簡明。一般來說，選擇的故事對話很多，可以培養他的語言能力。在表演之前，我會先把故事講過一遍、講明白，不僅讓他明白自己扮演角色的語言和動作，還讓他明白整個故事和其他角色。比較重要的情節我會更加仔細講述，讓他加深對故事的理解。

爲了調動兒子的表演積極性，我儘量讓孩子參加準備工作並爲他創造一種環境和氣氛。我時常告訴兒子，不要太拘泥故事本身，可以大膽想像，自由處理。無法表演的東西，如爬山、過河等，我就教他用象徵性的語言和動作來加以表現。

在表演過程中，我一般會進行適當的指導，讓兒子知道自己幹些什麼，充當什麼角色，並對自己擔任的角色產生興趣。有時候，我會爲他做些示範來提示他的表演，但從不要求他一定要照著我的方法去做，因爲這樣會減少讓他想像和創造的機會。

爲了讓孩子玩出趣味，我還做了許多形狀各異的木塊，他利用這些木塊蓋房子、或者建教堂、修塔、架橋、或者築城。由於建築遊戲需要遊戲者仔細動腦筋，因此非常有利於孩子的智力開發。這一點，我在前面提到過。

不僅如此，這種用木塊來玩的建築遊戲也能夠培養孩子的毅力。

有一次，卡爾花了很大的功夫用木塊搭起了一座城堡，有房屋、有城門、城牆，還有做得十分精緻的小橋。

當他正準備來叫我去看時，由於太激動，不小心他衣服的一角在城堡的主要建築——一個高高的鐘樓上掃了一下。頓時，鐘樓癱塌了下來，並且把其它的建築也砸壞了，甚至毀壞了他精心搭建的那座最令他滿意的橋。傾刻之間，他的傑作變成了一片廢墟。

我看到他時，他正愁眉苦臉地坐在那兒發呆。我看到當時的情景，看到那些東倒西歪的木塊時，心中已經隱隱知道發生了什麼事。

「爸爸，它被毀掉了，是我不小心毀掉了。多可惜呀！它本來很美……」。卡爾說著都快要哭了出來。

我問清情況後對他說：「兒子，既然是你自己不小心，就沒有理由抱怨，也不應該難過。你自己能做好第一次，也一定能做好第二次。爲什麼傻坐在那兒呢？幹嘛不重新做一個，也許還會更好呢。」

卡爾頓時歡欣鼓舞起來。

其實我知道，這話說起來容易，做起來難。因爲卡爾搭建的是一組很複雜的建築群。要他做第二次，非要有很強的耐心和毅力不可。但我相信兒子能夠做到。

不出我所料，卡爾終於完成了，並邀請我去欣賞他的作品。我看了非常吃驚，根本沒想到他會做得那麼精確完美。

「爸爸，我認爲這一次比前面那個做得要好一些，因爲我在做第二次的時候又對它做了不少的修改。並且做得快了許多。」卡爾自豪地對我說。

這種結果是肯定的，只要孩子能夠有信心開始第二次，那麼就會有更好的成果，因爲他已經在第一次中積累了豐富的經驗。

除此之外，我還教兒子模仿人生各種活動的遊戲，但這只限在他很小的時候。我在那個時期努力通過遊戲讓兒子各方面得到了發展。

我認爲，與孩子做遊戲切不可胡來，應當讓他盡量地動腦筋。這樣孩子就很少會感到無聊，就不會藉此哭鬧滋事。

雖然卡爾玩具很少，但是不管冬天有多長，他都不會無聊。他總是能利用這些非常有限的玩具，愉快而幸福地玩耍著。

我和兒子的各種遊戲

◆　◆　◆

我認爲，只要善於利用遊戲，那麼遊戲就不僅僅是一種娛樂，也會成爲一種孩子學習知識的好方法。

當孩子哭時，爲了不讓他哭，多數父母的作法是給玩具玩或給糖果等。這些父母曾多次幹這種事，而且不厭其煩。我對這些父母的做法深感氣憤，這些做法實際上是錯誤的。因爲孩子的樂趣，決不是很多人所認爲的那樣，只是吃喝。孩子除了味覺的樂趣之外，還有視覺和聽覺的樂趣。在卡爾小時候，爲了不讓他哭鬧，他的母親總是給他顏色好看的東西或是敲鐘給他聽。孩子吃喝過多，就會變得遲鈍，並易生病。

爲了使孩子各方面的能力都得到均衡發展，我創造與之相配套的遊戲。我爲他專門開設了一個卡爾運動場。那裡的各種器具，有的可以用棒子敲打，有的可以懸吊，以促進他練就發達的肌肉。我認爲，孩子做遊戲一定要有明確的目的，必須使他在精神上、身體上、道德上等各方面的能力都成長起來，不可白白浪費他們的精力。

開發孩子在愛好方面的能力遊戲，也十分必要，也容易開展，因爲這是孩子的本能。我和兒子就常常做蒙眼睛的遊戲。事實上，幾乎所有孩子都喜好這一遊戲。具體的玩法是把孩子的眼睛蒙上，給他各種物品讓他猜是什麼東西。另一種玩法是蒙上眼睛，在屋子裡摸索，碰到一件東西就讓他猜是什麼，這類遊戲能有效地發展孩子的觸覺。

爲了發展兒子的視覺，我們也作一些數數的遊戲。把幾顆棋子、豆等放在桌上，讓卡爾看一下就說出數字。我利用一切機會和兒子作這類遊戲。在飯後，見到盤子中的水果，馬上問：這是幾個？或在走路時，見到路旁的東西，就問：那是幾個？或者在另一間屋的桌子上放上各種物品，讓兒子看一眼就說出是些什麼東西。這種遊戲可以使孩子視覺靈敏，並發展記憶力。

在卡爾很小時，我還經常帶他到各處走走。爲了訓練他的判斷力，以後再去那裡時，我就讓他在前面領路。經過這種訓練，兒子從十八個月時起，就能帶他的母親和女佣到各處去。

訓練視覺的遊戲很多。我經常問兒子室內的某一件東西，告訴他這個物品是紅色的，讓他猜猜是什麼。兒子就猜是字典、花、桌布等等，猜上三次或五次，必須在規定的次數內猜對。若猜不著，就輪到他說而我猜了。

我們還作乘法口訣的遊戲。把五乘七或八乘九寫在口訣卡片上。把這些卡片字朝下摞起來，一張一張地往外抽，抽出一張翻過來看，盡快地說出結果。如果不能馬上說出或說的不對，我便說出來，並把說對的卡片拿走。

爲了讓兒子學會控制自己的身體，我還和他作「模仿銅像」的遊戲。我讓他擺出某種姿勢，然後開始數數，在規定的數字內不許動，這樣做的目的是讓他學會控制自己的肌肉。據說希臘人喜歡作這種遊戲，他們的動作之所以那麼優美，恐怕原因就在這裡吧。

我還教兒子搞園藝。這樣不僅使他高興，而且可以促進智力發展和身體健康。在卡爾剛會走路的時候，我就給他買來小鐵鍬和小鏟子等工具，在院子的一角開闢一個小園地，教他播種、栽花草、除雜草、澆水的方法。這些簡單的勞動，在兒子眼中也是一種極爲有趣的遊戲。透過園藝，使他產生新的興趣並養成勞動的習慣和忍耐精神。

前面提到的卡片遊戲是從紙牌遊戲中發展來的，這類遊戲既能提高孩子的記憶力，又能使他動作敏捷。我把兒子所有的功課：歷史、語言、數學、地理等都編成卡片，和兒子一起作遊戲。讓他在這種巧妙的遊戲中輕鬆愉快地學習各種知識。

MEMO

早期教育與天才素質的培養

第9章

我時刻注意誇獎兒子的長處

我發現讓兒子適應偶爾得到獎勵的方式，
他會繼續表現他的良好行為。
因為已經形成習慣，
兒子知道怎樣做會使我高興，
他也為此而高興。
對於自己的良好行為感到滿足和高興。

信心的源泉

「你是非常聰明、非常優秀的好孩子。」這是我在對卡爾的教育之中用得最多的一句話。每當兒子遇到困難和挫折時，我總是用這麼一句世上最美的語言幫助他擺脫內心的苦惱。

每當兒子痛苦和失落之時，我會對他說「你一定行的，我相信你。」兒子畢竟是孩子，他太弱小，在他的人生之中會遇到很多難題，我應該儘可能地幫助和支持他。每個人都會有失落的時候，每個人都會有失去信心的時候，更何況是兒子。只有讓兒子充滿信心，他才能在未來的人生之中面對一切挑戰，才會擁有幸福的人生。

信心從何而來，來源於父母有效的誇獎。孩子需要誇獎，需要鼓勵。「誇」不僅僅表明了父母的信心，同時也堅定了孩子的信心。只有孩子對自己充滿了信心，父母才能培育出優秀的人材。如果從一開始我就對卡爾缺乏足夠的信心，兒子現在會變成什麼樣子，這是我不敢想像的。

卡爾剛開始學習寫作時，對自己一點兒也沒有信心。當他戰戰兢兢地把他的第一篇文章遞給我時，我就注意到他眼中的不安，他似乎在等待著我的審判。讀完他寫的文章後，我發現那的確是篇糟透了的文章；文章沒有交代清楚，句子不完整，還有很多錯別字。我應該怎樣去評價它呢？由於我感到兒子對寫作缺乏自信，我知道我不能簡單地說一聲「不好」就能解決問題。在我沉默之時，兒子流露出憂傷的眼神。可他沒想到，我對他說了一句令人興奮的話：「非常不錯，這是你第一次寫作，爸爸剛開始寫作的時候比你差遠了。」這時，兒子的眼光中閃爍出興奮的光芒。

不久後，兒子把他的第二篇文章給我時，已是天壤之別了。

「自信」是信心的基礎。沒有自信，談不上信心。透過有效的誇獎可以容易地培養起孩子的自信。

自信其實很簡單，就是自己相信自己。無論大人還是孩子，無論做什麼事情，對自己缺乏自信，必然一事無成。反過來，一個人如果對自己充滿自信，對工作信心十足，那麼他無論做什麼事情，也會百折不撓。

在我對兒子的教育中深深地感到：最重要的教育方法就是要鼓勵孩子去相信自己。我認識很多這樣的父母，他們對自己妄自尊大，而對孩子缺乏應有的尊重。嬰兒、幼兒雖然他們並不明白什麼較自尊，但他們卻擁有自尊心。他們能夠十分敏銳地感觸到父母對他們的情緒。對於撫愛和誇獎，他們以微笑和撒嬌加以回報；對於嘲弄和漠視，他們以發怒和任性來加以回應。

對孩子不公平，或者體罰，孩子都會以自己特有的手段來回應，他們或者哭鬧，或者任性，或者幹一些「壞事」加以回報。

我時時反省自己，是不是對卡爾有足夠的尊重。我在卡爾的成長過程中發現，認眞調整自己對孩子的態度和做法，孩子的任性很容易被克服。

以上述事情爲例。若我看到卡爾的文章不盡人意，立刻就把他否定了，甚至罵他「笨」「蠢」，這樣就傷了兒子的自尊心，也毀掉了他的自信心。恐怕他以後再也不會用筆寫文章了，也就扼殺了他的一種才能。

評價事情總有個優良中差之分。卡爾得了「優」，我自然要誇他一番，更增加了他的信心。得「良」「中」，誇獎是必要的，可以找找差距，但重要的依歸是「誇」。即使很差，也要善於誇獎，不要給孩子世界末日之感，多幫孩子找一些原因，關鍵是要找出孩子閃光之處給予誇獎。在這種時候，千萬不能讓孩子失去信心。

美好的東西總是讓人回味無窮，醜陋的東西總是令人膽顫心驚。「誇」可以使被誇者產生美好的心境，從而留下美好的回憶，激勵自己不斷前進。

每當卡爾做了一件好事，我總會誇獎他一番。這時他總會眉飛色舞，信心倍增。我認爲，只要孩子有一點可取之處，就應該毫不吝惜地給予誇獎。即使有什麼地方做得不對，也不能去挖苦諷刺。孩子做錯了事，只要能夠誠懇地改正，父母就應既往不咎。

任何人都有成功，也有失敗，失敗往往比成功更多。孩子失敗了，父母絕不能說「我就知道你不行」之類的話，而是要幫助他從失敗中走出來，要多加鼓勵。

孩子的天賦是全方面的

孩子的天賦是全方面的，父母要善於發現並為之提供良好的環境。只要父母能夠發現並及時加以誇獎，孩子都是大有可爲的。孩子的潛能是否能發揮到極限，關鍵在於父母而不在孩子。只要父母及時發現並誇獎他的天賦，孩子定會揚帆前進。在對兒子卡爾的教育中，我深深地感到了這一點。

孩子一生下來就在學習，逐漸形成了自己的長處和短處，揚長避短，優先發展是每一個父母的責任。

孩子對音樂有天生的趣味，聽優美的樂曲可以使大腦得到有效的訓練。如果孩子對音樂節奏十分敏感，對音樂十分入迷，那個這個孩子可能有音樂天賦，父母應該提供更多的「音樂鼓勵」，孩子一表現出這方面的興趣，父母就應該用各種方式進行「獎勵」。

孩子的繪畫才能是從分辨各種顏色開始的，如果孩子對顏色有很大的興趣，並且經常在地上、牆上塗畫各種東西，那麼這個孩子可能有繪畫的天賦，父母就應該爲他購買畫筆、顏色和紙，鼓勵孩子畫畫的興趣，還應該隨時帶他去觀察大自然的風光，開闊孩子的視野，這些都算是對孩子的誇獎，對於開發孩子的天賦十分有益。

喜歡背誦、說話、講故事的孩子是具有語言天賦的表現。說話特別早的孩子尤其應該引起父母的重視。孩子的語言天賦除了天生之外，很大程度上是後天訓練而成的。經常與嬰兒「說話」，儘管他可能不會說話，但至少可以激起他對語言的興趣。

語言能力是人的一種最基本的能力，因此，父母對此要特別加以「誇獎」。孩子小時候說話多，長大了肯定會能言善辨。父母對孩子發音不準，用詞不當，絕不能譏笑，應該在他無意中加以引導，給予相應的鼓勵。

要明白，孩子說錯了話是完全正常的，不說錯話才是奇怪的事。只要孩子說話就應該鼓勵。

卡爾在九歲時就能熟練地運用並翻譯法語、意大利語、拉丁語、英語以及希臘語，在很大程度上歸功於我對他年幼時的誇獎。

對兒子的教育，我把培養他的想像力放在第一位，甚至把它看得比知識更重要。不少人教育孩子，總是使勁灌輸各種知識，卻忽視了他們的想像力。我不主張只把孩子學習知識作爲教育目的，而是主張學習知識只是手段，讓孩子通過學習知識去開發他們的各種能力，培養他們的各種能力和素質。

想像力沒有一個具體目標，只有在具體活動之中才可以有效進行。孩子越小，這一點顯得越重要。

兒子時常在扮演古代騎士，模仿小鳥的飛翔，我知道這是他的一種想像力的表現，在此時我往往誇獎他做得很好，其效果是不言而喻的，這樣孩子年齡越大，想像力就越豐富，越獨特。

孩子喜歡聽故事，這似乎是一種天性。他們會不厭其煩地讓父母及大人講一個相同的故事，並且經常在父母講述過程中查漏補缺，有時甚至添油加醋，這是一個絕好現象，父母應及時進行鼓勵，誇孩子有想像力，即使補得不對，加得不合理，也千萬不要打擊他們的積極性。

兒子有時會虛擬一些並不存在的事情，儘管漏洞百出，前後矛盾，我也沒有認爲他是在說謊，我力圖爲他堵補漏洞，化解矛盾。我知道父母的責任應該是誇獎他們的想像力，並引導著他們繼續想下去。

通過對兒子的誇獎和誘導，我發現他的想像力越來越精妙，越來越發達。

很多孩子的大膽想像常常不被父母所理解，這是因爲父母心目中有許多既有規範，並且經常用這些「限制」去封殺孩子的創造力。

我認爲，孩子的創造力之所以如此大膽豐富，就是由於他們的腦袋裡沒有什麼一定規範，而且根本不想受條條框框的限制。

有一天，我的一位老朋友來我家作客。他看見卡爾正在用藍顏色畫一個又大又圓東西。

他問卡爾：「孩子，你畫的是什麼啊？」

卡爾回答道：「是一只大蘋果。」

朋友說：「可爲什麼要用藍色呢？」

卡爾回答：「我認爲應該用藍色。」

朋友對我說：「我的老朋友，你應該教教孩子。他用藍顏色畫蘋果，你應該告訴他那是不對的。」

我感到很驚訝，說：「這是爲什麼呢？我爲什麼一定要告訴他用紅色呢？我認爲他畫得很好，也許孩子今後眞的會栽培出藍色的蘋果呢。至於蘋果是什麼顏色，他吃蘋果的時候自然會明白的。」

孩子的創造力就是在這樣的不斷的誇讚中培養起來的。如果用要求大人的標準去要求孩子，那麼一舉手一投足都有許多不合「規矩」的東西，如果對孩子的不合乎「規矩」的行爲時時加以「糾正」，那麼孩子的創造力就不斷消失了。

卡爾小時候，我時常發現他趴在地上，緊精會神地觀察兩隻螞蟻搬一顆飯粒，充滿好奇。在這種時候，我絕對不會去打擾他。他有時候還會把觀察後的結果告訴我，說那隻螞蟻怎麼啦，另一隻螞蟻又怎麼啦。這時，我會誇獎他觀察得仔細。

誇獎孩子的好奇心，對孩子創造力的培養十分有益。通過誇獎可以使孩子的好奇心更強。我時常把兒子引向大自然，讓他去觀察花鳥草蟲，去遙望滿天星星；閃電雷鳴、陰晴雪雨，他會感興趣；日昇月沒，晝夜交替，他會不斷提問。

對於孩子的好奇心，父母不能感到厭煩，而應該加以保護，並且善於將其引入恰當的軌道。這種誇獎，能把孩子帶進知識的海洋，讀書籍、做手工、搞實驗，會給孩子帶來無窮盡的樂趣。

教導兒子學會面對失敗

◆ ◆ ◆

通往天堂之路是漫長的，每一步都是刻骨銘心的，我認為五歲是其中重要的第一步，在兒子五歲的時候我就開始培養他各方面的能力了，但我認為更重要的事，從這時起就應該去培養他快樂的性格。

人生之中會有很多失敗，教育兒子學會面對失敗，不怕失敗，是非常重要的事。很多時候，往往因爲害怕失敗而失敗了，很多時候，因爲不怕失敗反而勝了。

害怕失敗，孩子的心理壓力很大，本來能夠做的，輕而易舉的事情也做不好，做不了；害怕失敗，孩子心理會產生不做不錯，多做多錯的想法，喪失嘗試的動力，以致於長期處於無能的心理狀態。

我在這方面對兒子很寬容，即使他在某一件事上失敗了，我也能夠允許他再失敗一次。任何人都知道，孩子吮乳、說話、走路，誰也說不清楚，到底失敗了多少次，可是最終卻勝利了，成功了。這不是對做父母的一個最好的啓示嗎？

害怕失敗的心理不予消彌，久而久之，孩子就會形成一種對事物緘默冷淡或者不參與任何活動的習慣，這對他的健康成長極爲有害。這種心理會導致孩子變得自閉、憂鬱、陰沉，這樣的人怎麼會有快樂的性格和美好的人生呢？

無論兒子做什麼，只要他不違反固有的原則，不做有損於自己和他人的事，我都盡力支持他去闖去幹，在行動上鼓勵他去嘗試。我認爲，只要讓他有了不怕失敗的勇氣，再加上正確的引導，一切都會成功。

我不贊成父母把孩子本來自己可以做的事全包下來。久而久之，孩子便失去了獨立思考的能力。無論何事，都要父母拿主意，這是完全錯誤的。

對於卡爾，我自己能做的事情總是叫他自己去做。我盡力杜絕他以「我不會」作爲藉口換取父母的幫助。每當兒子對某件事說不會的時候，我總對他說「我教你」，而不是自己一做了之。

由於兒子在各方面都得到了良好的發展，每當他遇到挫折的時候都會得到我和他母親的幫助和鼓勵，他也從鼓勵和誇獎之中逐漸建立起了自信心，直到現在，他的性格一直是健康和快樂的。

誇獎的祕密

◆ ◆ ◆

在對兒子的教育過程中，我發現良好的行爲在得到不斷誇獎時，這一行爲就會不斷重複而形成習慣。很多父母可能沒有意識到這一點，他們認爲孩子良好行爲是自己與生俱來的，是理所當然的，因此無話可說，因此就不想誇獎。其實，孩子良好的行爲得不到及時的誇獎，孩子的心裡不會增加印象，良好的行爲就慢慢停止了。

我發現不少的父母甚至在不知不覺之中採用了完全相反的做法，對孩子的不良行爲給予誇獎，比如對撒嬌的孩子給予不恰當的呵護。父母們就在這樣的無意之中強化了孩子的不良行爲。

在生活中，我經常發現這樣的情況：孩子一旦表現出不良行爲，比如打架、浪費、偷東西、撒謊……，這時父母著急了，訓他，罵他，甚至打他。我認爲這種處理方式非但解決不了問題，而且會產生更大的副作用。

孩子的不良行爲引起父母的注意，而對這些行爲印象深刻。因爲孩子往往會選擇引起父母注意的行爲，而不願選擇父母毫不理會的行爲。

有些父母錯誤地認爲，關注孩子的壞行爲，對孩子進行懲罰，可以制止不良行爲的發展。其實，對孩子來說，這種懲罰都似乎是一種獎勵，因爲這一行爲引起了父母的重視。這就是不少孩子愛惡作劇的原因所在。

父母關注什麼行爲，這種行爲就會逐漸形成孩子的習慣。因此，我認爲父母應該多加關注孩子好的一面，對良好行爲給予及時、恰當的獎勵，而對不良行爲採取漠然處之的態度，讓它沒有加深印象的機會。

對於孩子好行爲的誇獎越早越好，孩子年齡越小，實施起來效果越明顯，也越容易。

我曾經對其它的孩子做過一些研究，當孩子進入少年時代，這種誇獎就有一定難度了，因爲青少年的成長過程中，孩子有一個反抗期。爲了能更好地實施這一方法，父母應該明確區分孩子的情感與行爲。孩子的內心世界，如愛、高興、生氣等，是孩子獨有的，父母往往對此鞭長莫及。孩子的喜怒哀樂是自己也無法控制的。孩子的行爲是外在的，是看得見、摸得著的，是能控制的。孩子無法控制自己的情感，但是可以控制自己的行爲，因此，父母難以控制孩子的情感，但是卻可以對孩子的行爲施加極大的影響。

我認爲，對孩子的誇獎，應針對的孩子的行爲而不是他的情感。

我認爲父母應該注意到孩子的行爲是指具體的行爲，而不是抽象的或分析出來的。那些說不清楚的行爲，父母無法施加影響，也無法去加以控制。明白這一點至關重要。

哪些行爲是說不清楚的行爲呢？

比如：「這孩子儘做些令人頭疼的事情。」「這孩子愛欺負人。」「這孩子不負責任。」……等。

哪些行爲是具體的行爲呢？

比如：「他打了別人的小孩。」「他在牆上畫了一隻小動物。」等。

我們應該明白：誇獎的是孩子的行爲而不是孩子的情感。應該誇獎「具體的行爲」而不是「說不清楚的行爲」。

父母主要針對孩子好的行爲給予及時誇獎。如果孩子沒有做到，千萬不要責備。孩子偶然做到就是一個不小的進步。只要孩子表現出良好的行爲，父母就應該及時進行正面強化，鞏固這種行爲。

我對卡爾的誇獎，一般有兩種方式，一種是情感方式，一種是物質方式。我深深地感到，情感方式往往比物質方式更有效。

情感方式有表揚、親吻、擁抱等口頭或身體的行爲。這種方式取之於父母而無窮，千萬不要吝嗇給予。

物質方式是一種補充方式，如給孩子一塊點心等等。卡爾每次在這種情況下得到了獎勵總是歡欣鼓舞，並不在乎獎勵的多少。

透過這種教育，我發現他在年齡尚小時，大部分時候採用情感方式獎勵就足夠了，特殊情況時再採用物質獎勵。

我認爲，只要及時地對某一行爲給予正確誇獎，這一行爲就會在孩子身上不斷重複出現，良好行爲得到及時的強化和鞏固，久而久之，孩子就會養成自然而持久的良好行爲習慣。

但是，我在誇獎卡爾時並不是隨意的。如果太隨意，那麼他就無法明確地知道我因爲什麼行爲誇獎他。我總是在他表現出良好行爲時給予誇獎，並且告訴他因爲什麼事而得到誇獎。

每當卡爾開始用新的且令人滿意的方式做事時，我都會及時給他獎勵。我認爲這樣對於培養他良好行爲十分重要。如果當他學會了新的行爲，並且理智地去實施這一行爲時，我並不是每次都給予誇獎，而是採取拉長誇獎的時間間隔，實施間斷性或隨意性的誇獎。這種誇獎只能偶爾爲之，要讓他感到意外。

我發現讓兒子適應偶爾得到獎勵的方式，他會繼續表現他的良好行爲。因爲已經形成習慣，兒子知道怎樣做會使我高興，他也爲此而高興。對於自己的良好行爲感到滿足和高興。

在此，我建議那些已經作了父母的人，不要因爲孩子的不良行爲而專門去教訓和打罵，而要去發現孩子的長處。對於那些個性很強，精神旺盛，從不受別人指使的孩子更應如此。父母發現了孩子的長處，盡量對他的良好行爲進行誇獎，當他聽到父母的誇獎時，一定會變得聽話起來。

早期教育與天才素質的培養

第10章

在培養兒子的善行上下工夫

我認為，理想的人是品德、健康、才能都得到良好發展的人。

只重視他的身體，

孩子將成為四肢發達的可悲的愚人；

只重視智力，

孩子會成為弱不禁風的病夫，或者成為社會上的惡棍。

然而，只重視品德教育，孩子會成為病夫、懦夫。

這種人對社會、對人類都是無用的，

因此，孩子的教育必須三方面並舉。

爲兒子做「行爲錄」

在培養兒子的善行上，我下了很大的功夫。從卡爾很小的時候我就開始爲他講自古到今有關行善的各種故事。只要兒子做了好事，我就馬上表揚他：「好！做得好！」有時還在妻子和親友面前表揚說：「卡爾今天做的這一件事很不錯。」當然，我對兒子的表揚並不會做得太過分，以防止他產生自大情緒。我也不把這些事到處張揚，只是對少數了解他的人提及。

在卡爾稍大一些以後，我就開始教他背誦各種道德詩。我認爲，德國有很多謳歌仁愛、友情、親切、有度量、勇氣、犧牲等方面的詩篇，這些都是培養孩子品德和善行的寶貴財富。我一直讓他多接觸這些美好的東西。因此在卡爾學會說話後就能很熟練地將這些詩篇背誦下來。

爲了鼓勵兒子，我爲他做了一個「行爲錄」，將他做的好事全部記到上面留做永久的紀念。由於這個鼓勵，幼小的卡爾就立志要一輩子多做好事。在卡爾的孩提時代，總會爲自己的好事上了「行爲錄」而興奮，並且時常翻看它們，每當這時，我總會從兒子的臉上看到幸福的笑容。

就像培養兒子其他方面的好習慣一樣，在培養卡爾行善方面，我從不強迫他去做他不願做的事，而是將功夫下在讓他以此作爲一種樂趣上，讓他享受做了好事和自我克制時的喜悅。當然，讓孩子理解和記住這些喜悅的趣味確實很難，但也決非不能。我相信，只要耐心教育，孩子就能學到並嘗到行善和自我克制的樂趣。

我全心全意培養卡爾的善行是爲了使他成爲一個高尚的人。爲此，我常向卡爾講述有關做壞事的人遭到報應的故事，並對這些人的惡行加以嚴厲批判。我用這些反面的典故，作爲勸誡兒子從善的手段。

很多父母在孩子成長之時都會碰到一大堆諸如此類的問題：「我的孩子爲什麼說謊？」「我的孩子爲什麼任性？」「爲什麼他這麼小，就那麼殘忍地對待小動物？」很多父母在這些問題面前束手無策，只能很痛苦地說：「唉，早知今日，眞不如不讓他來到這個世上。」這些令人頭痛的問題，搞得他們既困惑，又狼狽，他們無法相信自己能夠教育好這些小鬼靈精，更不知如何糾正孩子那身知錯卻不易改的壞行爲。也有的父母說我願意傾盡全力教他，卻不知如何改變他無道德心的行爲，他一點也不善良，也不懂得體貼人，還有那些不聽勸、不悔改的壞行爲。我認爲，只要方法得當，孩子會被教育得很好的。

每一個人的行爲都要受社會規範的約束。社會規範不是玄妙的觀念，也並非是空洞的說教，它是一種行爲法則，包括我們每個人形成的思想、感情和行爲。對於孩子而言，最初的約束來源於身邊最親近的人，只要身邊這個人善良、公正和有責任感，他就會把這一美德傳授下去，孩子是可以和能夠被教育的。作爲父母不僅讓他們享受好的物質生活，更重要的是關懷他們的成長，眞正表裡如一地成長。

希望培養出善良、有責任感的孩子，乃是爲人父母最根本的要求和願望。關於美善與公正的個人標準結構等，對孩子在未來的人生成長中能否成爲公正和善良的人非常重要。只要我們在這方面稍加放鬆，不良習性就會乘虛而入。一個沒有或不講良知的孩子，會成爲社會罪人，他們傷天害理，冷漠，沒有任何同情心。他們沒有任何羞恥心地去傷害他人，擾亂社會，是多麼令人心痛！在揭露他罪行的同時，人們會感嘆，這原本也是一棵可以成材的小樹，卻不知在哪個季節浸染了病毒？很多人在看到這種孩子時，一邊痛心疾首，一邊捶胸自問：爲什麼我的孩子會是這樣？

我認爲，單純依靠對孩子的獎懲，無法使他學會分辨是非。很多父母採用這樣的辦法，孩子某件事情做好了，做成功了，就給他獎勵。如果做得不好，就橫加罰戒。這種簡單的方式，是父母一種不願意花時間精力教育孩子的表現，也是一種對責任的逃避。孩子一旦發現了這種規則，就會立刻掌握了父母的衡量尺度，他會採取一些對付的辦法。這樣，孩子心目中只有這種懲罰或交換的關係。作爲父母，如果不做認眞分析和教育，不考慮孩子們的內心世界，因此而引出的痛苦與慌亂，是不能使他們上升到明辨是非的程度，當獎賞有所改變，便沒有任何理由要他繼續堅守先前的規則。

我認爲，懲罰只是一種短期、表面有用的東西，對於眞正教養孩子的理由是不充分的。他們並非在此明辨是非過錯，是非概念在孩子的心中只有這樣做了有獎，那樣做了有懲罰。所以在對兒子的教育中，我總是透過一些有效的方法讓他懂得什麼是善、什麼是惡，讓他眞正感到行善的快樂，而不是簡單的獎勵或懲罰。

我認爲，理想的人是品德、健康、才能都得到良好發展的人。只重視他的身體，孩子將發展成爲四肢發達的可悲的愚人；只重視智力，孩子會成爲弱不禁風的病夫，或者成爲社會上的惡棍。然而，只重視品德教育，孩子會成爲病夫、懦夫。這種人對社會、對人類都是無用的，因此，孩子的教育必須三方面並舉。教育孩子不僅是發展他們的智力，同時要培養他們的品德及善行。我認爲，如同智力的培養需要從孩子一出生就開始一樣，孩子優秀的品德也必須從搖籃時期開始薰陶，否則，是沒有希望的。對孩子進行道德教育，越早越好。

孩子的心靈是一塊奇怪的土地，播上思想的種子，就會獲得行爲的收穫；播上行爲的種子，就會獲得習慣的收穫；播上品德的種子，就能得到命運的收穫。在孩子品德的培養中，父母起著至關重要的作用，因爲父母是孩子最親近的人，也是相處時間最長的人。父母的一言一行都是孩子模仿的對象。

我始終這樣認爲，由於社會上沒有專門培養孩子品德的機構，這個任務就落在了父母的身上。那些不注意培養孩子品德的父母，是沒有盡到責任的父母。母親愛虛榮，那麼女兒必然是這樣的。父親好喝酒，兒子也會喝酒；父親管不住自己的嘴，兒子也會如此。父母如果嚴格要求自己，言行舉止作孩子的表率，努力培養孩子的好品德，就會爲他們的美好前程創造條件。這樣的父母是値得令人尊敬的。

我認爲孩子是父母的影子，孩子是父母的翻版。我向卡爾灌輸任何東西，自己都要做出榜樣。爲培養兒子的品德，我知道我的行爲要自愼，應處處作他的表率。

對卡爾的教育中，我特別注意培養他從小養成勤懇的習慣。我認爲，勤懇是一個人最主要的品德，是幸福的源泉，而怠惰則是萬惡之源。一個孩子的精力不用到有益的方向，就會成爲破壞力量，那是很不幸的。

我無數次地對卡爾提到柏拉圖曾說過的那句話：**「任何壞人也不是出於本人意願成為壞人的。」**以此來教育他要嚴格要求自己，一切的行爲都要以行善爲宗旨。人之所以成爲壞人，大多是父母教育不良的結果。

我告誡所有的父母，應從小使孩子養成勤懇的習慣，使惡魔無機可乘。教育他們從小就愛勞動、好學深思、關心和同情他人。這樣，孩子一定會成爲幸福的人。

我時常教育兒子一定要成爲勇敢的人，因爲勇敢是人的一種重要品德。有的父母看到孩子受了一點委屈就過分地安慰他，反而加重了孩子的痛苦，這是一種錯誤的作法。正確的作法是不過分地談論，迅速轉移孩子的注意力，以幫助他忘記痛苦。那些專門靠別人的憐憫生活的人，再也沒有比這種毫無骨氣的人更加悲慘的了。但是，勇敢的人並不是無情的人。我常常告訴兒子，應該做一個既勇敢又有同情心的人。

我告訴卡爾，自己的所作所爲必然會得到相應的報答。我認爲讓孩子懂得這一道理非常重要，也按照這一原則教育兒子。

勸戒行善的目的與培養善行的目的多少有些不同。對於前者，我一般以錢作爲獎勵，對於他所做的善行，則不給錢，而是寫入「行爲錄」中去。

我告訴兒子：「學習爲我們帶來現世的幸福，善行則給我們帶來上帝的嘉獎。」

爲什麼我要用錢來獎勵兒子

◆ ◆ ◆

在兒子的教育過程中，對他的獎勵我往往把金錢作爲獎勵和寫入「行爲錄」二者兼顧施用。

如果兒子學習好，我就每天給他一個戈比做爲報酬。但如果他學習很好，可是行爲有過錯，那兒子就領不到這一個戈比的報酬了。

常常有這種情況，當兒子犯錯誤時，他會主動地說：「爸爸，因爲今天我犯了錯誤，所以不要錢了。」這時，我由於激動甚至想給他兩倍的報酬。但是爲了兒子著想，我不得不抑制住激動的淚花，克制住自己的情感說：「是嗎？爸爸不知道。那麼明天做好事吧。」實際上這時我內心是難受的，爲表達我對他的愛，這時我常常是不由自主地親吻他。

在卡爾太小，還不懂得用錢的時候，我採用其他的辦法。如果他做了好事，第二天起床時，他就能在枕頭旁邊發現好吃的點心。我會告訴他，這是由於你昨天做了好事，仙女獎賞給你的。假若他做了壞事，第二天早上起來這些東西就會不見了。這時，我就告訴他，因爲你昨天做了不好的事情，仙女沒有來。

如果他脫下衣服，自己不收拾讓它一直放著，隔天我們也不收拾，但也不拿出新衣服給他穿。

這些做法都是爲了讓兒子從小就明白好行爲有好報的道理。

很多人問過我，鼓勵學習爲什麼用錢來做獎勵呢？這是我爲了讓卡爾懂得「學習能帶來現世幸福」的含意而採取的實際做法。這樣做是爲了讓兒子切身體會到獲得一點報酬是多麼艱難的事。

讓孩子明白這一點極爲重要。

我反對那些給孩子過多金錢的做法，讓孩子輕易地得到想要的東西尤其是金錢，會讓他產生依賴別人的習性。

如果一個孩子在父母那裡很輕鬆地得到金錢方面的獎賞，那種後果是極爲可怕的。一方面，他會毫不珍惜地將錢隨便花光，不會把錢用到應該用的地方，甚至錯誤地利用這些錢。另一方面，由於孩子輕鬆地從父母那裡得到錢，他就會產生什麼事都容易做到的錯誤想法，以至長大後不會去爲自己的生存奮鬥，甚至會變得懦弱和墮落。

我有一位富有的朋友。由於他過分地溺愛孩子，時常給孩子大量金錢。他認爲這是應該的，因爲他覺得自己很富有，就應該讓兒子也過豪華的生活。孩子名叫恩斯特，他的零用錢幾乎是卡爾的十倍。

由於得到父母豐厚的零用錢，又沒有得到父親的正確教導，恩斯特在花錢方面極爲「闊氣」。在同伴面前始終是高高在上的感覺。他並沒有用這些錢來購買對自己有用的東西，也沒有用它去幫助那些需要幫助的人。

由於「富有」，恩斯特很快就成了那些壞孩子追逐的對象。他們討好他、奉承他，經常向他說一些動聽的恭維話。恩斯特時常在這種良好感覺之中飄飄然。於是，他就把從父母那裡得來的錢隨意請他們吃喝，有時還給他們錢。如果那些孩子得到這錢能做一些好事的話，那還說得過去，但我想他們不會那樣的。

恩斯特的大方得到那些孩子的「尊重」，很快他就成了他們的頭兒。他們聽他指使，對他唯命是從。在這種情況下，恩斯特還以爲是自己有獨特的魅力才會得到他們的喜歡，他並不知道事實並非如此。

在和那些孩子交往的過程中，恩斯特漸漸發現了金錢的力量，於是當有的孩子不聽他的指命或和他有矛盾時，他就花錢買通別的孩子去打他。時間一長，他變得蠻橫無禮，心地凶殘。有一次，一個農夫因不小心在路上撞了他一下。他就命令自己的手下對那個農夫進行報復。那些孩子在路上將農夫團團圍住，並用石頭打得他頭破血流，並且威脅他不能把這件事張揚出去。

恩斯特不知道，成天跟隨他的那些孩子並不是眞的對他好，而只是想從他那裡得到好處罷了。他們引誘恩斯特參予賭博，並用事先想好的計劃讓他輸，用各種卑鄙的手法騙他的錢。可是他根本沒有注意到這些問題，還爲他們能給他提供新的「遊戲」而感到高興呢。對於輸錢他也無所謂，因爲他的父親會不停地再供給他花用。

可想而知，恩斯特在這種「風光」的童年中怎麼會有好的學習成績。他的樂趣都用在吃喝玩樂、打架和賭博上。學習對他來說只是裝裝樣子給父母看！他沒有嘗到學習的快樂，也沒有得到學習知識帶來的喜悅。他認爲學習是沒有用的東西，因爲每當看書時他就會覺得頭痛，而和那些孩子在一起胡鬧時他才會感到自在。

不用說恩斯特會有什麼樣的將來，他的放縱很快就讓他嘗到了苦頭。漸漸的，他的惡劣行爲傳到了父親的耳中，那位被他毆打的農夫向他父親告了一狀。父親氣憤之極，將他痛打了一頓，並且停止了他所有的零用錢。

傾刻之間，他成了一個「窮人」。

在一次賭博中，恩斯特把剩下的錢都輸光了。當他向其他的孩子借錢做賭本的時候，那些孩子翻臉了。他們告訴他，「你現在沒有錢了，就不要再玩下去。」「我們都聽說了，你的父親再也不會給你錢，你用什麼來還我呢？」

恩斯特氣憤極了，他沒有想到平時的「好朋友」忽然之間完全變了樣。他和他們爭吵起來，並開始動手打架。那些孩子圍著他，讓他吃足苦頭。其中一個孩子用一塊石頭砸破了他的頭，他正是那個被打的農夫的兒子。

從這件事我們不難看到，孩子的成長與父母有多麼大的關係啊。恩斯特本來能夠成爲一個正直、愛學習的孩子，因爲他有很好的家庭環境，有很好的學習條件。但他不僅沒有在優越的環境中向好的方面發展，而且還爲自己的惡行付出了代價。我認爲，這應完全歸罪於他那個愚蠢的父親。

我曾經把這件事告訴了卡爾。兒子當時氣憤極了，說這樣的兒子和這樣的父親都是魔鬼製造出來的。他向我表示，一定會好好地利用自己的錢，用它們去做一些應該做的事。並表示有我這樣的父親讓他感到幸運和驕傲。

教兒子懂得獲得一點報酬有多麼艱難

◆ ◆ ◆

我教育兒子懂得獲取微薄報酬是件多麼的艱難的事，並盡量教他把錢花得有意義一些。我告訴他僅僅買點心之類沒有多大的意義，而買書等工具卻可以永久發揮作用。有時我還提示他，如果在聖誕節之類的節日裡給朋友和窮人家的孩子買點禮品，他們一定會感到非常高興。

附近的人們遇天災人禍等不盡人意的事時，不管身份相稱與否，我都會帶著卡爾前去看望。

每當這種情況，卡爾總會拿出自己的存款去慰問受災者。這時，我總是不失時機地表揚他：「卡爾，你做得很對，儘管你的禮物很少，但卻像聖經裡記載的那個寡婦的一個小錢那樣有價值。」

卡爾知道，我說的「貧窮寡婦的一個小錢」，是聖經中的故事，在馬可福音第十二章的結尾這樣寫道：

耶穌對著銀庫坐著，看眾人怎樣投錢入庫。已有好些財主往裡投了若干的錢。這時有一個貧窮的寡婦過來，往裡投了兩個小錢。耶穌便叫門徒過來，對他們說：「我實實在在告訴你們，這貧窮的寡婦投入庫裡的，比眾人所投的更多。因爲那些人都是自己有餘，拿出來投在裡頭的。但這寡婦是在自己不足的情況下，把她所有的養生的錢都投進去了。」

類似這樣，引用聖經中的故事和古今傳說以及詩中的語言等來教育卡爾做好事，已成了我的習慣。

我從卡爾小時候起，就讓他記住了這些話。所以每當我問到兒子：「卡爾，某某人在這種情況下是怎麼做的？」時，他立刻就能明白，或者努力做好事，或者停止做壞事。

同情和關心他人，是非常重要的，它關係到一個孩子將來能否成爲一個受歡迎的人。如要想孩子長大後具備同情心、愛心，就必須從小開始對他們加以灌輸這個觀念。

不僅是我，卡爾的母親也非常重視對兒子的品格教育，她對兒子在善行方面的教育非常重視。爲了防止孩子變成一個自私自利的人，卡爾的母親在兒子還只有兩歲多的時候，就開始訓練，具體的方法就是讓他從心疼媽媽開始。她教他在媽媽生氣時過來給媽媽消氣；媽媽生病時給予體貼的表示，爲媽媽做一些力所能及的事。

正是透過這些訓練，我和他的母親成功地培養起了兒子的同情心，使他能微妙地感受別人的情感和思想。他周圍的人都能感受到他願意減輕他人痛苦、替他人分憂的純眞情感，並因此而喜歡他。

有一次，我偶然發現卡爾的存款少了許多，這讓我感到非常的奇怪，因爲兒子總是把我分給他的錢好好保管起來。他的每一筆開支，無論是買書本還是買學習用具，都會告訴我，並且時常徵求我的意見。

當我問起他忽然「消失」的那些錢時，他告訴了我一件令人感動的事。

兒子認識了一個小朋友，名叫豪斯，他是一個農夫的兒子。

豪斯是個愛學習的孩子，可是由於家境貧寒，沒有得到受教育的機會。或許是天生的緣故吧，豪斯對書本有著濃厚的興趣。

兒子告訴我，他和豪斯的交往就是從書本開始的。

那一天，卡爾捧著心愛的書本坐在田野的一塊石頭上看書。正當他看得津津有味的時候，他發現有人躲在他的背後，這個人就是豪斯。

豪斯告訴卡爾，他也很想看書，可是家裡沒有這些對他來說是很奢侈的東西。他很想聽聽卡爾為他講書裡的故事。卡爾周圍的玩伴並不多，那天他就像找到一個知己似的為豪斯講了許多書本中的知識。

豪斯也對他講自己的生活和家庭。

豪斯的父親是個非常勤勞的人，整日辛勤地勞作，為了家庭付出一切。他的母親是位善良的女人，雖然自己沒有受過教育，但她仍然希望豪斯能成為有作為的人，她教育他勤勞、向善。但由於沒有良好的條件，不能讓兒子去讀書、學習。她時常為此黯然淚下。

豪斯告訴卡爾說非常羨慕他，因為他有書本，有學習用具。如果他也有這樣的條件，也會成為一個有知識有作為的人。

卡爾深受感動，他立刻跑回家為豪斯拿了一些紙和筆，並從自己的積蓄中拿出了二十戈比。

他對豪斯說：「這是我對你微不足道的幫助，雖然很少，但也是我的一點心意。我希望你從現在開始好好地學習，上帝是不會辜負你的願望的。」

後來，豪斯的父親帶著他親自到家裡上門道謝。他說：「威特牧師，您有這樣的兒子，眞令人羨慕啊。他就像一個天使，把愛給予我的兒子。願上帝賜福給他。」

我給兒子錢，是爲了讓他懂得學習的好處，也是爲了培養他的善行。他從小就知道用自己微小的力量去幫助他人，這不就是上帝給他的恩賜嗎？

我爲了鼓勵兒子的學習，曾經還做過這樣天眞的事。每當兒子看完或譯完一本書時，我倆都如釋重負，兩個人便一起喊著作者的名字：「荷馬萬歲」、「威吉爾萬歲」等。這時他的母親也會進來祝賀。

接下來我們就上街買回來好多東西，做卡爾愛吃的飯菜，叫兩、三個經常來往的親友開晚餐會。席上我首先講：「這本書是相當難的，但是卡爾以頑強的毅力終於讀完，從而使學習得到很大效果。」

聽了我的告白，人們接著便向卡爾表示祝賀：「恭喜恭喜。」然後是前來聚會的朋友從讀完的書中提出問題，這時卡爾就敘述全書的大意，或者其中的一段。

最後，晚餐會在卡爾的「上帝，感謝您！由於您賜予我這樣好的父母，賜予我健康、力量和各種思想，才能使我學問上進」等等的致詞中結束。

我教兒子怎樣用錢

◆　◆　◆

大約到了卡爾五歲時，他已存了一筆對於孩子來說算是爲數不少的錢了。從那時起，我就開始指導他怎樣使用那些錢。

我認爲，從小對孩子進行嚴格的教育，也應該教會他如何使用錢，這是一種素質。它直接關係到人一生中的發展和幸福的一個重要因素。

我把這種教育稱作理財教育，它是我教育卡爾的一個重要組成部分，也是培養兒子素質的重要內容。

我認爲，理財能力是孩子將來在生活和事業上必須具有的重要能力之一，這種能力的培養應該從幼兒階段就開始進行，愈早實行，效果愈佳，否則將會非常被動。

孩子是最容易犯錯誤的人，但並非就是該寬容的人。年少的孩子不具備固定的收入，不具備成熟的金錢意識，他們不知道怎樣管理好自己的錢，但有強烈的使用錢的要求和慾望。這就容易導致孩子在用錢方面極易出現種種錯誤，這些錯誤直接關係到他們本身的成長，關係到他們的發展和前途。

所以，在這方面我對卡爾也同其他方面的教育一樣，從他很小的時候就著手培養。透過對一些孩子的觀察和研究，我發現他們都有非常近似的錯誤：濫用父母的錢；先享用，後付款；把錢看成購買某種物品的工具；沒有存款的習慣，花掉的比積攢的多；在花錢之前，已經有過多次的購買慾望；買東西時，一定把身上的錢花光；只在花錢時才有滿足感；輕易相信別人付出的承諾；不作計劃。

這些都是孩子在使用錢上經常容易犯的錯誤。幫助他們克服這些錯誤，樹立起基本的、正確的金錢觀，培養他們擁有將來必需的能力，是每個家庭的基本責任和義務。

有的父母無償地向自己未成年的孩子提供金錢，一味無條件地滿足孩子的花錢要求，放縱孩子過分的物質慾望，這只會助長孩子的惡習，當他們在成年以後靠自己有限的收入生活時，一旦需要做出影響自己經濟境況的重要決定，就顯得手足無措，既缺乏能力也缺乏心理上的應變力。

我之所以給卡爾錢，主要是讓他從小就學會懂得怎樣計劃使用他的錢，並且讓他了解勞動與報酬之間的內在聯繫，要讓這些在他心中留下深深的烙印。我不會無計劃地給孩子錢，而是像在前面談過的那樣，在他做了好事的情況下給他。

我發現，孩子在三歲左右的時候就開始萌發出獨立的自我意識，產生「我自己來」、

「我會做」、「我能做」的自我意識和表現慾望。所以在兒子三歲左右時我就開始對他進行這類教育。這種教育與其他教育一樣，對孩子來講都是自然、適時的。它必然會像其他教育一樣，爲孩子的成長提供必不可少的豐富養料，而不應像很多父母那樣認爲孩子在少兒時期不應該接觸金錢。

我認爲，可以對孩子在使用金錢上的教育上，把它看成是一種工具和手段。教育的目的並不僅僅是讓孩子學會攢錢或賺錢，而是要讓他成爲一個能幹的、健全的、眞正的人。在這一點上，基礎品質的培養顯得尤爲重要。

首先，應該教會孩子誠實。因爲這關係到他將以什麼態度去從事那些事關錢財的活動以及由此帶來的社會和公眾對他的評判。因此，若在這方面存有問題，就將爲他以後帶來麻煩甚至釀成極其嚴重的後果。

對卡爾這方面的教育我採用了一些這樣的方式：

我給兒子講述一些能夠闡明誠實品格是非常有用的事實或其它方面的書籍中的故事，在孩子的頭腦中加深誠實的概念及不誠實的後果。

我時常認眞地審視自己的誠實標準。我的行爲對孩子留下了什麼印象？是否在兒子面前講過一些無傷大雅的謊話？

透過日常的培養，我幫助卡爾使誠實的品格個性化。特別是到了上學年齡，我就開始鼓勵他用自己內心的道德標準來判定某一行爲的是非。我激勵他在面對生活中眞正艱難的選擇時，做到誠實、守信、積極進取。

我時常告誡卡爾，讓他懂得在金錢面前保持自尊。

我認爲，在現實生活中，金錢是一種最容易讓人失去自尊，而做出違背自己心願事情的東西。而一個人如果在金錢面前能保持自尊，不出賣自己的原則，他就會獲得世人的尊敬，到頭來金錢就會尊敬他，使他得到事業上更大的成功與收穫。

在我自己的行爲上，我極其注意在金錢方面爲孩子樹立自尊的榜樣。兒子通過兒時的種種經歷和這種榜樣的學習就基本上能樹立自尊。

我認爲，應該注意給予孩子家庭是重要支柱的感覺，父母要善於傾聽孩子的心聲，在各種情形之下所遇到的問題，都應該徵求孩子意見解決這個問題。

讓孩子有成功的滿足感也極爲重要。每個孩子都需要在某件事上獲得成功。經常給孩子一些增強自信心的機會，允許孩子選擇他自己爲成功而奮鬥的領域。父母應該避免不斷地替孩子做決定。

我非常注意讓兒子感受到自身價値的喜悅。因爲當一個孩子發現自身的價値時，他會感到無比喜悅，有種發自內心的幸福感。發現孩子的獨特點，經常給予真誠的表揚，有助於他保持自尊。

在對卡爾的理財教育中，我讓他學會節儉，認識每件東西的價値，而不是無謂的浪費和對有價物品的破壞和消耗。對每個家庭而言，如何持家是非常重要的，我們應該教會孩子認識每件東西的價值，因而愛惜保護它。

我時常幫助卡爾從事一些力所能及的勞動，從而使他得到自己想要的東西；經常和他一道討論地球上的自然資源，告訴他金屬、木材以及紙張從何而來，要他認識到這些東西取得有限。如果他因濫用或疏忽大意讓物品遭到破壞，我會讓他親自去嘗試修理。

我還告誡卡爾，儘管我們都十分喜愛財物，但不要由此一味貪圖財物。因爲財物雖然可以給我們的生活提供支持，但它卻不能創造一種眞正有意義的生活。

我是一個簡樸而克己的人，一直非常重視將簡樸的作風教給兒子。孩子決定著一個國家的未來，如果主宰國家未來的是貪圖享受、奢靡腐化的一代人，那麼這個國家將不堪設想。

滿足感是簡樸的根本所在。「覺得足夠就是足夠了」的態度肯定會對簡樸品質的養成起到鞏固基礎的作用；我用這句話來教育兒子不要貪心。

我時常與卡爾談論簡樸如何給人帶來自由，而不是束縛。把談話的重點放在美、友誼之上，讓人的價值高於物質的價值。

簡樸的作風雖然很難培養，但讓孩子時時記住「在所有的事情中，忠愛簡樸」這句話，那麼他簡樸的好習慣便會漸漸形成。

◆ ◆ ◆

兒子的母親是他的一個外交家

卡爾在成長過程中得到了他母親充分的親切關懷。他的母親在兒子身上付出的心血不亞於我對兒子的教育。可以說，卡爾之所以有良好的品德，開朗活潑的性格，以及對他人所具有的同情心，與他母親對他細心的培養是分不開的。

兒子的母親是他的一個外交家。教會他怎樣與人說話，怎樣與人相處，甚至衣著方面怎樣才會得體，都是母親一手操辦的。

無論是孩子還是成人，對於命令他們幹這個，禁止他們做那個，都會有些反感的。在這方面，卡爾的母親總會考慮一種絕妙的辦法，她不說要做什麼就能使兒子自然地去做；

不說不許做什麼就能讓兒子自覺地不做。他母親曾經對我說過，命令孩子學習，強迫他去學習是無效的，與其命令他學習，不如引導他正確地對待學習。雖然兒子的學習由我負責，但他母親也給我出了不少主意。

我認爲，母親應努力保持住自己在孩子心目中的權威。有的母親只好穿新奇的服裝，打扮得過份地豔麗，不知走在街上成爲衆人的笑柄。還有的因懶惰而衣冠不整，也同樣引人恥笑。當孩子看到自己的母親被其他孩子譏笑時，就會感到很難堪。不僅如此，這還會給孩子的精神帶來很壞的影響。所以，身爲母親必須檢點，既不應散漫，也不應過於喬裝打扮。不然的話，母親的權威就會下降。這種下降就是教育孩子失敗的開始。很多母親都不注意這點，以爲自己的行爲與孩子無關。其實不然，孩子往往在這種母親的不經意中失去了良好教育的機會，甚至越來越糟。

卡爾的母親曾經對我說過一件事，說明母親在孩子心目中沒有權威將會帶來什麼樣的結果。

有位母親把女兒送到女子學校上學。她省吃儉用，使女兒穿上身分不相稱的艷麗服裝。儘管如此，她女兒還是不喜歡媽媽。有一次，她女兒對卡爾的母親說：「我媽媽讓我穿那麼花俏的服裝到學校來，使我感到非常難堪。我從四歲起就會因爲母親這種作法而感到難爲情。」

身爲母親不應該這樣。她雖然是爲了女兒好，但還是失去了女兒對她的尊重。也許有人會責備她女兒無情，但我卻很同情她。雖然這位母親在女兒的外表上花了很大的功夫，把女兒送到用金錢堆砌的女子學校去，但是，我認爲她沒有盡到母親的義務。

父母是孩子的範本。母親衣冠不整，孩子也是如此，這是不言而喻的。散漫的壞習慣往往纏繞一個人一輩子，這對個人極其不利。社會上有許多人因衣冠不整而失去飛黃騰達的機會。所以，一個人的裝束如何並不是一件小事。

卡爾的母親非常注意這一點。她不僅自己衣著得體，也把兒子裝扮得整潔大方，堂堂正正。

卡爾的母親曾對我說：「**衣冠不整，精神上也必然是散散漫漫。所以，衣冠端正，能使人精神抖擻。**」所以，她給兒子穿著的服裝雖不奢侈，但都是整潔的。

我認爲，整潔的服裝能使人產生自尊心。不僅是人，就連馬也是如此。給馬換上了好鞍，它就表現得揚眉吐氣；給它換上破舊的馬鞍，就表現得垂頭喪氣。馬都是這樣，何況孩子呢。穿著不體面、不整潔的孩子，決不會有任何出息。

在注意服裝的同時，卡爾的母親還非常注意讓兒子保持身體的清潔衛生。她教兒子洗臉、洗手、早起刷牙、梳頭。因爲身體清潔也能促使孩子保持自尊心。卡爾的母親把分寸把握得特別好，並沒有讓兒子沾染上好打扮、好漂亮的習慣。孩子之所以有那些壞習氣，大多是受母親的影響，因此必須警惕。

人既然活著，就不可鎮日無所事事。有的婦女對於個人的修養和教育孩子不感興趣，這種人往往埋頭於打扮競賽。爲了孩子的一生，這是應當避免的。

卡爾母親除了關心兒子的教育和衣著，也很關心他的遊戲。多數母親不關心孩子的遊戲，這很不好。她們爲家務事所累，當孩子作一件事情要她看一看時頭也不回。因此孩子倍感無聊，心事重重，有時孩子甚至還遭到訓斥和打罵。這完全是母親的不是。

爲了使卡爾養成良好的品德，他母親還爲他繪製了品德表，一週一張，內容有：服從、禮節、寬大、親切、勇敢、忍耐、誠實、快活、清潔、勤奮、克己、好學、善行。如果兒子做了與這些項目相符的行爲，就在那天的一欄中貼上一顆金星，反之，則貼上一顆黑星，每個星期六數一下，若金星多的話，下週內就可得到和金星數相等的書、鮮果、點心等，如果黑星多，就不能得到這些獎品了。

這個品德表，在星期六統計之後也不准兒子將其扔掉，這樣做是爲了使兒子下決心，在下週消滅黑星。這樣就有利於培養兒子積極的心態，因爲如果長期保留黑星，會使兒子感到沮喪。

有一天，卡爾獨自一人在家，他把我們養的一隻小狗拴在屋外的院子裡。不久，天空下起雨來，但卡爾並沒有把小狗帶到室內來。小狗在外面「汪汪」大叫，冰冷的雨水使它渾身發抖。

這時，他的母親從外面回來，看到這種情況，趕忙將小狗牽到了屋裡，並立刻質問卡爾。

「卡爾，你爲什麼讓小狗在外面淋雨。」

「我……我忘記把它帶回來了。」

「可是，你沒有聽見它在叫你嗎？」母親聽他那樣說非常生氣，因爲她知道兒子在撒謊。

「我想它在外面沒什麼！」兒子爲自己辯解道。

「沒有什麼？那麼把你也放在外面去淋一會兒雨，你願意嗎？」

「不願意。」

「卡爾，你自己不願意，爲什麼要小狗去淋雨呢？你看，天氣這麼冷，小狗也會生病的。把小狗放在冰冷的雨水中，這是多麼殘忍啊！假若有誰讓你去淋雨以致生病的話，媽媽會多麼傷心呀！」

聽了母親的話，卡爾低下了頭。他承認是自己錯了，並表示以後再也不會這樣，一定要愛護小動物。

卡爾的母親就是從生活中的一些小事開始，一點一滴地培養兒子的善行，並教會他做人的道理。

怎樣才不會慣壞兒子

◆　◆　◆

無論在教卡爾學習知識還是培養他的善行時，我都從不斥責他，而是耐心地講道理。我認爲這才是最有效的教育方法。

其實，孩子做壞事，罪過在大人身上，而不在孩子。孩子做壞事是由於父母不把孩子的精力引向好的方面，是放任不管的結果。要想把孩子的精力引向好的方面，就必須儘早開始讓孩子對工作、勞動感興趣。並且培養他多方面的能力和愛好。只有這樣，才能逐漸培養孩子健康的內心世界。

很多母親以爲用打孩子的方法就可以教育好孩子，這是一種極爲錯誤的觀念。所羅門的箴言中有這麼一句話：不鞭打孩子，就會慣壞孩子。我認爲這是不正確的觀點，它不僅誤導了很多年輕的父母，也傷害了孩子。有些父母時常打孩子，以爲這樣就不會慣壞孩子，實際上這只能使孩子變得頑固、冷酷、殘忍。

有一次，我遇到一個小孩子正在虐待一隻小狗。他用一支梳子使勁地打那隻可憐的小傢伙。我趕忙走過去制止他。

我問他：「孩子，你爲什麼這麼打狗？你不以爲它很可憐嗎？」

他回答：「因爲我父親就時常這樣打我。我都不被人覺得可憐，那麼小狗也不應該可憐。」

在我們周圍的很多家庭中，有些孩子被父親打壞了耳膜，他們的臉上經常有父親留下的手印。這眞是令人痛心，可悲可嘆啊！上帝叫我們愛別人，可是在這種粗暴的教育下成長的孩子將來怎麼能夠去愛別人呢？

我多次說過，自尊心是一個人品德的基礎。若失去了自尊心，一個人的品德就會瓦解。人之所以變成醉漢、賭徒、乞丐和盜賊，都是由於失去了自尊心的結果。父母經常地責打孩子，只會傷害他們的自尊心，除此之外沒有任何好處。父母經常絮絮叨叨地數落孩子的過失，只能有損孩子的自尊心。這都是不正確的做法。

我一直不主張體罰孩子，也從不對卡爾施行體罰。許多父親一生氣，就毫無顧忌地打孩子。等他們平靜下來之後，又去吻又去撫摸打疼的地方，或者給孩子糖果吃。

這種教育方法絕不可能培育出優秀的人才，只能造就出懦夫和蠢才。孩子的教育也包括著父母的教育。作父母的，在管教孩子之前，首先必須學會管好自己。

父母要讓孩子成爲有教養的人，那麼自己首先就應該懂得內省自約。否則，任何教育都無濟於事。

在家庭中，說話容易毫無顧忌。但是不能因爲在自己家裡沒有制約就想說什麼就說什麼，想幹什麼就幹什麼。因爲父母的言談舉止直接影響著孩子。爲了教育孩子，父母應該特別注意自己的行爲規範，不能把錯誤的、不良的習慣在不知不覺中傳染給孩子。

父母一定要讓孩子說話有禮貌，對孩子說話也應該使用「請」、「謝謝」這些文明語言。因爲孩子會模仿父母的樣子的。不僅如此，我認爲，即使對家畜等，也不可使用粗野和難以入耳的語言。

像算術和地理等知識，孩子長大成人之後也能學會。然而，教養若不在幼年時期形成，以後就很難具備了。一種好的習慣在孩子幼小時很容易形成，但在他們長大定形後就很難養成了。反之，孩子在小時候就有很多不良習慣，長大後也難以改掉。

在我們周圍，有很多通曉地理和歷史的人，但舉止言談合乎教養者並不多，這就是因爲他們沒有從小養成好習慣的緣故。

對於正確的事物，父母應該堅持。如果孩子面對正確的事物而不接受，父母必須讓他們學會服從。孩子生下來就是利己的，這似乎是一種天性。他們對他人要求多，著想的少，簡直就是個小暴君。然而，這種性格是可以透過教育加以矯正的。若從很小的時候就教他爲別人著想，教他憐憫別人，孩子絕不會成爲利己主義者。

曾經，法國的皇帝問他麾下一位元帥的母親：「您是用什麼教育方法把自己的兒子培養成如此偉大的人物的？」元帥的母親回答道：「我只是教兒子好好地服從。」

我認爲，服從也是孩子的重要品德之一。爲了使孩子養成服從的習慣，父母首先應該抱持正確的觀點，要對孩子講清楚，父母讓他去做什麼，是爲了什麼應該那樣去做；父母不讓他做什麼，是爲了什麼不應該去做。一切都要以理服人，不能平白無故地強迫孩子服從自己。父母應該讓孩子明白，這樣做是爲他們著想的。

小孩子都是很貪婪的。雖然是孩子的本性，但是，也不應該隨便責打他們，而是要注意教育方法。只要注意正確引導他們，孩子很快就會成爲不自私的人。

卡爾從小我就鼓勵他把各種自己的東西送給小朋友，把學習用具等送給貧家子女，以便培養他的慈善精神。同時，還鼓勵他幫助別人幹活。卡爾從小就是她母親和女佣的好幫手。

有些孩子愛說謊，但也不應該動不動就因此而打他，要充分地思考他爲什麼說謊。孩子們由於缺乏經驗，又富於想像，有時會說謊，並且也知道這是壞事。父母不應該過分指責他，但要注意時刻幫助他矯正這一壞習慣。因爲從無害的說謊，到欺騙他人的撒謊，它們之間只有一步之遙。但是一定要注意採用有效的方式，而不是以打罵來解決問題。

我認爲，孩子的很多毛病都可以用閱讀和勞動來幫助他們改正。書本中的知識和道理能讓他們得到良好的指導，而勞動可以讓他感到一切都來之不易。孩子只要具備了知識和勞動的習慣，那麼就會向良好的方面發展，進而成爲有教養的人。

有個惡漢曾在法庭上傲慢地說：「我自生下來，就不知道書本是什麼東西，也從未勞動過一天。」所以，罪人必定是無知、懶惰、不勞動的惡果。

我有一個朋友，因孩子頑劣成性，經常去糟蹋花園中的花草，弄得他傷透腦筋，毫無辦法。我告訴他：「你最好爲你兒子買鋤頭和鐵鍬，讓他自己種花。」

朋友馬上照辦了，並且取得了顯著的成績。這是爲什麼呢？原因當然是因爲把孩子迷失方向的精力引導到種花上去的結果。

後來，這個孩子不僅種花植草，還非常愛惜它們。人們再也看不到他頑劣的身影，而是經常看見他在花園中照顧那些小花、小草。並且，他對待別人的花園也非常愛惜，從來不去破壞它們。

可見，良好而有效的教育方法能夠產生多麼大的魔力。

某天，我在傍晚時分穿過貧民窟時，到處聽見母親斥責孩子、父親打孩子以及孩子大哭的聲音，一句好話都聽不見。

我想，這是由於他們工作一天，疲勞過度，以至心情不佳，所以把怨氣都傾瀉到孩子身上的表現，孩子實在可憐。然而，還有另一種父母，他們飽食終日，無所事事，還不時地斥責孩子，把由於無聊而產生的氣惱都傾倒在孩子身上。

我對此感到非常痛心。

常受斥責、打罵，孩子對於這種責打就會習以爲常，父母也就失掉了威信，使父母和孩子之間產生隔閡。其結果，對孩子的教育就徹底失敗了。

我認爲，對於孩子既不可嬌生慣養，也不應過多地斥責。只有採用合理、有效的教育方法去引導孩子，才能培養孩子的善行以及以後做人的能力。

MEMO

早期教育與天才素質的培養

第11章

我如何培養孩子的各種良好習慣

有的孩子天生很聰明，
在他們很小的時候就聰明伶俐，靈氣逼人，
但由於沒有得到父母良好的教導，
他們容易對什麼都感興趣，
對什麼都想學，聰明的孩子最容易如此。
有求知慾和多種興趣肯定是一件好事，
但這要看父母去怎樣教導他們。
如果沒有正確的指導，
他們很有可能什麼都要學，但什麼都學不好。

專心致志的習慣

◆ ◆ ◆

有父母問我，爲什麼他們的孩子每天都坐在書桌旁苦苦學習，卻絲毫沒有一點長進呢。爲什麼卡爾學習得那麼好，而他們的孩子卻始終那麼差呢。這些父母對此產生深深的疑問，他們認爲自己的孩子已經非常的勤奮，但仍沒有好的成績，是不是自己的孩子太笨，或者實在因爲卡爾太聰明。

特別是在卡爾學習上略有所成的時候，我經常被那些善良的父母們包圍，他們總是不約而同地向我問這一問題。

對於這種問題，有時我眞不知該怎樣回答。因爲一個孩子的成長是由多種因素支配的。但我有一點可以肯定，那些孩子在學習上之所以沒有取得令人滿意的成績，大多是由於沒有從小養成良好的學習習慣的緣故。我不相信兒子的天賦眞的有多麼高，也不相信那些孩子就一定是天資不足。

我認爲，一切取決於父母，父母怎樣去培養孩子，怎樣去引導他們才是關鍵所在。有的孩子天生聰明，在他們很小的時候就聰明伶俐，靈氣逼人，但沒有得到父母良好的教導，他們容易對什麼都感興趣，對什麼都想學，聰明的孩子最容易如此。

有求知慾和多種興趣肯定是一件好事，但這要看父母去怎樣教導他們。如果沒有正確的指導，他們很有可能什麼都要學，但什麼都學不好。

卡爾也是個好學而有多種愛好的孩子，但他並沒有因興趣廣泛而影響學習。關鍵在於我從他很小的時候就嚴格地教育他學會計劃和安排。

無論在他學習什麼的時候，我都要求他達到專心致志。學語言的時候就只考慮語言，學數學就專心於數學。我絕不允許他在學習的時候想著玩，玩的時候又擔心學習跟不上。因爲不能用心一處，那麼一切都是白費；如果不能專心一處，即使孩子整天坐在書桌旁，那也只不過是裝裝樣子而已，只是一種對時間的任意糟蹋，也是對自己和別人的一種欺騙。

很多的孩子成天待在書桌旁學習卻沒有得到好的成績，大多是由於不能專心導致的。他們坐在那裡發呆，捧著書本卻心繫別處，或者望著天空做白日夢。這樣的狀態，怎麼能夠學好知識呢？我認爲，與其這樣，還不如到外面去痛痛快快地玩一場。

我一個朋友的兒子哈特威爾，是一個非常聰明的孩子，他的年齡比卡爾整整大十歲，由於我和他的父親是多年的老朋友，幾乎是看著他長大的。哈特威爾小時候幾乎和卡爾一樣，對萬事萬物都有極強的好奇心，也有很強烈的求知慾。

每當我去他們家串門時，那個可愛的孩子總圍著我問這問那。或許是我對孩子有很強的耐心吧，我對他的問題總是給予認眞的解答。由於這樣，小哈特威爾還把我當成他的好朋友呢！

但是，當這個孩子開始接受正規的教育時，他的父母告訴我哈特威爾的成績總是不盡人意，起初我感到非常奇怪，因爲孩子很聰明，他的父母也都是很有學識的人，他們對孩子的教育應該是很不錯的，可是爲什麼會這樣呢？

爲了幫助他的父母解開這個謎，有一次我要求他的父母允許我偷偷地觀察哈特威爾是怎樣學習的。

學習的時間到了，哈特威爾像往常那樣坐在書桌前準備背誦荷馬的詩。我在另一個房間從門縫裡悄悄地觀察他。當時他在默誦，我能聽到他小聲的誦讀，可是，不一會兒，他小聲的誦讀聲漸漸沒有了。我發現他的眼睛並沒有放在捧著的書本上而是抬起頭呆呆地望著窗外。

我知道，孩子學習走神了，他一定沒有把精力集中在書本上。我把哈特威爾的父親也叫過來觀察他。他的父親看到這樣的情景頓時火冒三丈，立刻就要進去訓斥孩子。

我及時地阻攔了哈特威爾的父親，小聲地對他說：「不要這樣，讓我去和孩子談談。」

我悄悄地走進了哈特威爾的房間。當我已經走到他身後的時候，他仍然沒有發現。我想，這孩子一定是在想什麼東西都想得入迷了。於是，我輕輕地在他的肩膀上拍了拍，他似乎受到了驚嚇，渾身微微地抖動了一下。

「哈特威爾，你在想什麼呢？」

「哦，是威特先生。」

「你在想什麼呀？學習的時候應該用心，爲什麼走神了呢？」我輕言細語地問。

「我……我沒有想什麼。」

「那好，我再考考你剛才背誦的詩。」我拿起了他的書本，看著他說。

過了很久，哈特威爾一句也不能背出來。他滿臉通紅，羞愧難當。

「孩子，你如果沒有想別的事，那麼怎麼會一句也記不住呢？」

後來，哈特威爾只得承認他在剛才學習時走神了。

「我也不知道爲什麼？看書時總是這樣，總要去想別的事情。」

「那你剛才在想什麼事？」我又問。

「我在想昨天發生的一件事，有個小朋友仗著他身強力壯，就欺負別的孩子，我很氣憤。我剛才在想如果我是一個武藝高強的劍客就好了，那麼我一定會教訓教訓他。我會騎著高大的白馬，揮舞著長長的寶劍去幫助那些弱小的小朋友，一定要讓壞孩子嘗嘗被欺負的滋味……」他一邊說，一邊比劃起來。

這時，我看到哈特威爾的臉上充滿了奇異的光彩，他在憧憬著自己成爲英雄的場面。

「聽我說，孩子，」我打斷了他，慢慢地開導他：「你知道嗎？幫助別人是好事，但不能光坐在這裡想呀！你現在看的書是荷馬，這裡面有很多英雄的故事，你應該在書中尋找那些英雄的事跡，看看他們是怎樣成爲英雄的。何況，你現在正在學習，其他的事情都應該暫時放下，努力地學好本領才會使自己成爲一個強者。

你想成爲英雄，想幫助別人，就應該在書本中學習那些英雄的智慧，而不是在書桌前幻想自己成爲英雄。你說對嗎？」

「我明白了。」小哈特威爾好像忽然悟到了什麼東西一樣，「現在我在書本中學習英雄的智慧，等學完後我再到外面去鍛鍊身體，也把自己的身體鍊得強壯有力。那麼等我長大後，就可以眞正地幫助那些弱小的人們了，你說對嗎？威特先生。」

「是啊，道理就這麼簡單。」我知道他解除了心中的迷惑，也爲他感到高興，「現在，哈特威爾騎士，你知道怎麼做了嗎？」

「知道了。」說著，他便捧起了書本，專心致志地學習起來。

後來，他的父母碰見我就說，「威特牧師，你的教育方法眞棒，現在孩子的學習成績提高得眞是驚人。」

哈特威爾學習不好的癥結在於他不能用心於一處。我發現了這一點，並用巧妙的方式讓他全心用於學習，那麼他的成績有很大的進步是很自然的事。

敏捷靈巧的習慣

◆ ◆ ◆

在卡爾學習功課時，我絕不允許有任何干擾。嚴格地規定他的學習時間和遊玩時間，培養他專心致志的學習精神。

在兒子剛開始學習時，我平均每天爲他安排四十五分鐘的學習時間。在這段時間，卡爾如果不專心致志地學習，就會受到我們嚴厲的批評。

在兒子學習的過程中，即使是妻子和女僕問事，我都一概予以拒絕，我會對她們說：「卡爾正在學習，現在不行。」

有人來訪的時候，我也不會放下對兒子的輔導，我吩咐家人：「請讓他稍候片刻。」我這樣做的目的是讓兒子在學習時養成一種嚴肅認眞、一絲不苟的態度。

不僅如此，我還非常注意培養兒子做事敏捷靈巧的習慣。如果兒子做一件事磨磨蹭蹭，即使做得好我也不會滿意。這對培養兒子雷厲風行的作風很有積極的作用。

培養孩子敏捷靈巧的習慣非常重要。我們周圍有許多人，他們坐下來不磨蹭很久是不會開始工作的，這正是因爲他們自幼形成了一種很壞的習慣所致。

他們在磨蹭之中白白地虛度和浪費了多少時間啊！

在對於卡爾的嚴格教育上，我並沒有使孩子犧牲很多吸收其他知識及玩耍的時間，並且使他每天只花費一、兩個小時的時間在學習上就能達到良好的學習效果，這一切正是得之於我培養他形成的做事敏捷的習慣。

卡爾並非別人想像的那樣由於學習而失去了玩耍的時間，反而正是由於他在學習知識時專心致志，效率極高，才使他贏得了很多時間去從事運動、休息和參加各種交往。

要想做事專心、提高效率，必須從小養成敏捷靈巧和雷厲風行的習慣。因爲我們每個人的生命都十分有限，人的一生就只有幾十年，還有大部分時間花費在睡覺、休息上，如果不能夠抓緊時間做一些事，那麼寶貴的時間就像水一樣悄悄流走，生命也就像天上的流星那樣轉眼即逝。

我時常告誡兒子，一個完美的人應該做事果斷，行爲靈巧，那樣才會在有限的生命中做出有所作爲的事情來。

有一次，卡爾準備做一個數學練習題。我把題目告訴他就離開了。因爲每次遇到這樣的情況，我都會給他一個時間限制，在時間未到時，我不會去打擾他，目的是讓他能夠專心地獨立解決問題。

可是這一次，我爲了拿一本書，在時間未到時就走進了兒子的房間。我發現他並沒有像往常那樣在書桌前做練習，而是在房間中轉來轉去的玩。

我立刻問他：「卡爾，你在做什麼？爲什麼不做我給你準備的練習？」

「這題很簡單，時間還早呢。在時間到達之前我一定能夠做出來。」兒子根本沒有把這件事當回事。

「是嗎？你覺得它太簡單嗎？」聽兒子這樣說我很氣憤「那好，我再給你加兩道題。」

「可是，爲什麼？」

「你不是覺得時間太多了嗎？那你就應該多做些事。」

平時對兒子我是非常嚴格的，言出必行，卡爾是知道我的作風的。

我把給他新加的兩道極難的數學題給他後就離開了。

到了規定的時間，我就走進去檢查他的作業。他已經做完了兩道題，正在解第三道最難的數學題。

「卡爾，停住。」

「可我還沒有做完呢？」

「我只是給你加了兩道題，但並沒有給你加時間。」我嚴厲地說。

「可是，爸爸，這不公平。」兒子委屈地對我說。

「不公平嗎？你自己認爲有太多的時間，那麼就應該在多餘的時間中多做兩道題。」

兒子對我的做法仍然不理解，他還沒有明白，我這樣做是爲了不讓他養成拖沓的習慣。

我對他說道。

「如果在之前你沒有磨磨蹭蹭地浪費時間，那麼你就有足夠的時間來做那兩道題了。」

這時，兒子若有所思地看著我，似乎悟到了什麼東西。

「你想想看，」我繼續開導他，「如果在這之前，你沒有把時間浪費在磨蹭上，那麼早就做完了我爲你安排的題目，就可以用你剩下的時間去看你想看的書和做自己喜歡的事了。在你磨蹭的那一段時間中，你什麼也沒有做，就好比你把一杯可口的牛奶倒在了地上，那不是一種最大的浪費嗎？

所以，由於你今天浪費了時間，我也會浪費你的牛奶。當然我不會將你的牛奶倒在地上，而是送給我們的女傭喝。我才不會像你那麼傻，把美好的東西浪費掉，而是要盡可能地發揮它的作用。」

那天，我按著所說的去做了，把兒子的牛奶送給了女傭。

從此以後，卡爾明白了這個道理，再也沒有發生上述的那種事情。

精益求精的習慣

◆ ◆ ◆

在學習語言和數學等知識上，我絕對嚴禁他在學習當中敷衍了事，這是爲了培養他養成精益求精的習慣。

我認爲教兒子學習知識就如同砌磚一樣，如果不嚴格要求，就絕不會收到好的效果。做事力圖精益求精是一種美德。我最討厭那種大而化之的人，他們無論做什麼都不去進行深入的研究，他們做的事往往只有大的效果，沒有讓人值得回味的東西，甚至在很多方面有不可饒恕的錯誤。

世上有些所謂學者，在說話或寫文章中專喜歡用一些裝腔作勢的語言，以顯示他們的學識淵博，但結果卻使人費解。我對這些人的缺點一目了然，我認爲這些人是不求甚解，對詞義領會不深，學得不透。在我的眼裡，這些學者都是冒牌貨，那些把這種人捧爲偉大學者的人也眞是愚蠢至極。

我從小就教兒子做事要認眞，盡量把一切事都做得盡善盡美。無論對於學習還是對於愛好，都要講究一個「精」字。我告訴他，任何事情只要有了給人以「精」的感覺，這件事一定就有了價値。

兒子喜歡畫畫，我就從這一方面去教他理解精益求精的道理，因爲藝術的創造是尤其講究精益求精的。

我給兒子買了很多名畫的複製品，經常爲他講解藝術家是怎樣完成它們並力圖達到完美的。

兒子特別喜歡畫小橋，特別是秋天金色太陽下的小橋。他曾經告訴我，在晴空萬里的時候，強烈的陽光灑在小橋的石頭上時能泛出如黃金般的光芒；小橋下清澈的河水是藍色的，太陽的反光猶如藍寶石一般美麗，陰影中是深藍，顯得神祕而變幻莫測。

有一天，兒子帶著畫具到村外的河邊畫畫，他是專門去畫他最喜愛的那座小石橋的。兒子坐在河邊的石頭上專心地畫畫，我在一棵大樹的影子下看書。

我捧著書本細細地讀著，偶然望一望不遠處的卡爾。我心情很愉快，也許是天氣太好，也有可能是兒子也把我帶入一種寧靜之中。

不一會兒，卡爾站起身來。他似乎畫完了，拿著畫板向我走來並把那張畫拿給我看。那幅畫的確不錯，形像處理得非常好，構思也很講究，小橋與蜿蜒的河流以及旁邊的村莊搭配得錯落有致，頗具美感。

我仔細看後，發現這幅畫還是有些缺點。換作別的父母，可能會對兒子誇獎和鼓勵一番，這幅畫也就算完成了，可我沒有這樣做。我認爲發現了缺點就一定要給兒子指出來。

「卡爾，你不是對我描述過你想畫的那種感覺嗎？可我從這幅畫裡沒有看出來呢？」我問兒子。

「可是，我認爲我已經畫出來了。」兒子不服氣地回答。

「你對我說過，水在陰影中的顏色像寶石那樣藍，而且還有神祕感，我怎麼沒有發現呢？」

兒子摸了摸後腦勺，仔細看了看畫面，又向小橋下的陰影望了望，然後很不好意思地說：「對了，我忘了用深藍去畫水中的變化了。」

於是，卡爾又坐在了河邊的石頭上。

「爸爸，你看這下行了吧。」不一會兒，卡爾又把畫拿到了我的面前。

「嗯，不錯，顏色比剛才要好多，雖然這塊水中的陰影已經表現出來了，可是仍然沒有藍寶石那樣晶瑩透明的感覺，更談不上神祕感了。」我對兒子說道。其實我心裡知道，兒子畫成這樣已經相當不錯了。他連陽光下的水和陰影下的水之間不同的色調都很準確地區分出來。除非專業畫家，否則就是經過一定訓練的成年人也很難做到。

我本來想，給兒子提些意見，這幅作品也就算完成了，即便有缺點，也可以留給他以後慢慢解決。

「我再去仔細觀察一下。」兒子居然來勁了，又重新坐在那塊石頭上。

我看見他一會兒端詳自己的畫，一會兒又眯起眼睛仔細觀察小河中的流水，一會兒又咬著筆端認眞地思索。

這一次他在那裡待了很久，連我都覺得應該回家了，可他仍然在那兒坐著。

「卡爾，該回去了。」我催促道。

「等一會，馬上就好。」卡爾在遠處向我答應了一聲。

我看見他突然埋起頭，拚命地在畫面上塗抹著。嘴裡還不停地嘟囔個不休，也不知他在說些什麼。

當他把畫第三次拿到我面前時，簡直把我驚呆了。橋下那片處在陰影中的水，眞如藍寶石一般的美麗，富有變化，神祕莫測。

「兒子，你眞行，你是怎麼做的呢？」

「我發現了陰影中的奧祕，它不是一整塊深藍，而是由不同的藍色組成的，裡面有深藍、普魯士藍，還有鈷藍，甚至還有一兩點紅色，那時岸邊的花在水中的倒影……」

當時我很激動，他說的都是繪畫中很專業的東西，沒有人專門教他，卻自己悟了出來。可見他的觀察力之強。

「那你剛才在那兒不停地嘟嘟嚷嚷，你在說什麼呢？」

「我不停地說，『藍寶石』，『神祕感』，『藍寶石，』『神祕感』，我想只要我用心去做，一定會把那種感覺表現出來的。」

面對兒子這樣的回答，我還有什麼話可說呢？我壓抑住心中的激動，和他手拉手一起向回家的路走去。

在路上，我對他說其實第二次就已經不錯了，問他爲什麼有那麼大的興趣又開始第三次。

「你不是對我說過嗎？做什麼事都要力圖精益求精。」

看著卡爾那股既天眞又快樂的勁兒，我眞不知道再說些什麼，只能緊緊地握著他的手。

堅持不懈的習慣

◆ ◆ ◆

人在一生中會遇到很多很多的問題，無論是在生活中還在學習上都會有很多難以預料的困難。我時常教育卡爾，認準一件事後就要盡全力去努力，只要有恆心，夠堅持，那麼一切困難都會迎刃而解。

在兒子尚未出生時，我和他的母親就決定要把他培養成一個成功的人。儘管當時還無從談起應努力讓他在哪個領域裡成功，但我們有一點是十分清楚的，就是要想取得成功，只有認準目標，堅持不懈。所以，在卡爾還只能趴在床上蠕動的時候，我們就開始對兒子作持久力的訓練。在這一方面，卡爾的母親做得非常好，只要兒子遇到困難，她就會用各種方法去鼓勵他：堅持一下，再堅持一下，直到他取得勝利。

在卡爾很小的時候，爲了訓練他的持久力，他母親先從他的注意力的持久性開始訓練，因爲注意力持久是行爲持久的前提。爲了培養兒子注意力的持久性，他母親用了一個能夠引起兒子注意和興趣的玩具，一隻用布做的黃色的小貓。卡爾的母親先把那隻小貓放在兒子前後左右吸引他的注意力，等到他發生興趣之後就把小貓放在他伸出手差一點就能搆得著的地方，吸引他去抓。當兒子老是抓不著準備放棄的時候，母親便用手推著他的腳鼓勵他：使勁兒！使勁兒……。兒子在母親的鼓勵下往往會用力蹬幾下腿，盡力地將小貓抓住。在小貓被兒子抓到手後，他母親就用歡呼和親吻來慶祝兒子的勝利，讓他體驗奮鬥、成功的喜悅，在卡爾能夠爬行的時候，母親便增加了訓練的難度，在他馬上就要搆著目標的時候，把吸引他的玩具挪到更遠的地方，然後鼓勵他繼續爬著去拿。卡爾的母親告訴我，這樣做既培養了毅力，又練習了爬行，實在是一舉兩得。

卡爾稍大開始學習知識後，我和她的母親仍然用類似的方法去培養兒子堅持不懈的能力，久而久之就讓他形成了一種習慣，只不過後來不是用玩具而是用書本而已。

卡爾在學習上每一次進步的飛躍，都是通過在一個困難問題面前堅持不懈地努力的結果。

由於兒子在學習上一直都表現得特別輕鬆，任何有關數學的題目都能夠不費力氣地解答。爲了讓兒子的能力有所提高，有一次我給他安排了一道遠遠超出他能力範圍的題目。

我對那一次記憶猶新，因爲那天兒子爲了做出那道數學題的確費了相當大的功夫，也體現出他超出常人的毅力。

我給卡爾指定題目之後，他就開始像往常一樣專心致志在書桌前認眞思考起來。每當這時，我會離開房間讓他能夠在安靜的環境之中獨立思考。

過了很長時間，卡爾還沒有從房間中出來。我感到有些詫異，雖然那道題很難，但卡爾以前從未用過那麼長的時間去解習題。何況現在已經遠遠超出了我給他規定的學習時間。

我走進房間時看見卡爾仍然在那裡冥思苦想，而桌上用來做習題的紙仍然是空白一張，什麼字都沒有。

我問兒子：「怎麼，是這道題太難了嗎？」

兒子抬起頭來看了看我，一語不發。

我看卡爾此時滿臉通紅，雖然天氣不熱卻滿頭大汗。我當時的第一個反應就是兒子一定生病了。

「卡爾，有什麼地方不舒服嗎？」我問。

「沒有，我在想怎樣解答這道題。」卡爾回答道。

「已經超過時間了，如果你認爲太難就先休息一下吧，明天再解決它。」我說道。

「不，爸爸，再等一會兒。我似乎就快要找到答案了。請您再給我一點時間。」卡爾說完繼續埋頭思考。

我想兒子正在解答問題的關鍵時候，不應該打斷他。於是，我又走到了房間外，和卡爾的母親談論這件事。

快要吃飯的時候，兒子的母親有些按捺不住了，她對我說：「你應該讓兒子出來了，恐怕那道題太難，卡爾的自尊心太強，害怕做不出而難爲情。你去勸勸他吧，不要讓他太累。」

於是我又走到了兒子身旁。

「卡爾，你已經盡力了。解不出來沒有關係，這道題的確太難了。」我對兒子說。

「不，爸爸，快要做出來了，」兒子說，「您不是告訴我要堅持不懈嗎？我已經找到了解這道題的方法，就差一點點。我想我馬上就能完全解答它。」

面對兒子這種態度，我還有什麼話說呢？只能和妻子在外面耐心地等。其實我們已經作好了兒子不能解出題的心理準備，只是覺得兒子既然有那份恆心就盡量支持他。

「爸爸，爸爸，」不久，我終於聽到兒子興奮的喊聲。在那一刹那我感到了無比的激動，從兒子的聲調來看，我已經知道他成功了。

不出所料，兒子拿著那道題的答案，蹦蹦跳跳地跑了出來。

我看了他的答案，完全正確，並且他的理解思路巧妙之極，似乎還在標準解題方法之上。

那天在晚飯的餐桌上，兒子不停地對我說他是如何去思考，又是如何去尋找解題的著眼點。他也承認那道題確實太難了，他說他從未碰見過這樣的難題，但他同時也爲自己能夠成功地做出來而感到自豪。

當我問他在解題過程中有沒有想到放棄的時候，他這樣對我說：

「想到過，因爲它確實太難了，有很長一段時間，我感到頭疼，腦袋都要脹破了。我眞想跑出去對你說做不出來了，但每當那個時刻，我就會聽到自己心中有一個聲音在說：『堅持一下，再堅持一下。』所以，我就發誓一定要堅持下去，非把它解答出來不可。」

那天晚上，卡爾吃了很多東西，睡覺也比平時香許多。他的確累極了。

自從那次之後，卡爾的解題能力大大的提高。此後多數時間，他都能夠用兩三種方法解答一些極難的數學題。

卡爾也透過這一次的練習對只要堅持就會成功的道理有了更深的體會。

MEMO

第12章

我如何防止兒子自滿

早期教育與天才素質的培養

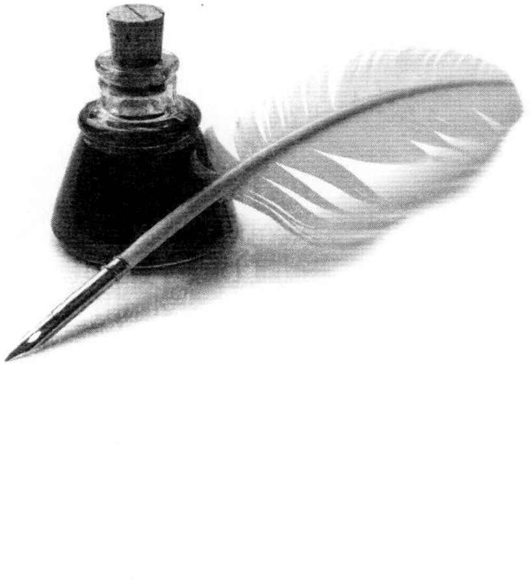

我教育兒子：

知識能博得人們的崇敬，善行只能得到上帝的讚譽。

世上沒有學問的人是很多的，由於他們自己沒有知識，

所以一見到有知識的人就格外崇敬。

然而，人們的讚賞是反覆無常的，既容易得到也容易失去，

而上帝的讚賞是由於你積累了善行才得到的，

來之不易，因而是永恆的。所以不要把人們的讚揚放在心上。

我告訴卡爾，

喜歡聽人表揚的人必然得忍受別人的中傷。

僅僅因為別人的評價而或喜或憂的人是最蠢的。

被人中傷而悲觀的人固然愚蠢，

稍受表揚就忘乎所以的人更是愚蠢的。

不要隨便表揚孩子

對於兒子的善行，我會加以表揚。儘管如此，我仍然提醒那些善良的父母們：不要對孩子過多表揚。因爲隨便表揚，表揚也就失去了原有的作用。

即便卡爾學得非常好，我也只是說到「啊，不錯」的程度。當兒子做了善行時，我對他的表達可能會進一步，我會對他說：「好，做得好，上帝一定會高興。」但不會表揚過頭。

當卡爾做了特別大的好事時，我會抱著親吻他，但這並不是常有的。

我這樣做的目的，是想讓兒子明白父親的親吻對他來說是非常可貴的。通過這種不同程度的表達方式，我讓兒子深深懂得：對善行的報答就是善行本身的喜悅，是上帝的嘉獎。

我非常注意不過分地表揚他，就是爲了不讓他自滿。因爲孩子一旦自滿起來以後就難以糾正了。

我教給卡爾很多知識，但從不教他這是物理學上的知識，那是化學上的知識等等，爲的是防止他狂妄自大。

有些父母的想法或許與我不同，他們大多喜歡在眾人面前炫耀孩子在這方面或那方面的「與眾不同」，這樣就很容易使孩子感到自滿。我很擔心，這種做法很可能把一個未來很有潛質的孩子毀掉。

我認爲，沒有經過早期教育而靠天賦產生的神童，只不過是一種病態的暫時現象。這樣的神童，往往容易夭折。這就是「十歲神童，十五歲才子，過了二十歲是凡人」這一諺語所表達的現象。一些潛質很好的孩子之所以沒能如願地成爲棟樑，正是源於孩子的驕傲自滿，狂妄自大。

世界上再也沒有比驕傲自大更可怕的了。驕傲自大會毀掉英才和天才。

萊恩是一個自幼就表現出某種天賦的孩子，因爲他一出生時就讓別人感到他靈氣逼人、聰明伶俐。人們都說這個孩子一定是個天才，他的將來一定極爲輝煌。

有人說：「萊恩一定會成爲一個偉人，你看他那種機靈的模樣，說不定會成爲一個偉大的將軍。」也有人斷定他會成爲一個可以令大家引以爲榮的藝術家。

這種說法也沒有什麼錯，可是事實並非如此，雖然這個孩子在兩歲的時候就表現出超人的天賦，他在音樂方面很有才能。

萊恩的父母爲此專門給他請了家庭教師，試圖在音樂方面給予他最好的培養。他確實非常聰明，老師教的一切他都能很快地學會。四、五歲的時候，他不僅掌握了基本的樂理知識，而且會演奏多種樂器。他的鋼琴和小提琴演奏極爲出色。並且很快就舉辦了自己個人的音樂會。

人們都說他是一個音樂神童，是個偉大的天才，就像人們評論那些歷史上的偉大音樂家一樣。

萊恩的父母把他當成一個寶貝，生活的全部中心都轉到了他的身上。他們逢人就誇獎自己的孩子。甚至當著眾人的面，說萊恩的音樂水平已經遠遠地超過了他的老師和其他同時代的音樂家。他們說萊恩注定會成爲像巴哈那樣的音樂大師。

萊恩被這些過多的讚譽蒙蔽了，他陶醉在沾沾自喜之中。

有一天，他的音樂老師告訴他在音樂表現上存在著很多的不足。雖然他的技巧確實已經相當不錯了，但音樂的本身魅力在於內涵而不單單是技巧。

萊恩被激怒了，他狠狠地對老師說：「你以爲我只會技巧嗎？那些音樂的內涵我早已清清楚楚。」

老師說：「但我明明發現你有這些問題呀！」

萊恩說：「那不是問題，是我故意那樣演奏的，我就是那樣理解這首曲子的。」

老師爲了讓他能夠明白一些音樂表現方面的東西，開始給他做示範。碰巧老師在演奏的過程中犯了一個小小的錯誤，這樣就被萊恩抓了個正著。

「喂，您都彈錯了。我親愛的老師，就您這種程度還想教我嗎？」他的語氣中帶著極大的嘲笑。

老師氣憤極了，雖然他認爲萊恩是個有才華的孩子，可還是馬上辭去了這份工作。儘管萊恩的父母請他原諒孩子的做法，並盡量地挽留他，但他仍然頭也不回地離開了。

後來，我曾遇到過這位音樂老師並和他談起萊恩的事。他告訴我，就在他離開萊恩的那一刻，突然感覺到他以往的判斷是錯誤的，他感覺到萊恩並不是以前想像的那樣會成爲偉大的音樂家。事實證明，這位音樂老師說對了。

自從老師走後，萊恩越來越得意。因爲他自認爲是天才，胡亂地改動那些大師的作品，並經常說這些作品不過如此。

他拒絕父母再替他請老師，說那些老師都是不中用的人，根本不配來教他這樣的一位百年難遇的才子。

結果是可想而知的。事過多年，聽說萊恩已經變成了一個酒鬼，他憤世忌俗，說人們不理解他這樣的天才。

我知道有很多偉大的藝術家在生前或未成名之前很難被人理解。但萊恩決不是那種人，因爲他一生從未寫出過美妙的作品，甚至連平庸的作品都沒有。而且過度的飲酒摧毀了他的聽力和靈巧的手指，恐怕他已經連最基本的音階都不會演奏了，更不用演奏出美妙的音樂。

在對卡爾的教育中，我擔心的正是這一點。我下了很大的功夫就是防止他自滿。我把萊恩的事講給他聽，讓他明白驕傲自滿和狂妄自大會帶來多麼大的危害。

絕不過多地表揚兒子

◆ ◆ ◆

在兒子成長的過程中，我不僅自己不過多地表揚他，同時也決不讓別人表揚他。每當別人要表揚卡爾時，我就會把兒子支出屋子不讓他聽。對那些常常不聽忠告仍一味誇讚兒子的人，就謝絕他們到家裡來。爲此，我甚至被人視爲不通人情，是一個老頑固。但是，爲了杜絕孩子養成這種不良習慣，我對別人的議論是不會去計較的。

我教育兒子：知識能博得人們的崇敬，善行只能得到上帝的讚譽。世上沒有學問的人是很多的，由於他們自己沒有知識，所以一見到有知識的人就格外崇敬。然而，人們的讚賞是反覆無常的，既容易得到也容易失去，而上帝的讚賞是由於你積累了善行才得到的，來之不易，因而是永恆的。所以不要把人們的讚揚放在心上。

我告訴卡爾，喜歡聽人表揚的人必然得忍受別人的中傷。僅僅因爲別人的評價而或喜或憂的人是最愚蠢的。被人中傷而悲觀的人固然愚蠢，稍受表揚就忘乎所以的人更是愚蠢的。

我用各種方法來教育卡爾，防止他驕傲自滿，儘管這樣做要花很大的功夫，但我想最終一定會獲得圓滿的成功。

世界上大概再沒有像我兒子這樣被人們所廣爲讚賞的孩子了。只是由於我的努力，才使兒子未受其害。

有一次哈雷的宗教事務委員塞恩福博士對我說：「你的兒子驕傲吧？」

我說：「不，我的兒子一點也不驕傲。」

「這不可能，像那樣的神童如果不驕傲，那你的兒子就眞不是常人了。他一定會驕傲，驕傲也是自然的。」他不相信，一口咬定卡爾是個驕傲的孩子。

事後，我讓他看看我兒子。他和卡爾在一起談了很多話，經過多次的交談，他終於完全了解了我的兒子。

塞恩福博士事後對我說：「我實在佩服，你兒子一點也不驕傲。你是怎樣教育他呢？」我讓兒子站起來，讓他把我的教育方法講給塞恩福博士聽。

聽後，他服氣了，說：「的確，如果實行這樣的教育，孩子就不可能驕傲了，眞是佩服。」

還有一次，有個位於外地的督學官克洛爾先生到格廷根的親戚家去作客。他在來格廷根之前就已經從報上和人們的傳說中知道了卡爾的事，到了親戚家後知道得就更詳細了。因爲他的親戚和我們有密切的來往，非常了解卡爾的情況。克洛爾先生想考考我的兒子。爲了得到這一機會，就拜託他的親戚請我們父子去。

我接受了邀請帶著兒子去了。

克洛爾先生提出問題要考考我的兒子。按照慣例，我也要求他答應我的條件，即：「不管考得怎樣，決不要表揚我兒子。」

H先生擅長數學，所以他提出主要想考考卡爾的數學。

我回答說：「只要不表揚，考什麼都沒有關係。」

商量妥當，就把卡爾叫進來，考試開始了。

克洛爾先生先從世故人情考起，然後進入學問領域。卡爾的每個回答都使他感到滿意。最後開始了克洛爾先生所擅長的數學考試。

由於卡爾也擅長數學，所以越考越使克洛爾先生感到驚異。每一個題解我兒子都用兩、三種方法去完成，也能按照克洛爾先生的要求去解題。到了這一階段，克洛爾先生已不由自主地開始讚揚他了。

我趕緊給他遞眼色，他這才住了口。

但是，考試還未結束，由於他們二人都擅長數學，考著考著就進入了學問的頂峰，並最終走到克洛爾先生難以駕馭的程度。

這時，他竟不由自主地叫了起來：「唉呀，他已經超過我了。」

我想，這下壞了。於是立即給現場潑冷水：「哪裡，哪裡，由於這半年兒子在學校裡聽數學課，所以還記得。」哪想到克洛爾先生興致不減，又拿出更難的題來考他：「你再考慮這道題，這道題歐拉先生考慮了三天才好不容易做出來，如果你能做出來，那就更了不起了。」

聽了這話，我開始擔心起來。

我並不是怕兒子做不了那麼難的題，而是擔心如果兒子真的把那道題做了出來，就由此而驕傲起來。

可是，我又不好說「請不要考那道題了」。因爲克洛爾先生不太了解我們，怕引起他的誤解，以爲我害怕兒子做不出那道題才這樣說。

我只好故作鎮靜地看著。

那道題是一個農夫想把如圖所示的那樣一塊地分給三個兒子，分法是要把它分成三等份，而且每個部分要與整塊地形相似。

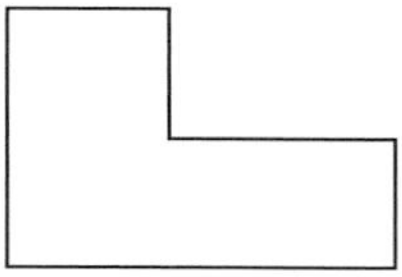

克洛爾先生把問題說明後，就問我兒子有沒有聽說過，或者是在書上看到過這個題。兒子回答說沒有。克洛爾先生說：「那麼給你時間，你做做看。」

說完，他拉著我的手退到房間裡面，對我說：「你兒子再聰明，那道題也很難做出來，我是爲了讓你兒子知道世界上還有這樣難的題才給他出的。」

可是，克洛爾先生的話音剛落，就聽到兒子喊道：「做出來了。」

「不可能。」克洛爾先生說著走了過去。

兒子向他解釋說：「三個部分是相等的，而且各個部分都與整塊很相似，對嗎？」

這時，克洛爾先生有些疑惑地說：「你是事先知道這個題吧？」

兒子一聽就感到委屈，含著眼淚反覆說明：「不知道，不知道。」

看到這種情況，我再也不能沉默了。

我向克洛爾先生保證：「我兒子做的一切，我全都清楚。這個問題的確是第一次遇到，更何況我兒子是從不撒謊的。」

這時，克洛爾先生讚不絕口地說：「那麼你的兒子已勝過歐拉這個大數學家了。」

我掐了一下他的手，立即說：「瞎鳥有時也能抓到豆，這只是偶然的情況。」

克洛爾先生這才領會我的意圖，點著頭說：「是的，是的。」然後就附耳小聲地對我說：「唉呀！我眞佩服你的教育方法。這樣的教育，不管你兒子有多大的學問都絕不會驕傲。」

兒子也很快同其他人高興地談論別的事，這一點使克洛爾先生十分喜歡。因爲卡爾在這種情況下沒有表現出絲毫的驕傲。

我很慶幸對兒子的教育有如此的成效。我曾經無數次地告誡卡爾：無論怎樣聰明，怎樣通曉事理，怎樣有知識的人，與無所不知、無所不能的上帝相比，只不過是九牛之一毛，滄海之一粟。只有粟粒大的一點知識就驕傲的人，實際上是很可憐的。奉承話大抵八成是假的。說來可笑，正是這八成是假話的奉承話竟是世之常習。因此，誰要不折不扣地相信這種奉承話，那他就是糊塗蟲。

【附註】上述數學題可能有誤。圖的比例源於英譯本。如果沒有錯誤，此題是不成立的，因爲無須用數學公式來證明，只要按圖做三個紙片互相組合，即可看到，無論怎樣組合也決不會得到上圖那樣的形狀。因爲這是不可能的。

由於英譯本上用的是 similar 一詞，其詞義也可能不是「要似」，而是更廣義的「類似」。但如果是類似，這個問題就很簡單了，歐拉也用不著考慮三天了。

這到底是原著的問題，還是英譯本的問題不得而知。總之，這個題是有錯誤的。但是由於這個問題不是爲了證明卡爾的學力，而是用以證明卡爾並不驕傲，所以我認爲這個例子的錯誤是無關緊要的。

——譯者著

早期教育與天才素質的培養

第13章

我不讓孩子養成不良習慣

除了兒子之外我也接觸過不少和他年齡相仿的孩子。

我發現幾乎任何一種不良行為，

孩子都會憑著自己的理解去獲得某種自認為的「獎勵」。

我認為，

父母的責任就是要去發現和取消這種「獎勵」。

我怎樣杜絕孩子產生惡習

◆ ◆ ◆

由於我對兒子的教育略有一些成績，很多認識的人、甚至是不認識卻慕名而來的父母們時常向我提出問題：孩子不聽話怎麼辦？孩子成績不好怎麼辦？孩子有不良習慣又怎麼辦？

面對這一大堆問題確實令父母們擔心，但我認爲只要父母能夠仔細地觀察孩子，盡量站在孩子的立場看問題，那麼一切問題都可迎刃而解。

有一位慈祥的母親對我說，她的兒子脾氣暴躁，動不動就發脾氣，眞不知該怎麼管教他。其實，要想讓孩子變得有涵養而不粗暴，首先要弄清楚原因。

爲什麼容易發脾氣呢？

我認爲，小孩子之所以容易發脾氣，是因爲孩子的感情比較脆弱，容易被激怒，心中有一種無法遏制的東西，這種東西就是挫折所形成的一種負擔。孩子太小，不知該怎麼辦，只有通過發脾氣才可以發洩出來。

孩子發脾氣時忘掉了周圍的一切，內心被怒火所控制，他感到害怕、痛苦，但是自己控制不了。孩子發脾氣時很可怕，好像著魔似的。父母不僅應該充分注意孩子發脾氣的問題，還要弄清楚他發脾氣的原因並且採取一些可行的方法防範他們發脾氣。

我認爲，父母應該盡力去安排好孩子的生活，讓孩子少受挫折，或者讓孩子所受的挫折在能夠容忍的限度之內。不要過分地規定孩子做什麼事，也不能太過份地強迫孩子不做什麼事。嚴格地教育是應該的，但萬事都有個限度，不能讓孩子去承受他們極限之外的事。因爲這樣反而將孩子逼上了死角，如此就會不知所措，會情緒極差，那自然就會亂發脾氣了。不僅是孩子，連成年人也會有無法承受的東西。

當孩子情緒不好時，不要過多地招惹他，在他遇到困難時不要用過激的話刺激他，要等他平靜下來之後再去慢慢開導。

如果孩子發了脾氣，應該採取相應的辦法處理，以免造成更壞的結果。

我在教育兒子和研究別的孩子的過程中逐漸積累了一些經驗：當孩子爲某事就要發火時，應該轉換他的注意力，使他暫時忘記不高興的事，慢慢地安靜下來。父母在這種情況下一定要冷靜，不要火上澆油，更不要用粗暴的肢體行爲加以制止。孩子靜下來之後，父母要加倍體貼，好言安撫他。有的孩子發脾氣時不准人抱，抱著他就等於火上澆油，那麼父母不要硬去抱他，只需收拾好易碎的東西，保護好孩子不受傷就行了。萬事都要等他冷靜下來後再說。

當孩子正在氣頭上時，不要直接與他講理，因爲這時他是什麼都聽不進去和不講理的。這時，父母更不該向孩子發脾氣。發脾氣就像傳染病，用了脾氣的方法制止發脾氣是不明智的，這只能使脾氣越發越大。

對於孩子的壞脾氣，父母不應該去獎勵或懲罰，應該讓孩子懂得發脾氣是毫無作用的。例如，孩子因爲不想吃飯而發脾氣，脾氣發完之後，飯還是要吃的，當然父母要爲他講清楚道理。如果平時吃飯後要得到獎勵，那麼脾氣過後吃飯仍舊要獎勵。

如果孩子在大庭廣眾下發脾氣，父母一定不能順從他。很多父母由於害怕孩子當眾發脾氣而常常順著孩子，這種做法極爲有害。因爲孩子雖小，但自有他狡猾的一面，他們常常利用父母的弱點發起進攻。父母一定要想辦法不要讓孩子知道這點。要做到這一點也不難，若孩子當著他人提出什麼要求，父母最好給予幫助，合理的要求就滿足他。如果硬要等到他發脾氣再去幫助他，後果就不好了。對孩子的要求要有選擇地滿足，不合理的要求可間接地答覆他，如告訴他回家再說，或對他表示等客人走了再說等等。

孩子發脾氣主要是因為自己太弱小，面對問題感覺無能為力。隨著孩子一天天長大，他們的能力增加後，日常生活中受到的挫折也就會越來越少。他也會慢慢地變成一個心平氣和、通情達理的孩子。

有的孩子很任性，動不動就又哭又鬧，使性子，把父母搞得一籌莫展。很多時候，父母只好遷就，我認為這種做法是極端錯誤的，因為這樣孩子就會得寸進尺，越來越任性。

眾所周知，父母是最了解孩子的。對於孩子的脾氣和性格父母應該最清楚，應該知道孩子在什麼情況之下會發生什麼樣的任性行為。在預料到他要做出任性行為之前，父母應該採取一些預防措施，避免孩子發脾氣。比如，孩子吵著要買玩具，但是父母以為沒有必要，就應該對孩子說：「我去問你姨媽，看你這樣大的孩子適不適合買這種玩具，如果她說合適，我再買給你。如果不合適，那麼就不買了。」事先把不買的可能告訴孩子，孩子會進行自我調節，做好心理準備，這樣就可以防止任性的發生。

在卡爾的成長過程中，我非常注意觀察他內心世界的變化，目的在於養成他良好的性格。從一開始，我就注重用各種方式培養他的品性，因爲一個人的成功與否不光是他的學識和能力，性格往往是決定成敗關鍵因素。

在卡爾三歲時，有位親戚來我家作客，他帶來了自己的小女兒，也就是卡爾的小表妹。起初兩個孩子在一起相處得非常好，由於他們年齡相差不大，又是早已聽說過的兄妹，所以在一起極爲投緣。可是，兩三天相處下來，他們之間就開始產生矛盾了。

有一天他們在外面的院子裡玩，卡爾正在用那些木塊搭建房屋，小妹妹也在一旁興致勃勃地幫忙。

卡爾像一位工程師，指揮他的表妹做這做那。剛開始一切都很正常，可是後來小表妹就不聽他的話了。她非要把一塊圓形的木塊放在卡爾沒有指定的地方。他們在外面僵持了很久。小妹妹把木塊放上去後，卡爾一定要把它拿下來，但小妹妹偏不妥協又重新把它放上去。這樣你來我往的不知多少次，最後終於開始爭吵起來了。

我和親戚聽見他們的爭吵，趕忙跑了出去。

卡爾怒氣沖沖地坐在地上，而小表妹在那兒哭，哭得非常傷心。

「怎麼啦，卡爾？」我嚴厲地責問他。

「她不聽話。」卡爾說道。

當我弄清楚是怎麼回事後開始開導卡爾：「卡爾，你比妹妹大，就應該讓著她。那塊圓型木塊放在那兒不是挺好嗎？」

「不，那樣不好看。」兒子堅持到。他說完就衝過去一腳把尙在搭建中的小房屋踢翻，然後頭也不回地向房間快步走去。

兒子的作法讓我感到吃驚，我還從未發現他有這麼任性，也從沒見過他發這麼大的脾氣。

而面對這樣的情況，我並沒有發怒，也沒有立即去理會兒子，而是把坐在地下哭的小妹妹抱了起來。

晚上吃飯的時候，我特意把兒子和小妹妹安排坐在一起。

「兒子，你今天怎麼那樣對待妹妹呢？」我問卡爾。

「我又沒有對她不好，只是爲了她不聽我的話而氣憤。」

「爲什麼她一定就要聽你的話呢？」我問。

「因爲她不懂，而我精通建築。」兒子回答。

「妹妹在搭房子時搗亂了嗎？」我問。

「沒有，可是我認爲那塊圓形木塊放在那兒不好看。」兒子回答。

「可是你想過妹妹爲什麼要那樣做嗎？」我問。

「沒有。」

「我認爲，妹妹所以那樣做是因爲她覺得那樣好看。」

「可是……」

「卡爾，你平時一個人搭建築的時候，我們都沒有管你，是要你獨自發揮想像力。可是今天不同了，既然妹妹在參與這件事，你爲什麼不能給她發揮想像力的機會呢！」

「我……」

「今天你和妹妹在一起，不僅應該玩得很高興，還要充分發揮你們兩個人的能力去把房子搭得更好。你要記住，一個人的能力是有限的，要想把事情做得完美，就要集合很多人的力量。妹妹有些地方不會，你應該耐心地教她，而不是任性地胡鬧。你想想，如果你有什麼地方不懂，而我不耐心地指導你卻對你發脾氣，會有什麼後果呢？」

我說完後，卡爾一言不發。但我知道他已經明白了我的意思。

第二天，卡爾和小表妹又在一起愉快地玩耍，並且他們合力搭起了一座極爲壯觀的「宮殿」。

不少父母看著孩子一天天長大，卻發現他們在一天天變壞，而且是越大越不聽父母的話。這雖然是孩子一天天變得獨立的表現，但是如果管教不力，就很容易形成各種各樣的不良習慣，甚至「惡習」。

當兒子有了「惡習」時

◆ ◆ ◆

孩子畢竟是孩子，在他們成長過程中不可避免地會產生各種不良習慣。因爲他們太小，對事物的判斷及對事情的處理上都顯得能力有限。爲人父母應該首先注意這個問題，不能把孩子的「惡習」與成人的惡習相提並論，因爲孩子的「惡習」還不具備成人惡習的性質和危害。比如說，當一個孩子說「我恨死你了」的時候，這句話和成人說「我恨死你了」不是一個概念。父母在面對這些的時候，應該多從孩子的立場出發，多去考慮一下孩子說話、做事的動機，以免小題大作，弄假成眞。

有的父母認爲，只有在大庭廣眾之下教訓孩子才能樹立父母的權威，令孩子口服心服。我認爲這種做法極端錯誤。因爲這種做法直接的危害就是傷了孩子的自尊心。

我在對卡爾的教育上，從來不採取當眾訓斥的辦法，因爲對孩子的教育應該建立在不傷害他自尊心的基礎上。否則，不但不能幫助孩子，反而會使他向相反的方面發展。

自尊是一個人的基本需求，自尊心受到傷害所造成的身心危害是難以估量的，對幼小的孩子來說，儘管他不完全懂事，但自尊心多次受到傷害，會對他的性格乃至整個心理的健康成長造成深遠的影響。孩子的自尊心就像一朵嬌嫩的花朵，只要稍不留意就可能受到傷害，進而產生難以預料的後果。所以，我無論在對卡爾的教育上，或與其他父母談論教育孩子時，都一再強調要盡力去保護孩子的自尊心。

我認爲，父母教育孩子時必須維護孩子的榮譽感。任何人都需要得到別人的肯定和讚揚，這是人之常情。孩子在這方面表現出來的慾求往往比成年人更加強烈。對於孩子來說，得到別人，特別是父母的承認，對孩子的心理健康發展具有重要意義。一個失去了自尊心和榮譽感的孩子是很可怕也是最難教育的。如果當著衆人，特別是孩子的小伙伴面前數落孩子，會讓他感到面子盡失，羞愧難當。這非常容易使他在伙伴面前感到自慚，經常自覺低人一等，也會成爲其他孩子羞辱他的把柄，久而久之會形成不良的心理障礙，影響孩子的健康成長。所以，我一直強調，對孩子的不足之處，要注意用適當的方法去細心教導，要掌握合理的時間，一定不要簡單蠻橫，但不能以成年人單方面的思維去對待孩子。

在對卡爾的教育過程中，無論是他做了好事或壞事，我都竭力做到心平氣和，用一種平靜的心態去對待他，因爲教育孩子是一個最需要耐心的工作。我極力反對那些動不動就怒火沖天、對孩子責打頻繁的父母。這些父母的方法只會讓孩子渾身發抖，只能在表面上管住了孩子，而實際上什麼問題也沒有解決。用心平氣和的狀態去處理有關孩子的問題，是一種最好的方法。這樣，父母在孩子面前既有威嚴卻不顯得無理，既和藹卻不顯得過於嚴肅。

卡爾也會做錯事。每當面對這種情況時，我不會像其他父母那樣使用「不准這樣」、「不要這樣」、「不行」這些消極的、否定的詞語，因爲這些語言容易使孩子覺得自己一無是處，會增加他的消極情緒。我總是用積極的、肯定性的語言，給予兒子明確的行爲指導，增加他的積極情緒。根據經驗，這樣做往往會收到較好效果。或許兒子在我這裡聽得最多的話就是「這樣做」，「努力去做」這些積極的、帶有鼓勵性的語言吧。

很多父母認爲，爲防止孩子養成不良習慣就要對孩子瞭如指掌。其實這種想法也不完全正確。孩子都有自己的祕密，大孩子有，小孩子也有。許多父母都不注意這點，要麼認爲小孩子沒有什麼祕密，要麼就是千方百計地挖掘孩子的祕密。這種想法和做法都是不正確的。孩子自有孩子的祕密，只是在大人看來算不上祕密而已。孩子是非常幼稚的，他們心目中那種祕而不宣的東西就是祕密。父母不應該時刻窺探，不要對此過多地追問，更不要干涉，特別是對健康合理的、無害的祕密。這樣，哪怕是兩三歲的孩子也會更加信任父母，與父母更加親密。有了這種信任和親密，孩子可能會把他們心中的祕密告訴父母。如果父母一味追問，孩子得不到父母應有的尊重、信任，孩子會感到他沒有地位，於是心灰意冷，逐漸失去積極性，甚至會關閉自己的心靈大門。當然尊重孩子的祕密，並不等於對此不管不問，而是要求父母時時刻刻關注孩子的內心世界，健康地加以引導，不健康的則應在充分尊重和理解孩子的前提下，去關心和引導他。

卡爾犯錯時，我總以最簡單的方式讓他明白道理，而不是長篇大論和喋喋不休。在教育的過程中，我發現長話短說、要求明確、大度和氣往往會達到令人滿意的效果。

我從未打過兒子，因爲那是一種粗暴的行爲，是我厭惡的。很多父母用體罰的手段去管教孩子，效果往往是短暫的。他們不僅責打孩子，還說一些非常傷人的話，「不要你了，滾！」「你太蠢了！」「你不可救藥！」等，這些都會對孩子產生很多不良影響。

什麼才是有效的

對於孩子來說，能夠得到父母有效的管教是非常有利於他們健康成長的。有些父母對孩子的管教僅僅停留在管住孩子上，讓孩子循規蹈矩，沒有活力，沒有創造性。這種辦法根本不能讓孩子健康的發展。在我看來，這種管法還不如不管。也有些父母因爲顧及孩子的自尊心而不去教育孩子，這也是錯誤的做法。

在對卡爾的教育和管束上，我竭力做到既有效制止他的不良行爲，又盡量減小或不產生負面影響。我認爲這是管理孩子要遵循的最基本原則。

◆ ◆ ◆

除了兒子之外我也接觸過不少和他年齡相仿的孩子。我發現幾乎任何一種不良行爲，孩子都會憑著自己的理解去獲得某種自以爲是的「獎勵」。我認爲，父母的責任就是要去發現和取消這種「獎勵」。

我的一位朋友，他有著兩個孩子，他的兒子非常調皮，處處都讓人感覺到他的與眾不同，經常欺負妹妹和別的小伙伴，或做些令人心煩的事。

有一天，我的這位朋友找到我，想請我爲他提供一些管教孩子的辦法。

朋友對我說：「我的兒子眞令人討厭，他不僅喜歡嘲弄別人，連吃麵包也與其他孩子不同。他明明知道我討厭他的某些行爲，可他偏偏那麼做，好像是專門在氣我。」

聽了他說的話，我感到很奇怪。這孩子連吃麵包都會惹父親生氣，這也太與眾不同了吧。於是，我要求去看看這個孩子。

那天我和朋友一家共進午餐。在飯桌上，我特意仔細觀察這個調皮的孩子。

我發現，這個孩子在吃麵包的時候，把麵包皮細心地剝下來，然後用手把它捏成一個球形吃掉，而把剩下的部分丟在盤子裡。此時還得意洋洋地對他母親說：「媽媽，我把麵包皮剝下來了！」

於是，他的母親開始訓斥他：「你每次都這樣，居然還當著客人的面。」這時，他的父親似乎也要發怒了。

我給朋友使了個眼色，示意他不要發怒。飯後我對他講了一個「對付」的辦法。

第二次，這個孩子故技重施，像往常那樣把麵包皮剝下來後，也對母親說：「媽媽，我把麵包皮剝下來了。」可是她的母親只說了一聲，「我知道。」

孩子說：「你不說我嗎？」

「不說。」

沒過多久，朋友來找我，說孩子現在已經沒有剝麵包皮的習慣，也和其他人用一樣的方法吃麵包了。他覺得很奇怪，問我什麼原因。

其實道理很簡單，孩子的那種做法就是爲了引起別人的注意，即使被父母責罵，他也會覺得受了重視。在他眼裡，父母的責罵就是一種獎勵，而他的做法就是爲了這種獎賞。後來，父母對他的這一舉動不聞不問，毫不關心，他自己也漸漸覺得沒趣了，所以在不知不覺中改掉了壞習慣。

還有個小男孩，染上了說粗話的習慣。因爲他的一個小伙伴愛說「屁股」兩個字，他學會了帶回家裡。由於這兩個字不是什麼風雅的詞，他的母親覺得很討厭，很快就加以制止。可是相反，孩子不但沒有停止，還一連幾個星期編造出不少關於「屁股」的話，說什麼「天上有個屁股」，「屁股點心」，「甜屁股」等等。他的母親氣得不行，最後乾脆懶得理他。後來孩子發現這樣說已經不能引起父母的注意，也就慢慢地不說了。

這是因爲孩子起初說的粗話得到了旁人的注意而反覆地說，後來沒有了鼓勵就不說了，曾經使他頗感興趣的粗話也就漸漸地被遺忘掉。

孩子在成長的過程中，可能會出現各種各樣的壞習慣，有的是任性、自大，有的時刻會危害他人、損壞財物。面對這些問題，父母應該採取不同的辦法去加以解決，以達到最好的效果。

卡爾小的時候喜歡在牆上亂畫，雖然我爲他買了學習繪畫的用具，但他仍然克制不住自己的這一癖好，總是趁我不注意時偷偷地用筆在牆上塗抹。

有一次，正當他在牆上畫得高興的時候，被我抓了個正著。

「卡爾，你在做什麼？」我立刻制止了他。

卡爾迅速地轉過身，把筆藏在身後，並用身體攔住了剛剛塗抹的牆。

我當時並未理他，也沒有訓斥他，只是制止他再繼續，並讓他回到房間反省。

過了一會，我把他叫出來，並詢問他爲什麼要在牆上畫。

他說：「爸爸，我知道錯了。因爲我剛才在房中想了很久，我想我的行爲破壞了牆壁的清潔。其實我有畫畫的紙張，我應該在紙上畫畫而不是在牆上畫。你曾經對我說過不能隨便弄髒東西的道理，所以我犯錯誤是不應該的，請您懲罰我吧。」

我並未懲罰卡爾，叫他去房間獨處的目的就是讓他想清楚這個道理。因爲孩子有時在做某件事時，純粹是一時興趣，他可能也懂得這些道理，只是一時管不住自己。如果我當場就去訓斥他，或把那些講過多次的道理再講一次，一定不會有這樣好的效果。孩子自己從內心裡眞正認識到了錯誤，這樣的印象就會留得很深，也就會減少他再犯錯誤。

只讓他無聊而乏味地獨處，這不算是一種懲罰。他獨處的時候，做什麼事都沒有關係，只是想讓他把剛才在牆上畫圖的那股勁冷下來。如果他能在房間裡對自己的行爲有所反思，那就再好不過了。

我認爲，這種方法可以適用於很多情況。比如，當兩個孩子發生爭執或打架時，一般來說都會互相告狀，爭論不休。父母只要讓他們停下來，把他們分開讓他們各自單獨待一會兒，可能什麼問題都能輕鬆地解決。因爲孩子之間不可能有什麼深仇大恨，只是一時氣頭上發生爭執罷了。如果父母不把他們分開而是去爲他們勸說，那只會加深他們之間的矛盾，帶來更多的麻煩。

當然也有這樣的情況，孩子拒絕到自己的房間或指定的地方去。有的孩子還會對父母的命令採取蔑視的態度，不執行父母的命令。如果碰上這種情況，我認爲父母仍然要堅持把他帶到指定的地方去，即使孩子哭鬧，也要把他關進房裡。父母要守在門外，在規定的時間之內不能開門。必須要讓孩子明白，任何對抗都是無用的，必須要讓孩子面對這個現實，要讓他懂得應該爲自己的行爲負責。値得慶幸的是，卡爾從小就很聽我的話，我也沒有採取過這種粗暴的方式。

爲什麼貪吃

由於父母過於溺愛孩子，無規律無限制地讓孩子進食，從而使孩子的食慾紊亂，以致使孩子的精力僅僅用於消化，大腦得不到好的發展。

在如此不合理的狀態中，即便實施了早期教育或其它教育，也是白費。很多父母用他們這種所謂的「愛心」對待孩子，在我看來是一種愚蠢透頂的做法，他們的「愛心」實際上是害了孩子。

我認爲，不理智的飮食會對孩子產生許多負面影響，卻沒有引起很多父母的注意，實際上，這是一個在我們身邊很嚴重的問題。我見到過很多孩子，他們往往不知飢飽，因吃得過多而生病。

貪吃的習慣並非是孩子的天性，而是由於父母的無知和縱容造成的。在大多數父母的頭腦中，只想到加速孩子的成長。爲使孩子身體變得強壯，於是拼命對他們加強營養，只要聽說某種食品能強身健體，就不惜一切地爲孩子購買，毫無節制地灌進孩子的胃裡。

我和兒子的母親都非常注意這一點，我們嚴禁兒子隨便吃點心、零食。爲了替兒子加強營養，我與他的母親對兒子定下固定吃點心的時間，並合理的安排。

爲了兒子的健康，也爲了讓他不要養成貪吃的習慣，我時常對他講飮食過剩的害處。

我告訴他：「飲食過多腦袋就發笨，心情就會變壞，有時還要鬧病。生了病，不僅苦惱和難受，而且也不能學習和玩耍了。不僅如此，你一得病，爸爸媽媽爲了照顧你，好多事也不能做了，就是說你一個人病了，會給許多人帶來麻煩。」

爲了讓卡爾懂得身體健康及飲食合理的重要性，我在朋友的孩子生病時，都會帶他去探望，讓他有更爲直接的體會，這對他是一種很實際的教育。

有一次我帶著兒子散步，遇見了一個朋友的兒子。

「你家裡人都好嗎？」我首先問候道。

「謝謝，都好。」他說。

「但是，你弟弟病了吧？」

「是的，您是怎麼知道的呢？」他驚訝地說。

「我知道，因爲聖誕節剛過。」

我並不是胡猜。因爲我知道那孩子特別貪吃，聖誕節過後準會鬧病的。

果然不出所料，於是我帶著兒子前去探望。到那兒一看，那孩子不喊肚痛，不喊頭痛，只是叫個不停。

在談話中，我問明了孩子的病因，正如我所預料的那樣，原因是吃多了。

在這種場合，我與對方談話，還是考慮要使身旁的兒子能了解事情的眞相。為使卡爾不在飲食問題上受到損害，我特別注意培養他的飲食習慣。在吃飯之時，盡力讓他愉快地進餐。

我認爲，讓孩子愉快進食有利於增進孩子身心的各方面發展。對孩子來說，食物不應該是一種款待，也不應該是一種義務，千萬不能用食物賄賂他，也不要用不讓他吃來懲罰他。父母完全沒有必要去浪費時間和精力把食物當做獎勵、懲罰或以威脅的手段來調教孩子。重要的是把管教孩子和食物分開，給孩子營造一種和諧輕鬆的進食氣氛和環境，讓孩子獨立自主，輕鬆愉快地進食。

很多父母總是擔心孩子吃得太少或者害怕孩子不肯吃，就餐時如臨大敵，全副精力對付孩子，這不行，那不對，挑這樣，揀那樣，無形中給孩子造成一種壓力。久而久之，孩子把吃飯當成一種負擔，這不僅給孩子帶來影響，還會給父母帶來多餘的麻煩。

父母們應該知道，只要向孩子提供足夠的食物，就可以確信他絕不會挨餓。只要孩子不太貪吃，就應該讓他覺得吃東西是一件重要和愉快的事情，一件自己想做和能做的輕鬆而自然的事情。但應該注意，不能讓孩子覺得吃就是唯一的樂趣，千萬不能讓他養成貪吃的習慣。

孩子那種「有機會就吃」的情況，不是出於天性，絕大部份是由於父母為他創造了過多「吃的機會」。

卡爾基本上沒有因為吃多了而傷害了胃。到朋友家裡，主人總是熱情地拿出點心之類來款待。但不管是多麼好的點心，都難以讓卡爾動心，他是堅決不吃的。

朋友們看到兒子的反應，認為這不是孩子的眞心，可能是我管教過於嚴格的結果。但事實並非如此，完全是兒子自願的，因為他已養成了良好的飲食習慣。

朋友們之所以那樣說，是因為他們以自己和自己孩子的標準來衡量卡爾，他們無法理解我兒子的自制能力。

其實，這沒有什麼難的，只要從小經常做這方面的健康教育，孩子們就會很容易地像我兒子那樣做到。

貪吃使人愚笨

◆　◆　◆

胃過於疲勞會使大腦功能減弱，所以貪吃會使人蠢笨。我時常將此點講給兒子和周圍的人們聽。其實，不僅是我，歷史上的諸多偉人都非常注意這點，特別是那些積極用腦的大思想家、哲人，更是如此。

哥羅德是我們這一帶有名的小胖子。據說他的食量很大，在他很小的時候，就能和大人吃一樣多的東西。每天除了正常的用餐外，還要不停地吃很多零食。

我曾經問過他的父母，孩子怎麼長得那麼胖。本來我是個不愛打聽別人私事的人，可是每當看到哥羅德那種幾乎走路都會困難的樣子，在我的腦子中總會出現這個問題。

爲了教育好自己的兒子，我也經常詢問一下別人是怎樣教育孩子的，這樣或許還能修正一下我的教育方法。

歌羅德的父親告訴我，因爲他和妻子一直沒有孩子，等到年齡很大的時候才有了哥羅德，所以加倍地疼愛他。特別是他的母親，更是把兒子當成自己的心肝寶貝。

他們給兒子吃最好的東西，穿最好的衣服，可以說對兒子百依百順，千般遷就。只要兒子想吃的東西，他們都會絞盡腦汁地給兒子弄到。

哥羅德的父母都是體型較瘦的人，他們對兒子長得如此胖也感到有些不愉快。但他們只是從兒子的外形來看問題，只是覺得兒子長得太胖有些難看罷了。他們沒有考慮過肥胖已成了孩子的負擔，甚至影響健康。

哥羅德由於長得胖，被同伴們稱作「小胖子」，他行動緩慢笨拙，幾乎無法和別的孩子一塊玩，甚至還有的孩子欺負他。每當受到欺負而回家哭鬧時，他的父母解決問題的唯一辦法，還是吃。他們以爲在兒子身上，只要給他吃好喝好，問題自然解決。

哥羅德由於太愛吃東西，以至於他在看書和學習時也要拿一些點心在手中。我也問過他的父母，孩子的學習怎麼樣。他們只能一邊搖頭，一邊嘆氣。

每當哥羅德學習不專心時，他的父母就會給他一塊糖果和點心。他們認爲這樣就會讓兒子用心讀書，其實他們的做法簡直大錯特錯。因爲這樣不僅干擾了孩子的學習，也讓他形成了一種極壞的心理，他不會認爲學習好了才會有獎賞，反而會以爲只要我不學習就會有好東西吃。

哥羅德比我兒子卡爾還要大兩歲，但他在學習上與卡爾比簡直是天壤之別。

歌羅德爲什麼會這樣呢？我認爲這應完全歸罪於他愚蠢的父母，他們不懂得去怎樣教育孩子，以爲孩子僅僅需要吃喝，根本就沒有從小去培養孩子各方面的潛能。

這種愚蠢的父母只會培養出愚不可及的孩子。

MEMO

第14章

教兒子具備良好的心裡素質

早期教育與天才素質的培養

替孩子做太多的事，會使孩子失去實踐和鍛鍊的機會。這是顯而易見的。

不僅如此，更嚴重的是過分地為孩子做事，實際上等於告訴孩子他什麼也不會做，是個低能兒，他必須依靠父母，否則就不能生活。

這種環境中長大的孩子，一旦走上社會便會無所適從，會到處尋找幫助，然而家庭之外是找不到父母式的照顧的，獨立意識更無從談起，這實際上是害了他們。

勇氣

◆ ◆ ◆

勇氣，是一個人積極進取的動力。

我在兒子的教育中，把對他勇氣的開發和培養作爲一項重要的內容。現在兒子的心目中形成了這種概念：勇敢和堅忍是受人尊重的，懦弱和膽小是被人瞧不起的。

擔心孩子受到意外傷害，是每一個做父母的人經常慮及的事。我想，如果僅僅擔心孩子的安危，過分地強調危險性，為防萬一而犧牲了孩子接受鍛鍊的機會，這樣，孩子得不到鍛鍊，勇氣也就無從培養。

我認為，父母這麼做是自私的表現。他們當然會擔心自己的孩子受傷害，更深入的事實是萬一孩子受到傷害，自己的感情會受到更大的傷害。

這種表現實際上是父母的一種自我保護。可以這樣說，要鍛鍊孩子的勇氣，實際是對父母自身勇氣的一個考驗。

卡爾從小就明白勇氣的價值。

有一次，他和別的孩子一起遊戲。不小心手指被同伴弄傷流血，疼痛異常，令他難以忍受。但他在心裡告誡自己，一定要忍住。最後，他強忍住快要流出的眼淚，裝出一副若無其事的樣子，和同伴們繼續玩耍。

後來，卡爾告訴我，他不能讓同伴看到他的軟弱，一旦眼淚掉下來，同伴會瞧不起他，也許從此不再和他一起玩了。

我一直注意對兒子勇氣的培養，也非常欣賞那些力求讓孩子變得勇敢的父母。英國人在這方面做得比較好。他們的小學生有所謂的童子軍，經常組織小學生探險，在險惡的環境中生存，目的十分明確，就是爲了鍛鍊孩子的勇氣和探索新鮮事物的熱情，以及在艱苦的環境下生存的本領。

某些地方以成年人眼光看來是危險，不適合孩子們做的事，而實際上孩子是可以勝任的，只是父母出於愛心或對孩子的能力缺乏正確的認識，導致阻止孩子去探索新的事物，熟悉新環境，剝奪了孩子鍛鍊自身的機會。我一直認爲，受到過多呵護長大的孩子，自然會具有缺乏勇氣的弱點，對他的人生會有不良的影響。

一個人是否具有勇氣和自信心，是他能否獲得成功的重要因素。我時常對卡爾說：「你能做好！」這就是要鼓勵他充滿自信，讓他有勇氣去做一切他想做的事。

尤其在處境困難的時候，自信心顯得特別重要，而是否有勇氣往往決定事情的成敗。在卡爾小時候，我和他的母親都不會主動替他做事，哪怕是那些對他來說有些困難的事情。這就是爲了培養他敢於面對挑戰的勇氣，從而增強他獨立做事的能力。

我認爲，父母對孩子的過分保護會使孩子失去自信和勇氣，久而久之，孩子會產生強烈的依賴心理，並認爲自己什麼都不會，沒有力量。

我在對兒子的關心上是非常有分寸的，從不過分地呵護他，而是積極培養他在各方面都具有獨立的能力。要知道，日常生活中的意外傷害是隨時隨地存在的，有些磕磕碰碰的事情是不可避免的。對孩子來說，有時不應該逃避種種危險，要讓自己學會去面對、去忍受，因爲長大之後的生活環境需要忍受的東西更多。所以從小培養孩子的自信、獨立和勇敢的精神是爲了他日後能更好地工作、生活。

我可以肯定地說，身上的傷是容易治癒的，而自信心的傷和被遺忘的勇氣是終身難以實現其眞正作用的。

父母不必事事包辦，許多事情孩子可以自己做到，這一點非常重要。放心地讓孩子做自己的事，讓他認識到「我能做好」，才能培養出孩子的自信和勇氣。

父母在教育子女時最容易犯的錯誤就是假設立場，事先認定孩子什麼也做不好，什麼也不會做，所以凡事都阻止他們自己做，一切代勞。殊不知，這種結果會導致孩子慢慢地對自己失去信心，失去了自己努力去探索、去追求、去鍛鍊自己的自覺性。這樣，父母們也忘記了只有通過各種鍛鍊和磨練才能使孩子成爲一個有用的人的道理。

對於卡爾的教育，我一直努力避免抱持這種先入爲主的錯誤觀念，用激勵的辦法去促使孩子主動做事，在行動的過程中不以年齡劃線去阻止孩子做某件事。

「你能做好」是我對的兒子教育首先預定的一個前提。我認爲孩子和大人一樣能把事情做好，孩子隨時隨地都在學習生活的本領，儘管他可以學不好或做錯事情。但其中的道理和大人學習做事一樣，有成功也有失敗，但不能因失敗而影響孩子發現自身的價値，關鍵之處在於孩子是否敢於失敗，敢於面對失敗，又不影響他們的自信和勇氣。

我時常鼓勵卡爾主動做事情，既不打擊他，也不過分表揚，因爲過分的表揚容易使孩子產生驕傲的情緒。這種觀點我曾多次提到。

其實，孩子有時也很反感父母過分的保護。有個孩子曾對我說：「我不希望父母總是巨細靡遺地過問，總是過於小心翼翼地表現出關心，這樣會使我在朋友面前沒面子，好像我是個低能兒。其它小朋友能做的，我卻不能做，這是多麼的不公平！」

不難看出，父母越是怕孩子冒險，去阻止孩子做事，孩子越是反感。內心感到失衡，有時會產生叛逆心理，執拗地去做父母不讓他做的一切事情。

英國人在鍛鍊孩子勇氣的做法是値得我們學習的。我聽說過這樣的事：英國西南部的瓦伊河畔，有一所由少年探險組織建立的河流探險訓練中心，專門爲孩子們提供進行探險活動的機會，以訓練他們的勇氣和堅強的意志。

在這裡，孩子們每天一早就來到河邊，由專門的人負責教他們游泳和划船。訓練是艱苦而緊張的，每次練習都有孩子落水，也有些人受傷。在激流中拼搏，需要具有堅強的意志和勇氣。孩子們在這裡不僅僅學習了划船等技術，更重要的是鍛鍊了他們的意志，培養出勇敢的精神，同時也懂得了互助互愛和團結合作。

在英國很多地方都有類似的活動，目的不是爲了學習某種技巧，而是爲了鍛鍊孩子的意志和勇敢精神，爲以後的工作和生活做好各方面的準備。

我認爲，英國人的這種做法是值得提倡和推廣的。

獨立意識

◆　◆　◆

我反覆地強調，孩子自己能做的事，就讓他自己去做，千萬別替他去做。這是一個很重要的準則。我對兒子的教育，一直是按照這個準則去做的。

替孩子做他們能做的事，是對他們積極性的最大打擊，因爲這樣會使他們失去實踐的機會，這樣就等於在對他們說：「我不相信你的能力、勇氣。」

如此一來，孩子會感到危機、不安全。安全感是建立在能夠運用自己的能力去對付所要處理的問題的基礎上。如果孩子不自信，那來安全感呢？

有個孩子的父親去世了。他的母親加倍疼愛他。當孩子四歲時，母親還是整天餵他吃飯，替他穿衣穿鞋。當他長得再大一些的時候，他仍然不會自己吃飯，不會自己扣衣服上的鈕釦，也不會穿鞋。而和他同齡的孩子做這些小事都做得很好，相比之下，他顯得手忙腳亂，而且很可憐。有人告訴他的母親，應該讓他學習自己去做這些事情，因爲像他這麼大的孩子應該學會穿鞋戴帽。可是他的母親卻說：「我愛我的兒子，他現在是我的一切，我寧願爲他做出更多的犧牲。」

這位好母親並不知道，她這樣做對孩子的發育是有害的。實際上，她對兒子的愛是對兒子的可憐。她認爲她是一個好母親，她把自己的一切都貢獻給了孩子，卻不知道她的作法實際是在告訴兒子：你是無能爲力的，沒用的、不行的。這種超常或過分的愛引起的負面效應是很多的。孩子產生了極強的依賴性，他可以什麼都不幹，不想學習，只顧玩耍。而有一天媽媽不再這樣照顧他，便會有失落感。

母親這種無私行爲實際上是自私的，因爲她忽略了兒子成長發展的需要。

等孩子長大之後，母親還是一如既往，不斷地替他做事情。孩子這不會做，那不願學，更使他感到自己不如人，甚至認爲自己是個無能的人，沒有勇氣和同學們在一起。

這個孩子，他將面臨一個陌生的世界，毫無準備。

我們要是替孩子們做他們自己能做的事，我們就是告訴孩子，我們比他們強，比他們靈活，能力比他們大，比他們有經驗，比他們重要。我們不斷顯示我們的偉大，他們的渺小。如此教育成長的孩子，人高體大，儀表堂堂，卻是畏畏縮縮，缺乏勇氣與能力。他們失去了獨立的能力，怎麼能有一個美好的將來呢？

卡爾的母親在培養兒子自己做自己的事上表現得很好。

當卡爾應該學會自己穿衣服的時候，她就開始讓他自己嘗試，並不是替他穿好了事。她一邊指導示範，一邊看著他自己穿好。她不催促他快點，而是慢慢地說：「你可以自己穿上，慢慢來，不行媽媽再幫你。你忘了，你已是一個大孩子了。」如果卡爾還堅持他不能自己穿，她也並不理會這些，繼續鼓勵他：「你肯定能自己穿上。媽媽閉著眼睛數十下，看你能不能穿上。」這時卡爾可能繼續下去，也可能開始哭起來，不再做任何努力。母親這時就不再理他，當卡爾發現他的哭鬧並不能引起母親的同情時，他才願繼續嘗試靠自己解決問題。事實證明，卡爾很快就學會了自己穿衣服。

我和卡爾的母親就是從這些小事上開始培養兒子的獨立意識的。

在德國古代的時候，兒童就被當作獨立的成人來對待。貴族們往往讓自己的孩子離家到另一個城堡的其他貴族那裡進行學習怎樣作眞正的騎士。他們認爲就是在離家獨立成長的過程中，可以使孩子具備一個騎士所應有的素質和知識。可見，對孩子獨立意識的重視，是我們民族的一個優良的傳統，這對我們民族和國家發展何等重要。

其實，注意考慮到了孩子作爲一個未成年人的能力範圍和性格特點，但是放手讓孩子去鍛鍊去挑戰困難，以培養孩子自立自強的品質，這種傳統意識至今並未遭到摒棄，很多父母甚至認爲這是比傳授孩子知識更加重要的職責。這種做法應該得到極力推崇。我也是這樣教育卡爾的。

孩子在感到不安和無能的時候，會本能式地從父母那裡尋求慰藉，他們知道父母的愛會給予自己溫暖與支持。因此爲了確保可以一直獲得這種舒適的感覺，有些孩子一直把情感的支點靠在父母身上。而這些人在交出了自己情感領地獨立權的同時，也就不得不接受他人對自己的情緒支配。

一些在此方面有心理障礙的人，情緒上通常高度依賴別人。因爲他們沒有自我感，自己不能爲自己創造心理上的滿足。爲了支持自我所以在思想、價值和行爲上，他們都依靠別人。他們按照父母或其他權威者的樣式思考和行動。他們的自我感實際上是他人的反映，而由於他們精神世界的寄生性，所以當他們依賴的權威體系一旦坍塌，他們通常會陷入一種絕望而危險的境地。

我認爲，眞正具有獨立精神的人對自我意識有一種強烈的需要，他們不藉助多餘的依賴就形成自己的意向，作出他們自己的決定，自我實現的方向指引著他們履行自己的動機和紀律。**「偉大的人們立定志向來滿足自己，而不是滿足別人。」**

由於這類依賴意識相對而言更具隱蔽性，所以就對父母提出了更高層次的要求。父母必須不斷追問自己，在對孩子的愛當中是否具有這樣的成分：固然知道應該讓孩子獨立，但由於害怕失去孩子，而總希望孩子生活在他們爲孩子所設想安排的理想國度裡。

替孩子做太多的事，會使孩子失去實踐和鍛鍊的機會。這是顯而易見的。不僅如此，更嚴重的是過分地爲孩子做事，實際上等於告訴孩子他什麼也不會做，是個低能兒，他必須依靠父母，否則就不能生活。這種環境中長大的孩子，一旦走上社會便會無所適從，會到處尋找幫助，然而家庭之外是找不到父母式的照顧的，獨立意識更無從談起，這實際上是害了他們。

我在對卡爾的教育中，十分注意對他獨立精神的培養。兒子剛出生還是嬰兒的時候就單獨睡在搖籃中，而不是母親的懷抱裡。兒子的哺乳時間有嚴格的規定，如果不到規定的時間，即使他怎樣哭鬧，他母親也不會隨便餵奶。

有人認爲這種行爲有些殘酷。實際上從幼年開始教育訓練孩子的獨立精神是十分必要的。其實，無微不至的關懷往往會造成孩子能力低下，同時也不為孩子全部接受。進入少年的孩子經常與父母發生衝突，有許多情況是對父母關懷的一種反抗。他們不願讓別人看到自己是個無能無用的人。他們需要在人們面前顯示自己的存在，顯示自己的能力，父母的包辦自然造成他們的反抗。

磨鍊兒子的心理承受力

從一個人成長的一般規律看，逆境、挫折的情境更容易磨礪意志，順境當然可培養人才，逆境更可造就人才。在逆境中經過挫折千錘百煉成長起來的人更具有生存力和更強的競爭力。因為，逆境中奮鬥的人既有失敗的教訓又有成功的經驗，更趨成熟。他們能把挫折看成一種財富累積，深諳只有失敗才可能成功，成功是建立在失敗的基礎上的原理，因此更具有笑對挫折、迎難而上的風範。

要想讓孩子具備能夠勇敢面對挫折的能力，就必須從小磨鍊他們的心理承受力。

挫折，簡言之就是遭到困難，或者失敗。挫折就是這種困難或失敗在心理上的感受。

當然這種感覺是不好過的，因爲它使你的需要得不到滿足，或者難以得到滿足。對不同的人而言，確切地說是對意志品質不同的人來說，挫折的意義極爲不同。

我時常告誡兒子，人的一生必定要遇到很多困難和挫折，因此他必須成爲一個堅強的人。我告訴卡爾，心理承受力差的人很容易被困難打垮，而一個堅強的人往往在挫折中找到成功的途徑。我教育他必須能夠接受失敗，否則無法養成持之以恆的性格。我教他從一開始就學會忍受失敗帶來的負面影響，並勇敢地面對它。

我告訴兒子，爲避免失敗而逃避工作，是那些劣等性格中最頑固不化的東西。那些壞孩子就是這樣，他們透過拒絕學習來逃避考試，越是這樣，自卑心就越膨脹。爲了給自己這種自欺欺人的想法找出正當的理由，他們往往會自我美言，貶低自己不願意幹的事，或攻擊勤奮的人「虛僞」、「愚蠢無知」等。他們會自我安慰，「失敗」標誌著獨樹一幟，標誌著個性強等，藉此替自己創造一份虛假的自豪感。

我盡力教育卡爾懂得一個道理：犯錯誤，甚至失敗都是走向成功的必由之路。關鍵是要盡自己的最大努力。

我告誡卡爾：無論在什麼情況下都不要走極端。有些愛走極端的孩子，甚至用自殘來避免失敗，因爲他們害怕不能滿足父母、老師的期望而焦慮甚至恐懼。少年時代，掩蓋面對失敗的恐懼感的最普遍方式就是酗酒、打架。我認爲，這些壞行爲都是孩子們到了最在乎別人對自己看法的年齡後才開始的，並非巧合。

許多經驗告訴我們，只要從小培養孩子勇敢、堅強、自信的心理，採用理解、信任、鼓勵、談心的方式幫助他們，那麼，一些不良的極端行爲自然能夠避免。

我認爲，人的自我欺騙能力是無窮無盡的，因而我對教會兒子以現實爲基礎進行思考，是非常重視的。一個人只有面對現實，才會有所成就。很多人不能面對現實，整日沉浸在幻想之中，就是一種對現實的逃避心理。

雖然，人總是不可避免地受制於逃避現實的心理，但他必須學會面對現實。我時常這樣教育兒子，盡量讓他的行爲既有利於自己又有利於別人。

爲防止兒子形成自我欺騙的心理，我教育他要按照世界眞實的樣子認識它，並做出恰當的反應和決定。

許多父母不僅沒能教會孩子這方面的技能，反而迫使孩子不能面對現實。有些人總想保護孩子不受殘酷現實的影響，結果更加強化了他們的逃避心理。在我看來，這些父母在不自覺中對孩子造成的不良後果，可以說是一種犯罪。

我對卡爾採取的做法是：不管有多麼痛苦，都要幫助他正視現實。當我向兒子解釋事實，教他處理問題時，他就會漸漸明白：父母有能力來面對和應付那些哪怕是最困難的處境。

每當這時，卡爾會說：「我也能做到。」

和兒子玩「平靜下來」的遊戲

◆ ◆ ◆

我們知道，人就算有多大的力氣也難以把自己提起，人要戰勝自己是一件不容易的事，而能戰勝自己就是對自己控制的成功。

情感的自我控制是一個人必備的基本素質，也是一個人走向成熟的心理要素之一。我認爲，要想讓孩子學會控制情感，必須以毒攻毒，用以情感爲基礎的解決辦法來解決情感問題。

我曾經用名爲「平靜下來」的遊戲來訓練兒子的自我控制能力。

卡爾全神貫注，要把綠棍下的紅棍取出來。因爲他太專心，他的手都有些發抖。他只有在不碰到黃棍的情況下，把紅棍移動四分之一英寸，才可以把紅棍拿出來。這時，我對著他的耳朵吹氣，弄出點噪音，並不停地與他說話逗他，試圖分散他的注意力。但卡爾竟完全不為所動，慢慢作深呼吸，放鬆肌肉，眼睛緊緊盯著目標。他知道，要想贏得這場遊戲，就必須不受我的影響，集中注意力。他暗暗告訴自己：「只看眼前的目標」。果然，他把紅棍取出來了，並且沒有碰到其他棍子。

我認為和卡爾玩這種「平靜下來」的遊戲，可以幫助他抗拒外來的干擾。這個遊戲的規則是要求參加者在一定時間內從一堆木棍中移走一根，但不能碰觸其他木棍。

雖然內容很簡單，但參加者必須能集中注意力，具備良好的動作協調能力，最終目的是學會用情感控制技能。卡爾玩時，我可以在一旁以任何方式干擾他，但不能碰他。每取出一根木棍，每人得一分，如果對干擾毫無反應，就得兩分。

我認為，此種遊戲對教會兒子情感控制技能很有用。兒子在遭到我取笑時，光告訴他怎麼做是不夠的，同時還要告訴他應該學會控制住自己的情感。

訓練兒子認識和了解情感在身體上的反應非常重要。這樣他就能逐漸學會自我控制。

當孩子生氣時，臉色通紅、身體發紫，處於過度緊張狀態，在姿勢、面部表情和體態上都有表現。而這種「平靜下來」的成功訓練方法是要孩子首先認識這些身體上的標誌，然後透過深呼吸、分散注意力等方法，使自己身體平靜下來。

有了好的控制能力，孩子就會正確地認識自己，並且對周圍的干擾無動於衷，以一種輕鬆的心情面對一些不好的事情，而不是一怒而起。這對他們在學習和生活上都有極好的作用，並能夠在將來的生活中協調地處理好一切人與人之間的關係。

盡量爭取與果斷放棄

◆　◆　◆

我的教育宗旨是培養全方面的人才，這一點已在前面敘述過。在兒子的早期教育中我特別強調多方面的培養。只要兒子願意，他所想學的我都盡量滿足他。只要是對兒子成長有利的事，我都不會去反對他，也不限制他的某些事情。

很多父母先入爲主地希望孩子成爲他們想像中的人才，過早地爲孩子選定專業方向，憑自己的喜好去培養孩子，這對孩子的健康成長極爲不利。

某些父母由於自己喜愛藝術就逼著孩子去學習繪畫、音樂，根本不顧孩子的感受，也不會用有效而正確的方法引導孩子，這樣的作法只能令孩子反感，甚至將孩子本身就具有的愛好抹殺掉。每當看見那些被父母逼迫坐到鋼琴前的孩子，我就感到心痛。我認爲，那些孩子根本就不是在受教育，而是在受折磨。從小就在痛苦之中學習，他們怎麼能夠熱愛學習呢？在父母的皮鞭下塗抹顏色的孩子可能成爲畫家嗎？

卡爾在早期教育中學到了大量的知識，也有許多非常有意義的愛好。但這些都是他主動要求學的，並且每做一件事都充滿強烈的興趣。他在學習之中找到了樂趣，在愛好之中享受了美好的童年。

但是，我並未要求卡爾把所有的知識都學到登峰造極。因爲這是不可能的，也是沒有必要的。培養全面的人才並不等於造就無所不能的超人。人都有缺點，人不是萬能的神，所以不可能面面俱到。

我一直鼓勵兒子從事藝術方面的活動。他喜歡畫畫，喜歡音樂，我都給予他全面的支持和鼓勵，因爲這些愛好有助於增強他的想像力和創造力。但這並不意味著非要把他培養成一個藝術家。當然，如果是出於他的本意，本身想成爲藝術家又是另外一回事。

當孩子迷上某種與他先天條件不相適應的事物時，父母有責任幫助孩子做出選擇。因爲多方面培養並非要求面面俱到或平均使用力量，還必須視外在環境、條件是否許可，尤其是要根據孩子的身心特點、興趣愛好、發展前景而因材施教。年幼的孩子天生自信，即使面對無法逾越的困難和無數次失敗，其自信絲毫不減弱，這當然是非常好的事。儘管有經驗的人早就看出不可能成功，小孩子卻天眞地相信只要堅持下去，最終會成功的。我認爲，孩子有這樣堅韌的毅力是令人讚嘆的。但是，在孩子不能對自己做出正確判斷時，父母應該承擔起這一重任。

切記不能讓孩子在失敗可能性太大的路上白白耗費寶貴的生命。一旦遇到這種情況，父母應該抓住機會教他學會現實地思考問題。這是孩子漸漸走向成熟的關鍵所在。

我時常對卡爾說，能夠爭取的就盡量爭取，應該放棄的就要果斷地放棄，因爲這是一種智慧，是很多人時常面臨的難題，也是對人生的一種考驗。

在兒子學習演奏樂器的時候，因爲我們的出發點在於培養他的愛好，讓他的手指變得特別靈巧，目的在於透過音樂陶冶他的性情、開發他的智力，所以在他偶而彈錯幾個音時並不會遭到責罵，也不會爲這些失誤而感到失望。孩子喜歡練琴，即使彈得不十分完美，也是一件好事。因爲這樣不僅培養他的興趣，也是促進了他智力的發展。

記得在卡爾大約八、九歲的時候，有一天他突然告訴我她不想學習語言、數學等知識了，他想成爲一個英勇的武士，想成爲一個威武的將軍。

八、九歲的孩子都有成爲英雄的欲望，這幾乎是每個孩子成長過程中必不可少的情結。我了解孩子的心情，他們這時正處在似懂非懂的階段，他們對未來充滿希望而又過於急切，他們想成功，想征服世界，幾乎所有孩子的遠大的抱負都是從這個時候開始的。我本人在八、九歲時也是這樣。這個階段，父母對孩子的正確指導特別重要。否則，孩子會在不成熟的心理中做出錯誤的選擇，浪費寶貴的時光。卡爾想當武士，想成爲將軍就是基於想作英雄的情結。爲了讓他在內心深處懂得做人的道理，我並沒有像一些父母那樣否定他，而是先爲他講解當武士必需的條件後，再來慢慢開導他。

「兒子，你忘了我爲你講過的那些故事嗎？那些東方的武士是多麼的英勇啊！」

「是啊，我就是想成爲那種英勇的武士，行俠仗義，劫富濟貧，救助窮人。」兒子充滿憧憬地說。

「可是，你有沒有想過他們是怎樣成爲武士的？」我問道。

「他們從小苦練成功，訪遍名山拜師求藝，最終成爲大英雄。」

「你想當武士很好，但我又不會武藝，在我們這裡又沒有那些身懷絕技的老師，你怎麼學呢？」我問道。

「我就去東方，去中國，去日本……」

「那當然好，可是到了東方，你就一定能找到那樣的老師嗎？找到後他就一定會教你嗎？還有更重要的，我爲你講的那些故事畢竟是故事，不一定是眞實的。你想想，一個人能夠一下跳得幾十米高嗎？我認爲那是不可能的，那是人類的極限所無法達到的。那些故事是爲了給人娛樂，給人想像力。我之所以講那些故事，是爲了讓你學習那些武士的勇敢精神，並不是一定要讓你成爲武士。」

這時，我看見兒子的表情顯得特別失望，於是又繼續開導他。

「再說，現在的時代已經與古代完全不同了。古代的英雄和將軍，必須親自赤膊上陣，必須自己拿著刀劍上戰場上拼殺，因爲那時的科學比較落後、原始。現在的將軍必須要有過人的智慧，必須掌握各種各樣的知識，而不是僅僅憑自己的武藝去拼殺。」

「兒子，你要記住，人都各有所長，也各有自己的缺點。你要清醒地把握住自己的長處。你看，你的數學、語言、文學都非常優秀的，幹嘛要放棄它們呢？每個領域裡都有英雄，而不單單是在戰場上。如果你成爲文學家，會爲人類帶來極大的精神財富，如果成爲發明家，又會爲人們創造出多少有用的東西啊。只要你發揮自己的長處，你就會在不同的領域中成爲不同的英雄。一些你不適合做的事，你應該勇敢地放棄。其實，能夠眞正面對自己的人，才算是眞正的大英雄。」

卡爾聽我這樣說，頓時恍然大悟。他這時對英雄的涵義有了眞正的認識，也懂得得失取捨的道理。這對他以後的人生道路起了極大的積極作用。在以後的日子裡，無論面臨怎樣的境況，他都能夠憑自己的理智做出正確的選擇。

兒子的精神衛生

◆ ◆ ◆

對於卡爾的教育，我非常注重發揮他追求眞理的精神。追求眞理，就是從愚昧的深淵裡走向光明的過程。

很多父母的教育完全無視孩子追求眞理的精神和求知慾。他們在自己的無知中把孩子訓練成市儈的人、只會點手藝的人，或者是圓滑的店員。他們教育孩子的目的只有一個，就是教育孩子如何賺錢。在我看來，這些都是些庸碌之輩。

努力發展自己的智力和品質是每個人應享有的權利。我建議那些愚蠢的父母應該拋棄處世哲學和賺錢術，而把精力放在協助孩子發展追求眞理的精神上，培養他們的求知慾望，讓他們盡量發展智力。如果眞能實施這種教育，孩子們表達出的思想一定會使那些舊腦筋的人感到愕然。然而，只有眞正的教育才能做到這一點，因爲只有這種教育才能積極努力地發揮孩子的智力。

有些愚昧的父母不僅不能教育孩子去追求眞理，反而把各種烏七八糟的東西都往他們的腦子裡灌。這種結果，只會使孩子變得愚蠢和無能。不僅沒有讓孩子學到眞正有意義的知識，還損害了他們本來健康的神經。

有些父母爲了某種原因，或是爲了管教孩子，或是因爲閒著無聊，給孩子單純的頭腦中灌輸恐怖和迷信的故事，讓孩子從小就失去了探求眞理的信心。他們的做法使孩子不能正確地判斷周圍的一切事。孩子因爲幼小而脆弱，正需要成人幫助，而那些迷信的認識卻會將他們的思維引向歧途。

在幼兒時期灌輸到孩子頭腦中的恐怖和迷信等，就如同病菌一樣，會在孩子的內心惡劣地漫延，是致使孩子精神異常的病因。所以，我堅決反對給孩子講幽靈、惡鬼、地獄、妖怪之類的故事。用這些故事來恫嚇則是有害的。它直接影響到孩子已形成的光明內心世界，也直接阻礙了孩子的健康成長。

生活中，特別是在民間給予孩子以恐怖和迷信等方面的影響很多，所以我們要採取各種防範措施，盡力不要讓它們給孩子帶來極其不良的影響。

我認爲，對於那些不良的東西，不僅僅要預防，還要替孩子採取免疫的辦法。讓孩子在乾乾淨淨，沒有病毒的精神世界中健康發展。這樣，孩子就會像種上牛痘、打上預防針一樣，即使碰到精神病菌，他們受到的毒害也會減少。

據我所知，一個人精神異常的主要原因之一就是在幼兒時期被灌輸了恐怖和迷信等，這些訊息會一直在人的頭腦中作怪。甚至長大成人之後，也倍受它們的困擾和危害。我曾經就這事請教過精神病專家，他告訴了我外行人想不到的數字：有幾百萬被稱之爲機能性精神病患者的人，他們的病因大多是在幼兒時期遭到驚嚇，或遇到過恐怖的事，或是聽到讓他永生難忘的恐怖故事。他還告訴我，如果從小教育得法，是可以避免的。而且，正確的教育會使機能性精神病大大減輕。由此看來，除了醫學，教育就是拯救人類的主要手段了。

爲了讓我更明白，那位熱心的精神病專家還特地讓我見到了他的病人。一位二十六歲的青年，患有抑鬱症。他陷入了自己犯有不可饒恕的罪行的幻想中，認爲自己一定會被打入地獄永世不得翻身。他就是被這樣一種恐怖纏身，樣子非常可憐。醫生對他的病情進行了分析，了解到在他五歲時，在學校裡被一個無知的女教師灌輸了地獄的恐怖情景所致。

還有一個抑鬱病患者，她是一位牧師的妻子。她什麼都怕，怕天黑，怕黑暗的地方，不敢一個人獨處，夜裡不敢睡覺，睡著便做惡夢。因而，她骨瘦如柴，只有眼睛還有點光澤，令人憐憫。醫生告訴我，他曾對她的病進行了一番精細的分析，最後證明，她同樣是因爲小時候，教會的某個牧師總是對她講惡鬼的故事所致。

當我聽到這樣的事，頓時感到悲哀。牧師的職責在於幫助他人，從黑暗之中走向光明。可是我的那位同行卻做了相反的事。他的愚蠢做法，他的那些鬼故事，卻把一個本來善良的人引向了黑暗。他不是一個盡到責任的牧師，簡直是一個罪人。我想他才是那個被打入地獄的人。他的做法，上帝是永遠不能寬恕的。

我替兒子講過許多故事，但從來沒有對他講那些可怕的東西。我只對他講有益於身心健康的光明故事。我讓他在故事中體會人生，讓他懂得做人的道理。

有一次，卡爾問我世界上有沒有魔鬼。我對他說既可以說有，也可以說沒有。他覺得我的回答很奇怪，因爲我沒有給他確切的答覆。

「我認爲是有的。」卡爾說。

「爲什麼呢？你見過魔鬼嗎？」我問兒子。

「沒有見過，可是人們都說有。」

「既然沒有見到過，你就不能說有，因爲人只相信親眼見過的事物。」

「可是，爲什麼人們都說有呢？」

「因爲，那是無知的人瞎猜想。」我說道。

「那麼，爸爸，你爲什麼說又有呢？」卡爾一定要把這件事問明白。

「其實，魔鬼只存於人心。」看著兒子那副認眞的模樣，我認爲有必要爲他說清楚其中道理。「善良的人，心中沒有魔鬼，而那些壞人，心中就一定有魔鬼。你看那些無惡不作的壞人，他們不就和魔鬼一樣嗎？他們整天無所事事，還做些有損他人的壞事，他們不是魔鬼又是什麼呢？」

「兒子，你要記住，一個人心中充滿光明，正直地做人，能夠幫助別人，盡力行善，爲他人著想，那麼他就是天使。如果總是爲自己著想，只幹壞事，那麼他就是魔鬼。一個人只要心中光明，就能戰勝邪惡，就能戰勝無惡不作的魔鬼。」

「爸爸，我明白了。世界上是有魔鬼的，就是那些無惡不作的壞人。我一定要做一個正直的人，那麼我就不怕魔鬼了。」卡爾神采飛揚，他不但解開了心中的迷惑，還懂得做人的道理。

良好的教育能夠培養起人類光明的內心世界，能夠樹立起孩子的信心，並能使孩子成爲一個快樂的人。而那些愚蠢和無知的教育只會把孩子引向黑暗的深淵。

第15章 我教兒子與人相處

早期教育與天才素質的培養

如果沒有人與人之間的相互理解，
那麼每個人都固執地從自己的角度出發，
認為自己永遠對而別人總是錯誤的。

傾聽的藝術

我認爲，一個再聰明的孩子，如果不懂得如何與人交往，那只能是一個「孤獨」的神童。這種孩子不可能在將來有所作爲，即使他是個所謂的神童，也不會做出什麼驚天動地的事來。**因為一個人只限於自己的知識，而不懂得與人相處，那麼他的潛能根本無法施展出來。這樣的話，即便是才高八斗，那也只是個閉門造車的書呆子。**

對於卡爾的教育，我一直非常注意到他與人相處方面的培養。爲了他能夠與別人相處和睦，爲了讓他擁有許多朋友，我曾給他提出必須做到的要求：友愛、合作、大方、開朗、公道、禮貌、自尊、責任心、組織能力等等，目的是讓他以這些作爲與他人相處的準則，讓他能夠與別人以適當的方式交往。

善於與人交往就會覺得一切都很順利，反之就會處處碰壁，以至於什麼事都做不成。而且，能與別人溝通的人永遠是快樂的人，不能與人相處的是孤獨和不幸的人。

有一天，一位朋友對我說起他家庭的事：「我們有時候會出現問題，可是我們又不願意明白地說出來。部分原因是由於害怕，部分原因是覺得丟臉。大家全都是這樣，包括我和妻子，還有我們的孩子。」

我告訴他：「如果大家願意痛痛快快地說出心裡話，我建議你們舉行一個家庭會議，在會議上每個人都可以發表自己的意見。」

朋友聽了我的話，他們每人準備一個筆記本，在上面記下所有其他人對自己作錯的事情。他們規定一個時間舉行會議，每次會議結束時選出一個新的主持人，由他來安排所有的事情。

後來朋友告訴我，自從有了家庭會議後，家裡的氣氛好多了。每一次會議他們都像過節一樣，大家歡聚一堂。開始時，他們彼此還有所顧慮，有很多矛盾。可是到了後來，大家都敞開心扉，暢所欲言，漸漸地那些矛盾都在不知不覺中消失了。

以前，孩子們不敢與他多說話，妻子也有些害怕他，他自己也確實很不自在。現在，孩子們逐漸地向父母袒露了他們的情感要求，他們希望父母每天晚上陪他們一起玩一會兒，父母毫不猶豫地答應了，但同時也提出了對孩子的建議，即孩子要做到及時就寢、吃飯和洗澡。他們一家人都很贊成這種交談方式，這使父母與孩子可以輕鬆地暢所欲言，而且大家都樂於去實施民主作出的決定，家庭的情感溝通、家庭教育都收到了理想的成效。並且，我的這位朋友和妻子的感情也恢復到了新婚時那樣美滿。

這種作法被我稱爲自助的家庭教育方式。我認爲家庭生活可能會使家人之間產生心理障礙與隔閡，但家庭也同時具備一種積極的力量，應該主動而充分地利用它來解決所遇到的問題。比如，母親要面對繁雜瑣碎的家務，而孩子的不整潔更增添了她的負擔；父親工作忙碌了一天，回到家卻是孩子調皮搗蛋、吵吵鬧鬧。這時父母也許會容忍下去，但這種作法不僅不利於孩子的教育，而且會讓父母感覺到壓抑，甚至覺得世界都對他充滿敵意。那麼火冒三丈，大聲責罵又怎樣呢？這顯然也不是明智的舉動，而且會產生與孩子情感上的裂痕。

如果父母採取一種積極解決衝突的態度和方法，讓全家人都坐下來，在家庭會上和諧融洽的氣氛之中，這樣的提議無疑是具有建設性的，而且會收到較爲滿意的結果。

積極的溝通不僅是父母與孩子對話、教育孩子的重要途徑，它本身也是一種教育。受父母言談處事的影響，孩子對他所處的環境也能以主動和自信的姿態出現，能夠從容理智地解決問題。

我從卡爾三歲起就讓他加入類似於家庭會議這樣的活動，與我和他的母親以及女佣討論某個問題。儘管他那時還不能聽懂每一個字，但他已經注意到，發生了什麼事，別人相互間怎樣交談，解決一個問題需要具有什麼樣的能力。

家庭會議的方式會涉及到家庭教育中很多具體而重要的細節，而這些可能是被教育的雙方所忽略了的。如母親表示，她的孩子如果能幫她洗衣服和曬衣服，她會很高興的，而孩子希望父親能夠多花一些時間陪他玩。對於父母而言，把握了這些孩子所在意的細節，無疑有助於他們更深入地理解孩子。這種深入的理解令孩子信任父母，更樂於接受父母的教育。

我在教育卡爾的過程中，漸漸掌握了一些與孩子進行溝通的經驗，其中之一我稱之爲「傾聽的藝術」。

我和妻子每天在卡爾入睡以前，都要留一段時間聆聽孩子談話，了解今天發生了哪些事情，於是很多時候兒子自然就會作出評價，哪些事情做得好，哪些事情做得不好。在敘述的過程中他逐漸習慣了反省自身，而我們也會對兒子的個性、待人處事有清楚的了解。

我認爲，作父母的總是希望孩子對自己敞開心扉，希望孩子有什麼事都與自己商量，徵求自己的意見。但父母首先應該營造眞心傾聽的氛圍，贏得孩子情感上的信任，才能與孩子達到無拘無束交流的默契。

在與兒子的交談中，我會注意承認兒子感覺的眞實，但這種理解並不意味著一切由著他。對於他不正確的想法，我會及時指正，並爲他講清楚道理。

有一天，卡爾對我說，他不喜歡我們的鄰居布勞恩夫人。我問他爲什麼，他說布勞恩夫人很少笑，一點也不親切。

我對他說：「你不喜歡布勞德夫人是因爲她看上去不親切，很少笑。可是另外一面你也許不了解，布勞恩夫人的心地很好，如果你對她表示友好，她會很高興的。你們一定會和睦相處的。」

晚餐對於我們來說，是一個最美好最重要的時刻。我們時常在餐桌上討論家庭問題。每當這個時候，我都不允許有任何人來打斷我們。家裡的每個人都有機會講出自己的想法。我發現，利用這種時刻與兒子進行溝通交流效果確實與平時不大一樣。卡爾在此時談論的事情也最能引起我們的注意，他自己也會產生一種得到尊重的滿足感。

我有時還會專門選擇一定時間與兒子聚在一起，我們一起去田野，一起去樹林中野炊，共同分享彼此的情感。在這樣輕鬆愉快的過程中，我和兒子談心就顯得非常自然舒暢。

我認為「傾聽」是一種非常好的教育方式，因為傾聽對孩子來說是在表示尊敬，表達關心，這也促使孩子去認識自己和自己的能力。如果孩子認為自己能自由地對任何事物表達自己的意見，而他的意見又沒有受到輕視和奚落，這樣可以促使他毫不遲疑、無所顧忌地發表自己的意見。先是在家裡，然後在學校，將來就可以在工作上、社會中自信勇敢地正式和處理各種事情。

我認為溝通是一種藝術，有關的時間、地點、環境和方式都要考慮到。比如說孩子有時候希望在心理和情感上保留一些自己的空間，或者說他感情波動很大，非常需要安慰，而不是責問時，在這些時候，我會擁抱、撫摸兒子，傳達給他沉默而溫暖的信號。有時候，對於某些我覺得不便用口頭表露的情感，我會以書面的形式，寫在紙條上傳遞，這使它們加重了自身的分量，並顯得更加眞實可信。

我想盡一切辦法讓我和家人能和兒子有良好的溝通，這不僅更加加深了對兒子的了解和感情，也教會兒子怎樣去與他人溝通交流，以培養能與他人交往的能力。

相互理解的力量

許多家庭問題的發生，如家庭成員之間情感的疏離和冷漠、孩子性格心理上的缺陷等等，都與家庭中的溝通有關，往往起源於相互之間不能很好的理解。

就拿孩子的撒謊行爲來說，大多數是因爲孩子感到與父母處於不平等的地位，經驗告訴他們，父母不願意與他共同探討事情處理方式，不願意去理解他們做的事，而會直接對他們所犯的錯誤給以嚴厲的叱責，所以他們就選擇不把眞話說出來。

我認爲，成功的家庭溝通，應該注意以下因素：理解、關懷、接納、信賴和尊重。理解要求親子雙方能夠設身處地地爲他人著想，不但內心關懷，更切實付諸於行動；接納要求考慮到每個人的個性，懂得欣賞人們的優點，作到既信任別人也信任自己；而尊重是指尊重他人，特別是尊重孩子的權利，尊重他們的意見和選擇。

要建立一種積極健康的家庭溝通管道，首先應該改變父母是決策人，孩子是接受者這樣僵化的家庭角色。父母在家庭教育中應該懂得進行角色交換，每一個家庭成員都可以對自己表述的願望予以積極的辯解。當孩子能夠參與討論家裡的問題時，他們方能夠更好地理解父母的用心，而父母一方面可以調動孩子的主動性，使自己清楚地認識孩子的才幹，另一方面可以得到有關自己教育的反饋信息。

由於某種原因，我弟弟的孩子威爾納曾來我家住過一段時間。他比卡爾小一歲，是他的堂弟。威爾納非常可愛，我們都很喜歡他，由於他住在我們家，我們不想讓他有不自在的感覺，所以卡爾母親對威爾納極爲疼愛。可是這樣一來，卡爾就覺得母親的愛都轉到了威爾納身上。

卡爾在一段時間裡認定，在他和弟弟威爾納的爭執中，母親總是偏袒威爾納。這是孩子很容易產生的情緒，認爲父母的關懷被弟弟分享而產生的不平衡心理。卡爾的母親則希望卡爾在與威爾納的相處當中，應該學會調整自己的心態和舉止，消除對別人的敵意，學會照顧別人，以後才能處理好與別人交往的問題。

但是面對卡爾的氣惱，母親並沒有直接用道理來教訓他，或是問他：「爲什麼要跟比自己小的弟弟過不去。」而是鄭重地對兩個孩子說：「我給你們提個建議，以後你們如何相處，我不干預，你們都是有理智的孩子。卡爾，你是不會在感情上傷害弟弟的，對嗎？如果你們倆無法和平相處，再來找我好了。」這樣，卡爾母親就把一個關心者、照顧者的角色交給兒子了。此後，卡爾和弟弟威爾納之間有了更加親密的手足之情。母親的提醒使卡爾意識到自己的責任，感受到自己是這家裡負責任的一員，從而變得漸漸成熟起來。在這以後，卡爾對弟弟威爾納百般照顧，除了陪他玩還教他讀書，並爲他讀有趣的故事。

有時我看到兒子的問題，希望兒子可以主動地認識到，並眞正地予以糾正，於是也讓他來做一個決策者，我來問孩子，「現在有這樣的麻煩，我們應該怎麼辦？」這種做法更加有利建立我與兒子之間的感情，更加有利於增進雙方的相互理解。只要雙方有了理解，那麼一切問題都會迎刃而解。

有一次，卡爾和弟弟威爾納商量好到田野中去玩。我同意了他們，但是要求必須在傍晚之前回來。可是他們可能玩得太盡興，天黑之後才回到家。對於他們未在規定時間裡準時回來的事，我當時並沒有說什麼。等他們再次提出類似的要求時，我對卡爾說：「有件事令我和你的母親很擔憂，就是約定好的時間裡你們沒有回來。那天可把我們急壞了，不知道究竟發生了什麼事，你母親都快要急哭了。你看應該怎麼辦呢？」由於孩子親自參與對問題的決定，所以他會很自覺地按照要求去做。後來，卡爾再也沒有發生不守時的事，我認爲，通過一個現象問題的共同協商，父母最後想讓孩子明白的是「理解、信任、承諾、準時」等觀念的重要。透過協商的方式，最容易讓孩子站在他人的立場上思考，也最容易讓孩子養成理解他人的習慣。如果面對上述的那些情況，我並沒有採用協商的方式，而只是一味斥責。那麼兒子就不會眞正地理解父母的一番苦心，甚至還會向相反的方向發展，會變得越來越不聽父母的話。

在一次家庭會議上，我們全家人討論了卡爾的設想，他計劃能夠在某個周末舉辦一次野炊，他想嘗試發揮以往由我發揮的職能。他選定了野炊的地點，宣布出發的時間，並且對準備的食品提出建議。我和卡爾母親有時加以表決，以推動計劃的進一步展開，大家還不斷地在本子上記下些什麼。現在，我們的家庭會議就慶祝節日、饋贈禮品、請客、遊玩等活動進行了安排，它已經成爲全家人的情感和生活緊密聯繫的紐帶。在家庭會議中，我們對兒子的想法也有一些不同的意見，但我們並不急於提出批評，而是以某種巧妙的方式，讓他自己做出正確的決定。

我認爲，溝通和理解是最重要的。家庭中對溝通技能、方法的掌握與學習，與孩子未來社會適應能力的高低緊密相聯。如果一個孩子從小在家庭中學會了與家庭成員溝通的技巧，當他走入社會時，他也能很快地與他人溝通。

更重要的是，與他人溝通是建立在理解的基礎上的。如果沒有人與人之間的相互理解，那麼每個人都固執地從自己的角度出發，認爲自己永遠對而別人總是錯誤的。如果人把自己限制在狹小的自我之中，那麼他就不可能去理解他人，不可能去發現別人的長處，

第16章 我的教育理想

早期教育與天才素質的培養

有人認為，我培養孩子繪畫、音樂、文學方面的興趣是為了想在人前炫耀，這是他們對我的極大誤解。

我從來不想把兒子培養成某一方面的天才，也從來沒有把他的才能向別人過分地流露。

我只是想讓兒子能夠成為一個接近完美的人，只是想讓他的一生在充滿情趣和幸福之中度過，僅此而已。

對兒子的精心安排只是想讓他成爲一個接近完美的人

◆ ◆ ◆

沒有任何藝術的生活，就如同荒野一樣。我認爲，爲了使孩子的一生幸福，生活豐富多彩，父母有義務使他們具有文學和藝術的修養。

我的教育理想，是要造就身體和精神全面發展的人才。對於兒子，我非常重視他的智力、品德、身體各方面都全面地發展。

只有知識的人，很可能會是一個只會讀書的書呆子，這種人弱不禁風，做不了任何有用的事。我不希望兒子將來成爲這種人。謝天謝地，從事實來看，他並沒有這樣。有的人具有強壯的體魄，但由於沒有知識和品德作爲後盾，他們的強壯顯得多麼單薄和無力。這種人或者粗暴，或者木訥，他們只能去靠自己的力氣來過生活，只能對社會做出有限的貢獻。有些由於沒有受到教育的人，他們無知、愚昧，甚至凶狠、殘暴，不僅不能成爲有用的人材，還會爲社會帶來極大的危害。

我一直重視兒子在各方面的教育而不單是學習知識。他在兒童時代就是一個非常健康、精神飽滿的活潑少年。他有健康的身體，豐富的學識和修養，也有優良的道德品質。這些都是我的希望，他也做得很好。

爲了讓卡爾成爲一個在各方面都有良好素質的人，我並不滿足於只專注培養他在學問、品德和身體三方面的發展。與此同時，我還培養兒子的多種愛好。

卡爾的母親從兒子很小的時候就開始爲他唱一些悅耳的歌謠，一邊唱一邊有節奏地搖晃或輕拍懷抱中的兒子。

卡爾的母親說，兒子在嬰兒時餵奶都要聽著歌兒才肯吃，不管多調皮的時候，一聽見歌聲就乖了。只要母親一唱歌，兒子就全神貫注地聽，還咿咿啞啞地想跟著學。如果在他面前跳舞，更是讓他高興得不得了。

在卡爾只有十個月時，他似乎就有了藝術方面的感覺。有天，兒子的母親興奮地對我說：「看咱們的小卡爾多麼棒啊！今天我抱著他哼了幾句歌謠，他居然又哼又舞起來，雖然只是亂晃著胖胖的小手，但他是在跳舞，我敢肯定，他是在跳舞。當我扶他站在鏡子前時，他更是興高采烈地手舞足蹈起來。」

聽到兒子母親的描述，我也暗暗高興。這種「跳舞」雖然只是一種模仿行爲，但創造多半是從模仿開始的，而且模仿也是一種有待發展的能力，需要成人隨時鼓勵，以增強孩子的興趣和信心。

我認爲，整個身心地沉浸在欣賞或自娛之中，盡情地享受藝術的樂趣，是人生的一大幸福。藝術的最大特點在於它的抒情性和非功利性。我在教卡爾詞彙的時候，不僅教那些明顯有用的東西，也教他那些似乎沒有用的東西。

我教會他認識了池塘水中倒影、陽光下的陰影，他還會很有興趣地注視自己的手的影子，小手一翻一翻的，非常有樂趣。

這些可以幫助兒子擴大視野，擴展聯想的範圍，形成更多的情感。因爲藝術在很大的程度上是抒發人的思想感情。

我對兒子愛好的培養都經過了精心的安排，我首先從我們的住宅開始做起。我在家中決不放置任何沒有情趣和不相協調的東西。牆上貼著使人心情舒暢的牆紙，並且在上面掛上經過精心挑選的有邊框的畫。並在室內擺設很有情趣的器具，決不擺設任何不合身分的東西。

如果有人贈送的禮物和家具與陳設不相協調，我絕不會擺出來。在衣著上，我們全家人都極爲講究，並不是一定要穿著昂貴氣派的服裝，而是極爲排斥花俏的東西，講究樸素和雅緻。不僅是我自己，我也要求家人衣帽整齊，打扮整齊乾淨利索。

我在住宅的周圍修上了雅緻的花壇，栽上那些各色各樣從春到秋常開不敗的花卉。我從來不會種植那些沒有情趣和不協調的花卉。

有一次，我看見卡爾一個人蹲在地上津津有味地做著什麼。我沒有驚動他，悄悄地走到了他的身後，原來他是在用一根小樹枝在地面的泥沙上畫畫。我仔細看了看，沒有想到那是一幅完整的畫，天上有太陽和雲朵，地面有樹木和田野，田野間有幾個農夫在種田。我之所以說它完整，是因爲在畫畫中包含了很多的內容，而且構圖非常完整，其中的線條還頗有韻律感，完全不像一般孩子的那種塗鴉之作。

「卡爾，你喜歡畫畫嗎？」我撫摸著他的頭。

「是的，畫畫很有意思。」兒子回答道。

「可你爲什麼畫畫呢？」

「我也不知道，就是覺得這裡的田野很美，總想把它畫下來。」兒子說道。

「那你想不想當一個畫家呢？」我問。

「沒想過，可是畫畫太有意思了。畫畫時我看見天上的雲在不停地變動。」

聽兒子這樣說，我心中暗暗歡喜。雖然我不一定要把兒子培養成藝術家，可是畫畫的確在培養他的觀察力。

後來，我幫他買了畫筆和紙張，儘量去給他提供培養這種愛好的條件。雖然兒子最終沒有選擇成爲藝術家，我仍然將他那些小時候的畫作保存至今，因爲它們都是兒子孩提時代創造力的表現，也是他童年時期健康成長的紀念。

除了繪畫之外，我還培養兒子的文學愛好。我從小就爲他講一些有趣的故事，到他能夠自己閱讀之時，我把一些好的文學作品推薦給他。從小，卡爾就成了一個了不起的文學通，他幾乎能背下所有的名詩，像荷馬、維吉爾這樣偉大詩人的作品，他都非常喜愛，並且很早就會寫詩。

有人認爲，我培養孩子繪畫、音樂、文學方面的興趣是爲了想在人前炫耀，這是他們對我的誤解。我從來不想把兒子培養成某一方面的天才，也從來不想把他的才能向別人過分地流露。我只是想讓兒子能夠成爲一個接近完美的人，只是想讓他的一生在充滿情趣和幸福之中度過，僅此而已。

用什麼來陶治孩子的感情

◆　◆　◆

我不想把兒子培養成學識很高卻冷漠無情的人，因爲一個人一旦失去感情，就會變成一台冷冰冰的機器，無論他有多大的才華，也只不過僅僅充當機器的一塊零件而已。不僅是人，連動物都是有感情的。能否陶冶好孩子的感情直接關係著他將來的幸福。

很多父母爲了開發孩子的愛心，陶冶他們的感情，往往透過宗教活動和豢養小動物來教育孩子要熱愛生命，熱愛生活，從而培養孩子對事業和社會的責任心。這些做法是值得稱讚的，我也是透過這些去教育兒子。

有些父母給了孩子很好的生活條件，生活在優越的環境中。但卻不注意對孩子愛心的教導，他們變得一切以自我爲中心，變得日益冷漠，對他人的冷暖漠不關心。我認爲，激發孩子的愛心及對社會的責任心極爲重要，家庭應該承擔這樣的艱巨任務。

我們知道，很多的家庭都養有貓、狗之類的小動物，其目的都是調劑生活，培養愛心。我有意識地利用對小動物的熱愛去啓迪兒子的愛心，鼓勵他扶持弱小。

卡爾三歲時，有一次家裡來了好多人，他們和卡爾海闊天空地談論著。

這時，我們養的一條小狗跑了進來。卡爾像其他孩子那樣，一把拽住小狗的尾巴，把它拉到自己身邊。我看到後，立刻伸手揪住了卡爾的頭髮，臉色嚇人，拽住不放。卡爾吃了一驚，把拽著狗尾巴的手放開了。

與卡爾放手的同時，我也把手放開了。

我問兒子：「卡爾，你喜歡被抓著頭髮嗎？」

卡爾紅著臉說：「不喜歡。」

「如果是這樣，那麼對狗也不應當這樣。」說完，我就讓他到外面去了。

對於兒子這種非常不合教育要求的做法，我總會嚴厲指正。

我之所以這樣教育兒子，是爲了讓他能夠站在他人的立場上來考慮問題。由於我嚴格的管教和指導，終於使卡爾成了一個心地善良、富於感情的人。他不僅對同胞懷有深情，就是對鳥獸之類也富於憐憫心，最終成爲一個能夠得到別人尊敬和喜歡的人。

第17章

早期教育與天才素質的培養

比任何一個兒童都要幸福

我認為，
從小就享受到真理滋味的兒子，
比任何一個兒童都要幸福。

一起驚人的事件

一八〇八年五月，梅澤堡一所學校的教師，瓊斯·蘭特福克先生，爲了激勵自己的學生，向我要求允許他在學生面前考考卡爾。我起初害怕由此引起兒子的驕傲自滿，頗爲躊躇，但最終還是答應了。

和往常一樣，我提出了一個條件，因爲卡爾還是個孩子，關於考試一事不想事先讓他知道，同時還要提前跟學生們打招呼，千萬不要對他說一些表揚和讚美的話。

蘭特福克先生應允後，就正式邀請我參觀他的學校和學生，並希望提出批評和建議。到了學校，蘭特福克先生把我和兒子帶進教室，讓我們坐到後面。

那堂課正好是希臘語課，教科書是《波魯塔克》，學生們都非常傷腦筋，蘭特福克先生於是請卡爾回答，想讓同學們見識見識。卡爾很輕鬆地就把學生們不明白的地方全解答了。不僅如此，卡爾對其他的問題也是對答如流。

爾後，蘭特福克先生又把拉丁語寫成的《凱薩大帝》一書交給卡爾，並提出問題。沒想到，卡爾又毫不遲疑全部做答。接著，蘭特福克先生又拿出了一本用義大利文寫的書讓他朗讀，他也讀得很流利。在這過程中間，我也用義大利話向兒子提了幾個問題，他都一一做了回答。

蘭特福克先生還想考考他的法語，由於教室沒有合適的書，只得用法語和卡爾對談。但卡爾就像用本國語講話一樣，也非常流利地回答了各種問題。

後來，蘭特福克先生又向他問了有關希臘的歷史和地理等問題，儘管提的問題很多，又是各個方面的，但卡爾全部一一給予回答。最後考了數學，卡爾圓滿的答案使學生和老師都為之驚訝。

當時卡爾才七歲十個月，看到這個情景，令坐在教室後的我內心湧出了激動和驕傲之情。

幾天後，《漢堡通訊》上有一篇文章詳細報導了事情的全部過程。我記得非常清楚，報導從「幾天前，在本地教育史上發生了譯起驚人事件」的語句開始，而結語是：

「但是這個少年絕非少年老成，而是非常健康活潑、溫柔而天眞，並且沒有一點少年人常有的傲氣，好像完全沒有意識到自己的才華。這個少年叫卡爾•威特，是洛赫村牧師威特博士的兒子。」

「無論是精神上還是身體上，誰的孩子能夠得到如此理想的發展，其教育青少年的方法一定是非常有趣味的，但遺憾的是威威特博士沒有細談。」

不久，各地的報紙又馬上轉載了這一報導。於是兒子的名字一下子轟動了整個德國。來拜訪卡爾的人更多了，他被各方面的學者和教育家們測試，其後專家們都說耳聞不如一見，沒有不佩服的。他們中許多人都是當代一流的學者。

對於各種訪問，兒子都是非常禮貌而冷靜地對待。我也不時告誡他在這種情況下不要產生驕傲的情緒。卡爾仍然和往常一樣，並沒有因此而自滿。這一點眞令我感到欣慰。

◆ ◆ ◆

萊比錫大學的入學邀請

在我們的國家，從古至今人們都特別尊重學者。德國之所以能夠繁榮昌盛，其重要的原因之一就在於此。

由於卡爾的學識，他傾刻間就名揚天下了。萊比錫大學的一位教授和一位在本市很有勢力的人物打算讓卡爾進萊比錫大學學習，他們說服我讓本市托瑪斯中學校長勞斯特博士對卡爾進行一次考核。

開始時，我並不想他們來考兒子，怕他們亂出考題並予以拒絕。可後來，我發現勞斯特博士是一個明理且和藹可親的學者，並不是我所想像的那種人。在他們的再三勸說下，我最終同意了。

勞斯特伯是沒有讓卡爾察覺到是在考試，而是在交談中完成了考核。

時間是一八〇九年十二月十二日。

考試過後，勞斯特博士就給卡爾寫了入學證明書。其內容是：

「今天根據我的要求，對一個九歲的少年卡爾・威特進行了測驗。

考希臘語時是從《伊利亞特》中選了幾段；考拉丁語時從《艾麗綺斯》中選了幾短；考義大利語時從伽利略的著作中選了幾段；考法語時在某一本書中選了幾段。都是比較難理解的地方，但是卡爾卻完成得很好。

他不僅語言的知識豐富，而且理解能力很強，具備各方面的淵博學識。這個令人讚佩的少年，聽說是其附卡爾威特博士教育的結果。

我認為這一教育方法值得學者們重視。總之這個少年完全具備上大學的條件。為了學術的進步，讓他上大學深造是非常必要的。」

勞斯特博士的證明書送到萊比錫大學後，校方同意他於第二年一月十八日入學。

入學那天，我帶著兒子去見了校長居思博士。居思柏是非常高興，同我們談了許多話。同一天，他項室內的權勢人物發出一封信，內容如下：

洛赫村牧師威特博士的兒子卡爾．威特，剛滿九歲就具備了十八、十九歲的青年們所不及的智力和學力，這是他父親對他實行早期教育的結果。

由此可知，適當的早期教育可使兒童的能力發展到令人難以置信的程度。卡爾能熟練地翻譯法語、義大利語、拉丁語、英語以及希臘語的詩詞和文章。他最近被很多學者考過，沒有一個不為他的學識而驚嘆。他還在國王面前接受過考試。

他具備十分豐富的知識，是人類有史以來在文章、歷史和地理等方面所累積的知識。這些都是父親教育的結果。其父親的教育方法一點也不亞於兒子的學識，令人驚嘆。

說到這個令人欽佩的少年其健康狀況，與其他神童不同。他非常健康、快活和天真，也沒有一點其他神童往往所表現出來的傲慢和無禮，是個難能可貴的少年。只要今後繼續進行教育，其發展是不可估量的。

可是由於這個少年的父親收入微薄，又家住農村，難以繼續對他進行教育。卡爾過去是由他父親教育的，今後的教育則是他父親力所不及的。

他父親希望能全家都搬到城裡，使少年住在自己身邊並能上三年大學。但由於他父親是農村的一個窮牧師，不可能犧牲牧師職務到城裡來，所以我向諸位呼籲，只要威特博士每年有四個馬克，就可以住到萊比錫，教育這個在大學裡學習的可貴少年。爲此特請諸位踴躍捐款，金額每年四馬克，捐助三年。

這是最美好的事業，我深信諸位是不會甘於受到眼見著一個天才被埋沒於世的譴責的。何況威特博士來本地也可以對其他孩子進行同樣的教育，這對我們的教育研究亦可助一臂之力。

總之，這是一個美好的事業，望諸位踴躍參加。」

我記得，當時這封信的反響是相當大的，儘管每年預定籌款四個馬克，但實際上達到了八個馬克。不僅如此，當地人還爲我劃了從事牧師職業的區域，發給我雙份的工資，並要求我一定去。

國王親召入格廷根大學

我爲了得到國王的辭職許可，帶著兒子卡爾去了卡塞爾。這裡要說清楚，以免誤解。當時的國王不是普魯士國王，而是維斯特法利亞國王傑羅姆（拿破侖一世的弟弟）。

一八〇七年拿破侖一世在易北河西岸建立了維斯特法利亞王國，他弟弟傑羅姆當了國王。自此，洛赫村和哈雷等地方就屬於這個王國管轄，但政治上卻由法國和德國統治。我們到達卡塞爾後，碰巧國王外出旅行。於是，第二天早上我們才去拜訪拉日斯特大臣，拉日斯特大臣也考了考卡爾，同樣感到吃驚，他共考了卡爾三個小時，最終確認卡爾是個名不虛傳的傑出人才。他覺得把卡爾送到國外去太可惜了，因爲萊比錫當時是屬於薩克森的。他問了我的教育方法，最後決定不讓我們父子去萊比錫而留在國內。

第二天，拉日斯特設晚宴招待我們和政府的大臣們。在宴會上，這些人也考了卡爾，大家都感到非常滿意。經過協商，他們決定請國王承擔萊比錫市民們所承擔的義務，讓我們留在國內上哈雷大學或者格廷根大學而不去萊比錫。但我以不能辜負萊比錫市民們的心意而拒絕了。由於沒有得到國王的許可，我們只好悶悶不樂地在洛赫等著。

七月二十九日，我們接到了維爾弗拉得大臣的來信，信中寫道：

足下的辭意和令郎的非凡才學已經呈報國王陛下，熱心於學事的陛下讓我傳達他的命令。準許足下在本年聖誕節之後辭去現職，待令郎大學畢業後再爲足下劃定從事牧師職業的區域。

陛下說國內有著優秀的大學，沒有必要前往外國，應在國內就學。並且不必接受外國資助，在聖誕節後的三年中，每年下賜六十個馬克，命令令郎上格廷根大學學習。

我很榮幸能向足下傳達御令，也願爲令郎的教育貢獻力量。爲遷往格廷根，令從即日起到聖誕節的兩個月期間可以做離職準備。

就這樣，卡爾於同年秋天上了格廷根大學，共學習了四年。

四年中他所學的學科是：第一學期是古代史和物理學；第二學期是數學和植物學；第三學期是應用數學和博物學；第四學期是化學和解析學；第五學期是測量學、實驗化學、礦物學和微積分；第六學期是實用幾何學、光學、礦物學（繼上學期）、法國文學；第七學期是政治史、古代史（第二輪）；第八學期是高等數學。此外，還有解析化學、倫理學、語言學等。

在學習過程中，由於卡爾年齡太小不放心，起初我和他一道去學校，以便進行照顧。

卡爾在大學裡的學習生活是輕鬆愉快的。一般說來，一個十歲左右的少年和一些二十歲左右的青年一起學習，一定是相當緊張的，但實際上卡爾的學習並不緊張。

他可以盡情地遊玩和參加運動，並常常去採集動植物標本。他會畫畫、能彈琴、也會跳舞。除了上課外，一天也沒有停止過對古典語和近代語的研究。

復活節的假日一到，我就領兒子去旅行，這件事很使人們不解。他們以爲我一定會利用這一周的休假拚命幫助兒子複習功課，估計我們爲此會天天跑圖書館。我的朋友們也確是這樣勸我的。但是我卻回答道：「如果我是打算讓兒子作一個供人觀賞的玩物，我就那麼做，可是我的目的不是要兒子作展覽品，我以爲與學問相比兒子的健康和見聞更爲重要，況且兒子的學習時間已是綽綽有餘的。」總之，他們都感到極爲驚異。

在兒子上大學期間，我仍然非常重視他的健康，不管刮風下雨都要卡爾把室外運動當作課業堅持下去。下雨天和雪天只是散步，在風雪交夾的天氣裡人們常常可以看到我們父子二人在馬路上蹓蹓躂躂。

第二年夏天，即第二學期末，國王傑羅姆駕臨格廷根大學視察。國王參觀了校內的各個地方，最後到了植物園。

由於卡爾這個學期聽植物學講義，所以同其他學生們一道都在植物園內。國王的隨從中有前面提到過的拉日斯特大臣，在植物園他一眼就認出了卡爾並向國王做了介紹。國王非常高興，一定要和卡爾談談話。於是侍從們就把卡爾叫到國王夫妻面前，同時也允許我一起進見。國王同我們談了一席話，鼓勵我的兒子今後要更加努力學習，表示要永遠給予保護，希望卡爾安心學習。

我們從國王面前退下來後，隨行的貴婦人們蜂踴而上，圍著卡爾親吻。然後由兩個將軍把卡爾夾在中間跟隨國王之後，一直到把國王送上車時爲止。

這年，卡爾才十歲。

一八一二年冬，即第五學期，卡爾十二歲時公開發表了關於螺旋線的論文，受到了學者們的好評。由於在書中發表了他自己發明的非常簡便的畫曲線工具，更加受到了國王及其人民的極大的讚賞。

在第七學期，他一面專心致志地學習政治史，又擠出時間寫了三角術一書。當時他才十三歲半。這本書在當時未能馬上出版，是一八一五年他離開了格廷根大學到了海得爾堡大學以後才出版的。

一八一三年，我接到了國王的通知，通知上說把供給卡爾的學費延長到四年，並允許他到任何一個大學裡去學習。這是由於原先擬定的供給學費三年的期限已滿。

由於前一年拿破崙遠征俄國失敗，其勢力逐漸衰落，十月萊比錫一戰失敗，維斯特法利亞國便崩潰了。這時，維斯特法利亞政府就把卡爾推薦給了漢諾威、布朗斯維克、黑森三國政府。

由於維斯特法利亞政府中有一半官員是德國人，再加上處於戰亂時期，每個國家都缺錢，凡是不急需的事就不准花錢。

儘管這樣，三國政府還是接受推薦，很快答應負擔卡爾的學費。可見人們是多麼重視卡爾的才學，我也爲此而感動，他在格廷根大學的第八期學費全由三國政府提供。

十四歲的博士

◆ ◆ ◆

第二年四月，卡爾去維茨拉爾旅行，並訪問了吉森大學。該大學的哲學教授們歡迎他並一起討論了學術上的各種問題，最後承認了他的學術水平（特別是一八一二年公開發表的論文價値），由校長赫拉馬萊博士授予他哲學博士學位，那是一八一四年四月十日的事。

隨後，卡爾又訪問了馬爾堡大學，同樣受到了熱烈歡迎。據說如果不是吉森大學搶了先的話，該大學也準備授予他哲學博士的稱號。

由於在格廷根大學第八期的學費是由漢諾威、布朗斯維克、黑森三國政府出的，當我們前去布朗斯維克領取學費時，當局就把我們介紹給了布朗斯維克公爵。當時正巧公爵要外出旅行，但仍然高興地接見了我們，談了許多話，並熱心地建議我們去英國留學。並表示只要我們願意去，就把我們推薦給他國內的親屬並願出學費。

當我們基於同樣的原因，去漢諾威時，卡爾被聘請做報告。因爲卡爾之前曾於薩爾茨書德爾做過數學報告並受到極大的好評。當問到要求講什麼時，對方提出希望講講數學方面的問題。卡爾在接受邀請的第二天，就在本地中學的大禮堂裡做了講演。

當時是一八一四年五月三日，他年僅十四歲。

參加的聽眾，集中了市內所有的知識分子。我的兒子他用漂亮的德語講得既流暢又清晰。由於他連日來忙於交際，每天很晚才得以休息，無暇準備，又由於休息得很晚，所以有人產生了懷疑，繞到卡爾後面想看看是不是有底稿。當這位獵奇者看到卡爾沒有底稿後，就更爲驚異了。

卡爾也注意到了這一點，爲了解除聽眾的懷疑，他特意離開講桌，這時聽眾們更是報以熱烈的掌聲。

當卡爾在熱烈的喝彩聲中結束講演後，政府承認了他的才學，並向他提供了比承擔的份額還要多的學費。

肯布里基公爵也和布朗斯維克公爵一樣，建議卡爾去英國留學，並答應給予推薦和提供學費。

去黑森時，我們也同樣受到了熱烈歡迎，常被邀請到宮中招待。

兒子從格廷根大學畢業後，我很仔細地考慮他今後的出路。

我想，如果打算讓卡爾早日成名，作爲上策最好是讓卡爾鑽研迄今爲止所獲得的學問的某個領域。但經過愼重選擇，我放棄了這條捷徑。我認爲這樣做只能使卡爾成爲側重於某一個領域的學者。

爲了使卡爾學到更多的知識，我決定讓卡爾去學法學。有位數學教授得知此事後深感遺憾，他問我爲什麼做這樣的決定？

我告訴這位數學教授：「決定專業方向應該是十八歲以後的事，在那之前應該學習所有的學問。等到十八歲以後，如果卡爾喜歡數學的話，那就讓他專心研究數學。」

以後，兒子就上了海得爾堡大學專修法學，成績十分優異，倍受老師和同學喜愛。

健康而快樂的天才

◆　◆　◆

有人問我，卡爾所受的教育和取得的成就，是早期教育的成果，但受到這樣的教育，他的健康是否受到了影響呢？

這的確是一個重要問題。其實卡爾不僅在小時候，就連長大以後也一直非常健康的。詩人海涅在寫給威蘭的信中寫道：在卡爾十歲時，他考過卡爾。當時他不僅爲卡爾的非凡語言學才華而詫異，同時也爲他的健康、天眞和活潑、肉體上和精神上的過人之處而驚訝。

也可能有人會以爲，卡爾受到那樣的教育一定是整天光坐在書桌旁啃書，從而使天眞浪漫的少年時代在毫無樂趣之中渡過。然而事實並不是這樣的。

我非常欣賞德來登在一首詩中寫的那句話：沒有比品嘗眞理的滋味更爲幸福的了，享受到眞理的幸福是永生難忘的。

我認爲，從小就享受到眞理滋味的兒子，比任何一個兒童都要幸福。而且，正如前面已經敘述過的，由於我對他的合理教育，兒子單純坐在桌旁專心致地學習的時間是很少的，他有著充足的時間盡情遊戲和運動。

由於卡爾從小就通曉事理，知道很多其它兒童所不知道的事，而且對每件事都有成熟的看法，所以孩子們和他一塊玩時都感到愉快。他的知識是其他兒童所望塵莫及的，但他卻一點也不驕傲，也決不嫌棄和看不起其他孩子。

不僅如此，由於和卡爾一塊兒玩，孩子們總是感到親切、愉快、不惹人生氣，所以都喜歡跟他玩。即使有的孩子無理取鬧，他也會圓滿處置，決不作同他們爭吵的傻瓜。

自古以來人們就說「學者必痴」，但我的兒子卡爾從小到大都不是枯燥乏味的書呆子，而總是給人以快樂的感覺。

在他的脈博裡自小就流淌著文學的血液，他不僅從小就精通自古以來的文學作品，而且還很早就寫出了優秀的詩詞和文章。

我認爲，卡爾具有做人和作爲學者的完美人格。同時，我也爲自己能夠成功地教育兒子而感到驕傲。

獻給我的朋友們

（後記）

卡爾取得如此巨大的成功，我身爲他的父親感到非常驕傲，但我更高興的是我的教育學說被證明是行之有效的，而不是像有些人說的那樣純粹是異想天開。

大家也許認爲，這本書是作爲教育家的參考資料而寫的。其實不然，因爲教育家們敵視我，所以爲他們寫參考資料是無用的。不，我這本書就是爲你們寫的，爲所有關心孩子教育的人寫的。我想讓大家知道，除了時下流行的教育方式，還有其他更爲有效的方法。

我一向認爲，如果教育得法，大多數孩子都會成爲非凡的人才。我的兒子能有今天，都是我教育的結果，我知道人們不停怪罪其他教育家爲什麼不把孩子也教育成像卡爾那樣的人，這種怪罪是不合理的。我想盡量闡明這種看法爲什麼不合理，可是無濟於事。因爲教育家被說成無能的原因在我，教育家們敵視我也是不奇怪的。看過全文的人會了解本書的內容就在於說明一點：倘若家庭教育不好，不管多麼優秀的教育家怎麼認眞進行教育，也不會有好的效果。從這一點來講，我並不是他們的敵人。

儘管如此，願意認可我的教育學說的人依然很多。令我感到欣慰的是，畢竟還有人是我的知音，裴斯泰洛齊是人們當中第一個承認我的教育法的人。當人們還用懷疑的眼光看待我的教育法時，他立即就鼓勵我說：「你的教育法一定成功！」最近他又勸我公開我的教育法，還有巴黎大學的朱利安教授也這樣勸我。在此，順便把裴斯泰洛齊先生給我的信公開如下：

「我曾記得十四年前，在布夫塞同你談過教育問題。當時，你說你要用你的特別教育法有效地去教育你的孩子。而在十四年後的今天，我看到你兒子受到的教育效果比你預想的還要好。

但是，不了解情況的人也可能懷疑這是否是你教育的結果，或許認爲這是你兒子的天賦所致。在這種情況下，希望你詳細發表你的教育法，證明你的教育方法會使所有的孩子都得到好處。這是一件極爲有益的事，請你務必考慮。」

你的最卑微的僕人和朋友

——裴斯泰洛齊

一八一四年九月四日於伊凡爾頓

我就是在他們的再三勸說下，把本書公之於眾的。所以，這本書我要首先獻給我的朋友們，感謝他們對我的關心。此外，我還要感謝所有曾給予過我們父子幫助的人士，勞斯特博士、居恩博士、萊比錫的好心市民們、傑羅姆國王陛下、布朗斯維克公爵、肯布里基公爵等等，感謝他們無私的善意幫助，我也將這本書獻給他們。

老卡爾・威特

一八一八年十二月二十日於格廷根

國家圖書館出版品預行編目(CIP)資料

新版卡爾．威特的教育 / 劉恆新編譯. -- 2版
. -- 臺北市：笛藤, 2017.12
面； 公分
典藏有聲精裝版
ISBN 978-957-710-711-4(精裝附光碟片)
1.資優教育
529.61　　106023313

卡爾·威特的教育

典藏有聲精裝版(全文配樂朗讀MP3)

2017年12月23日　2版第1刷　定價380元

編　譯	劉恆新
編　輯	劉育秀．洪儀庭
封面設計	王舒玗
總編輯	賴巧凌
發行所	笛藤出版圖書有限公司
發行人	林建仲
地　址	台北市中正區重慶南路三段1號3樓之1
電　話	(02)2358-3891
傳　真	(02)2358-3902
總經銷	聯合發行股份有限公司
地　址	新北市新店區寶橋路235巷6弄6號2樓
電　話	(02)2917-8022．(02)2917-8042
製版廠	造極彩色印刷製版股份有限公司
地　址	新北市中和區中山路2段340巷36號
電　話	(02)2240-0333．(02)2248-3904
郵撥帳戶	八方出版股份有限公司
郵撥帳號	19809050

原書名『卡爾．威特的教育』（京華出版社）